BIBLIOTHÈQUE DE LA NATURE
publiée sous la direction
DE M. GASTON TISSANDIER

SIX MOIS AUX ÉTATS-UNIS

BIBLIOTHÈQUE DE *LA NATURE*

Autres volumes publiés le 1er Décembre 1886

Les Récréations scientifiques, par M. Gaston TISSANDIER (ouvrage couronné par l'Académie française), 4e *édition*, entièrement refondue, 218 figures dans le texte et 4 planches en couleur.

L'Océan aérien, par M. Gaston TISSANDIER, avec 132 figures, dont 4 planches hors texte.

Les Origines de la Science et ses premières applications, par M. DE ROCHAS, avec 217 figures, dont 5 planches hors texte.

Les principales Applications de l'Électricité, par M. E. HOSPITALIER, 3e *édition*, avec 144 figures, dont 4 planches hors texte.

Les nouvelles Routes du globe, par Maxime HÉLÈNE, avec 92 figures, dont 4 planches hors texte.

Les Voies ferrées, par M. L. BACLÉ, avec 147 figures, dont 4 planches hors texte.

Excursions géologiques à travers la France, par M. Stanislas MEUNIER, avec 98 figures, dont 2 planches hors texte.

Les Races sauvages. Ethnographie moderne, par Alphonse BERTILLON, avec 123 figures dont 8 planches hors texte.

L'Étain, par M. Germain BAPST, avec 11 planches hors texte.

L'Électricité dans la maison, par M. E. HOSPITALIER, avec 158 figures.

L'Art militaire et la Science, par le lieutenant-colonel HENNEBERT, avec 85 figures et 4 planches hors texte.

Curiosités physiologiques. Les hommes-phénomènes, par M. GUYOT-DAUBÈS, avec 65 figures, dont 2 planches hors texte.

La Vie au fond des mers, par M. H. FILHOL, 96 figures et 8 planches hors texte, dont 4 en couleurs.

L'Éclairage, par M. DELAHAYE, avec 145 figures et 8 planches hors texte.

Chaque volume est vendu :

Broché.. 10 fr.

Richement cartonné............................ 13 fr.

6245-86. — CORBEIL. Typ. et stér. CRÉTÉ.

BIBLIOTHÈQUE DE LA NATURE

SIX MOIS AUX ÉTATS-UNIS

VOYAGE D'UN TOURISTE DANS L'AMÉRIQUE DU NORD

SUIVI D'UNE EXCURSION A PANAMA

TEXTE ET DESSINS

PAR

ALBERT TISSANDIER

—

Avec 82 gravures, 8 planches hors texte et 2 cartes.

PARIS

G. MASSON, ÉDITEUR

LIBRAIRE DE L'ACADÉMIE DE MÉDECINE

120, boulevard Saint-Germain, en face de l'École de Médecine.

A. Tissandier. Six mois aux États-Unis.

CARTE DES ÉTATS-UNIS ET TRACÉ DE L'ITINÉRAIRE SUIVI PAR L'AUTEUR.

SIX MOIS
AUX ÉTATS-UNIS
SUIVI D'UNE EXCURSION A PANAMA

CHAPITRE PREMIER

New-York. — Les chemins de fer aériens. — Le pont de Brooklyn. — Les clubs et les théâtres. — La lumière électrique.

Le voyage d'Amérique est aujourd'hui facile; dans quelques années il le deviendra plus encore, grâce aux progrès incessants accomplis par nos paquebots transatlantiques. Une chose même est faite pour étonner, c'est le petit nombre de nos compatriotes qui se décident encore à passer l'Océan pour aller voir ce beau pays, où il y a cependant tant à apprendre pour nous.

Certes, les États-Unis n'ont pas les monuments d'art, les souvenirs historiques qui abondent en notre pays, mais on ne doit pas oublier que les Américains sont un peuple jeune encore, datant de cent ans à peine. Ils nous donnent cependant un exemple extraordinaire dans l'énergie extrême et l'ardeur qu'ils mettent au travail. En cela ils sont admirables et peut-être même commencent-ils à nous dépasser aujourd'hui; on ne saurait trop aller chez eux pour étudier les résultats de leur intelligence, et voir les œuvres grandioses qu'ils entreprennent.

C'est dans cette pensée que je me décidai à entreprendre un voyage de six mois aux États-Unis.

Après douze jours de traversée, on est heureux de voir terre, surtout lorsque c'est l'admirable baie de New-York qui se présente à vos yeux, mais il faut se débarrasser des ennuis de la douane. L'administration américaine est inexorable; elle vous inflige un vrai supplice. A peine ai-je pu serrer la main de mon ami G... qui m'attendait en dehors des barrières posées par les douaniers. Avec un peu de patience, beaucoup même, devrais-je dire, tout est terminé et mes malles me sont promises pour mon arrivée à l'hôtel. Me voici libre enfin et nous partons aussitôt avec mon compagnon faire une promenade dans la ville à l'aide des *Elevated* ou chemins de fer aériens.

Rien de plus curieux que ce chemin de fer qui décrit des courbes tortueuses à travers les rues et fait des détours les plus invraisemblables (Pl. I). J'en ai gardé une impression des plus bizarres et certainement on ne peut pas se figurer une manière de voyager aussi pittoresque et aussi rapide. Les wagons passent quelquefois dans d'étroits passages des rues; ils arrivent alors presque à toucher les maisons et on est tout étonné de se trouver de plain-pied avec une chambre à coucher ou un salon dont les fenêtres ouvertes ont vue sur votre voiture. On pourrait alors serrer la main du locataire. Il y a foule dans les wagons, bien entendu. Les dames, en toilette fort élégante, sont toujours assises malgré tout; aucun homme ne resterait à sa place si une *lady* devait rester debout; la politesse la plus stricte est observée partout. Dans tous les lieux publics, une dame est toujours certaine de passer la première et d'être respectée.

Tout ce monde se meut silencieusement, personne ne cause, on a l'air absorbé. Cela est étonnant, car on devait s'attendre à tout le contraire d'après la réputation que l'on a faite aux Américains. Le silence est, paraît-il, le grand mot d'ordre ici. Dans les bars, les restaurants, les rues, pas un cri, pas de conversations à voix haute. Ce silence est d'autant plus curieux, que le mouvement des rues est vraiment fébrile. La masse des voitures,

CHEMIN DE FER AÉRIEN DE NEW-YORK, EN VUE D'*EAST-RIVER* (d'après une photographie).

active, et le nombre de voyageurs transportés par an dépasse 60 millions.

Les chemins de fer aériens de New-York sont établis presque tous directement au-dessus des avenues principales de la ville, qu'ils suivent dans toute leur longueur; ils sont formés par des poutres en fer en treillis dont la hauteur varie, au-dessus de la 2e avenue par exemple, de 6m,10 à 15m,20. Ces poutres sont supportées elles-mêmes par des colonnes en fonte, au nombre de deux par travée, qui sont entre-croisées par des croix de Saint-André dans le sens transversal; dans le sens longitudinal, ces colonnes sont distantes de 13 mètres, et au dehors des tirants diagonaux, elles sont reliées également par une poutre horizontale régnant sur toute la longueur de la voie (fig. 2).

Les colonnes en fonte soutiennent les poutres en treillis qui supportent elles-mêmes la voie ferrée. Les travaux des *Elevated* ont été poussés avec une rapidité vraiment surprenante. Un délai de neuf mois seulement avait été accordé par la Compagnie du *Metropolitan* aux entrepreneurs, MM. Carke, Rewes et Cie, pour la construction de deux sections ayant une longueur totale de 17 kil. 800. Dans ce travail, ils avaient à mettre en œuvre 44,700 tonnes de fer, comprenant 1362 kilomètres de fers cornières, 505 kilomètres de fers en barres, 8090 mètres carrés de tôle, 732,200 mètres de colonnes, et ils devaient employer 5,500,000 rivets et poinçonner 22 millions de trous. En tenant compte des pertes de temps inévitables pour les travaux préparatoires, il leur restait seulement 190 à 200 jours de travail; on voit combien cette œuvre était minutieuse et difficile à exécuter et quelle ardeur il a fallu aux ouvriers pour tout terminer. Le travail se poursuivit nuit et jour, grâce à l'emploi de la lumière électrique, et il aurait été achevé dans le délai exigé, si la Compagnie n'avait pas désiré elle-même retarder volontairement l'ouverture du dernier tronçon.

Les voies des chemins de fer aériens de New-York ont toutes la largeur du type normal de 1m,450; elles restent presque toutes en ligne droite, mais on y rencontre cependant des courbes d'un rayon très faible, s'abaissant même parfois jusqu'à 27 mètres. Toutefois, les véhicules qui sont portés sur des boggies, suivant une disposition constamment adoptée aux États-Unis, s'inscrivent facilement dans ces courbes sans amener une usure excessive des rails et des bandages. D'ailleurs, les barres d'attelage des voitures sont fixées directement au centre des boggies, afin de faciliter le déplacement latéral, et dans la traversée des

Fig. 1. — Chemin de fer aérien de New-York, vu en dessous (d'après une photographie) (page 3).

courbes, elles oscillent jusqu'à une distance de 0m,46 de leur position d'équilibre.

Les voitures ont 11m,30 de long et 2m,70 de large, l'écartement des centres des boggies est de 9m,10. Elles comportent des plates-formes aux deux extrémités, et elles renferment chacune 48 places, dont 32 en long et 16 en travers dans le milieu de la voiture (fig. 3).

Les trains sont composés de quatre wagons au plus, ils sont remorqués par une petite locomotive-tender. Cette machine entraîne avec elle un volume de 1450 litres d'eau, suffisant pour le plus long parcours qu'elle peut avoir à effectuer. Elle a deux essieux accouplés, convenablement rapprochés pour permettre le passage dans les courbes, elle est portée également à l'avant et à l'arrière sur un truck articulé ; son poids total est de 5800 kilogrammes, et son poids adhérent de 5700 kilogrammes.

La circulation sur les chemins de fer aériens n'entraîne d'ailleurs aucun danger spécial, car les ponts sont munis de balustrades et construits avec toutes les précautions nécessaires pour conjurer les conséquences terribles que pourrait avoir un déraillement à pareille hauteur. Les trains se succèdent aujourd'hui de trois en trois minutes sur presque toutes les lignes depuis cinq heures du matin jusqu'à huit heures du soir; on compte ainsi sur la 3e avenue, par exemple, 850 trains qui ne représentent pas moins de 2975 voitures, et qui entraînent 93,929 voyageurs; sur la 6e avenue, le nombre de trains reste peu différent, car il est encore de 839, et comprend 2820 voitures.

La compagnie des *Elevated* a eu, depuis l'ouverture de son chemin de fer, bien des réclamations et bien des procès à supporter. Sur tout le parcours de la ligne, l'existence devient affreuse pour les habitants qui ont vue sur la voie.

La fumée et les mauvaises odeurs, le bruit et tous les désagréments produits par les locomotives sont pour eux. On tâche aujourd'hui d'écarter une partie de tous ces inconvénients.

Au mois de juin 1885, M. Edison a fait des essais fort intéressants et qui paraissent devoir réussir complètement. Il s'agirait de remplacer les machines à vapeur des *Elevated* par l'électricité. Les voitures auraient alors beaucoup moins d'ébranlement; cela préserverait les viaducs de fer construits et qui en certains endroits déjà, paraît-il, ont besoin de fortes réparations.

Le va-et-vient des *Elevated* et l'activité considérable qui règne dans les rues ne laissent pas que d'étourdir un peu le voyageur curieux de voir toutes choses, mais ce sont des aspects qu'on peut se figurer facilement si l'on a vu des grandes villes comme Paris ou Londres. Le spectacle tout à fait hors ligne et qui ne saurait avoir aucun point de comparaison est celui qui vous est donné lorsqu'on se trouve sur le tablier du pont de Brooklyn. Ce travail extraordinaire pourrait bien passer pour la huitième merveille du monde. Si les Américains sont fiers d'une œuvre semblable, ils en ont le droit à juste titre, car rien n'est plus grandiose, ni plus saisissant.

L'agglomération humaine new-yorkaise, après Londres et Paris la troisième sur la terre par ordre de population, comprend près de deux millions d'individus et se compose de quatre villes juxtaposées : New-York, couvrant l'île de Manhattan, comprise entre le détroit appelé rivière de l'Est, l'estuaire de l'Hudson et la bouche secondaire de ce fleuve, dite rivière de Harlem; Brooklyn, occupant en face de New-York, sur l'autre rive de l'*East River*, l'extrémité sud de l'île Longue; *Jersey City* et Hoboken, de l'autre côté de l'embouchure de l'Hudson. Les deux principales cités sont New-York, comptant plus d'un million d'habitants, et Brooklyn, qui en renferme plus d'un demi-million, bâties vis-à-vis l'une de l'autre sur les deux rives du détroit qui sépare *Long Island* du continent. Ce canal est, entre les deux villes, étroit et sinueux comme une rivière, si bien qu'il en a pris le nom; mais ce n'en est pas moins un bosphore maritime incessamment sillonné par d'innombrables vaisseaux, portés par les ondes salées de l'Atlantique sur cette prétendue rivière aussi bien qu'en plein océan.

Il y a quelques années ces deux villes ne communiquaient que par l'intermédiaire des bacs à vapeur qui traversaient à tout instant la rivière, à la grande gêne des autres navires et en étant à leur tour entravés par ceux-ci dans leur mouvement transversal de navette. Les glaçons flottants de l'hiver suspendaient aussi quelquefois les différents services pendant des heures entières. Pour supprimer ces inconvénients il y avait à établir un pont transformant New-York et Brooklyn en deux quartiers d'une même capitale; mais il fallait en même temps que les cent vaisseaux qui passent à chaque heure dans le canal pussent continuer à y naviguer toutes voiles dehors.

L'ingénieur John Roebling avait remis en honneur aux États-Unis les ponts suspendus en exécutant, de 1851 à 1855, celui du Niagara, le seul pont de cette espèce qui porte des locomotives et, de tous les viaducs, celui qui présente la plus vaste travée franchie par ces lourds engins. Le pont suspendu du Niagara a 244 mètres d'ouverture et est supporté par quatre câbles de 254 millimètres de diamètre contenant chacun 3640 fils.

Comment l'ingénieur Roebling était-il parvenu à faire passer

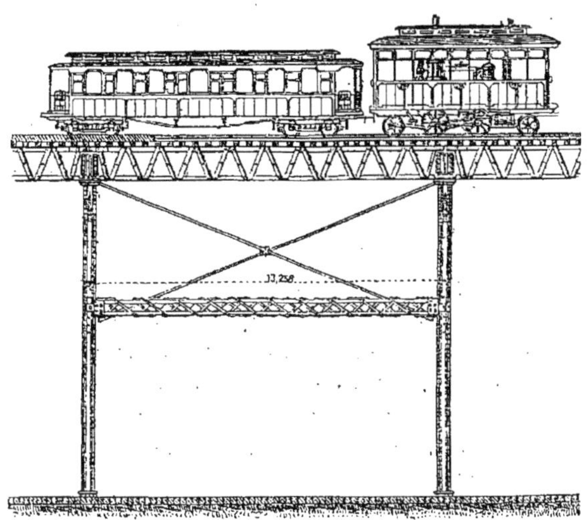

Fig. 2. — Une travée du chemin de fer aérien de New-York (page 4).

les convois sur les ponts suspendus, abandonnés en Europe comme trop peu solides? C'était en modifiant leur construction, en ajoutant à la force de résistance des câbles de suspension celle de poutres métalliques supportant le tablier et de haubans fixés aux piles et partageant avec les câbles une partie de la charge.

C'est en 1845 que M. Roebling construisit les premiers ponts de ce système, mais il n'aborda les très grandes portées qu'au pont du Niagara. Coup sur coup, après avoir achevé ce viaduc, il construisit deux ponts pour voiture plus longs encore, l'un en 1866 à Cincinnati, d'une portée de 322 mètres, suspendu à deux câbles de 305 millimètres de diamètre contenant 5200 fils chacun; l'autre, de 387 mètres de portée, en 1869, aux chutes du Niagara.

C'est en 1867 que John Roebling conçut le projet du pont de l'East River. Cet illustre ingénieur est mort en 1869, mais son

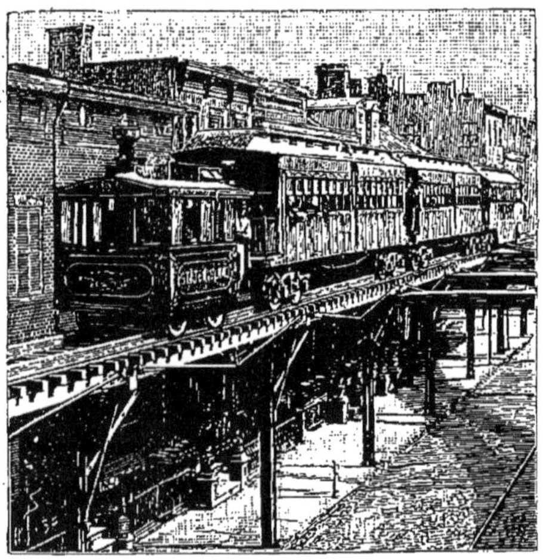

Fig. 3. — Chemin de fer aérien de New-York (d'après une photographie) (page 5).

fils, le colonel Washington Roebling, a exécuté le projet paternel sans en modifier les données principales.

Le pont de New-York à Brooklyn se compose d'un pont suspendu de trois travées dont l'arche centrale a 486 mètres d'ouverture; c'est la plus large qui existe sur notre terre, c'est-à-dire qu'elle est plus grande que deux fois la longueur du plus long pont de Paris, le Pont-Neuf, qui a 233 mètres et comprend douze arches. Les deux travées latérales ont 283 mètres, ce qui fait 1052 mètres pour le pont. Il est suspendu à quatre câbles de

39 centimètres de diamètre comprenant chacun 6224 fils d'acier parallèles et non tressés ensemble; chaque câble peut supporter 11,380,000 kilogrammes; il a une longueur de 1090 mètres et pèse 80,400 kilogrammes. Les câbles sont soulagés par six poutres métalliques faisant partie du tablier du pont et par 280 haubans attachés aux piles centrales.

Ces deux piles entièrement en granit s'élèvent à 84 mètres au-dessus de la haute mer, c'est-à-dire à la hauteur des tours de Notre-Dame de Paris surmontées d'une maison à six étages. Les deux tours ne plongent pas seulement jusqu'au fond de la mer, à cinq mètres et demi sous l'eau, elles pénètrent et s'enfoncent, au-dessous de ce fond lui-même, dans le lit maritime jusqu'à une profondeur qui, pour la pile de New-York, la plus profonde, atteint 30 mètres (114 mètres au-dessous du sommet) et comprend 36,160 mètres cubes de maçonnerie pesant 100 millions de kilogrammes.

Les câbles passent au sommet des tours et supportent le tablier vers la moitié de la hauteur de celles-ci, à 36 mètres au-dessus de la haute mer, près des piles; mais le tablier s'élève vers le centre de façon à y laisser un passage libre de 41 mètres pour les vaisseaux. Les soixante-dix millions de personnes qui, chaque année, circulent entre New-York et Brooklyn passent ainsi au-dessus des mâts de cacatois des navires, entre ciel et mer, dominant les vagues de la hauteur de la colonne Vendôme au-dessus du sol. Ce tablier aérien a la largeur d'un boulevard : 26 mètres; dans cet espace il y a, de chaque côté, deux voies charretières (soit quatre en tout) garnies d'ornières de fer pour le passage des voitures, puis, en dedans de celles-ci, deux voies ferrées, et, au centre, une passerelle pour les piétons d'une largeur de 4 mètres et demi, surélevée de 3 mètres au-dessus du tablier (fig. 4). Les piles sont ajourées, au niveau du plancher du pont, de deux immenses porches gémellés sous lesquels passent voitures et wagons; la passerelle occupe l'épaisseur du pilier séparatif des deux porches et, en se bifurquant, elle contourne, au-dessus des trains, ce pilier central. Le pont est continué sur

PONT DE BROOKLYN A NEW-YORK (d'après une gravure américaine).

chaque rive par deux viaducs de maçonnerie qui s'abaissent au niveau du sol au centre de New-York et de Brooklyn. A New-York, le viaduc enjambe un grand nombre de maisons dont la hauteur a été diminuée et dont le toit a été recouvert d'un blindage incombustible, mettant le viaduc à l'abri de l'incendie. Le viaduc d'accès de Brooklyn a 296 mètres, celui de New-York 476; avec le pont suspendu intermédiaire, l'ouvrage total a une longueur de 1825 mètres. Malgré sa solidité, le pont n'est pas destiné au passage des convois ordinaires et des locomotives, mais les deux voies ferrées sont parcourues sur toute la longueur de la ligne (soit 1825 mètres) par deux trains de wagons spéciaux

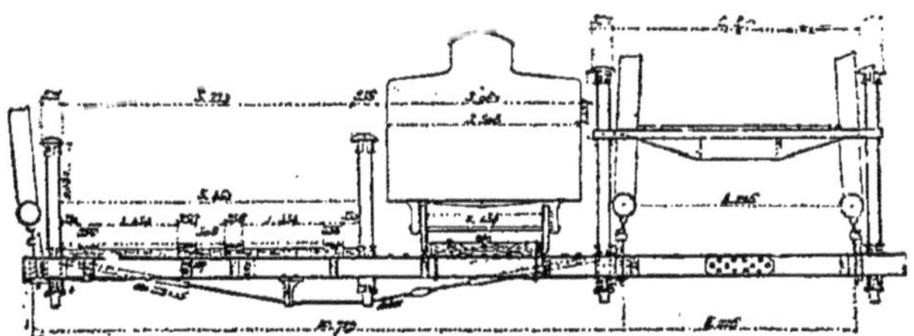

Fig. 1. — Détail du tablier du pont de Brooklyn.

faisant alternativement la navette et remorqués par un double câble mis en mouvement par une machine fixe.

La dépense totale pour ce travail sans précédent s'élève à près de 70 millions de francs (1).

Les travaux, commencés en 1869, ont été terminés en 1880. Les ingénieurs ont eu à surmonter des difficultés sans nombre pour achever cette œuvre extraordinaire. Aujourd'hui il n'y a plus qu'à admirer et rendre hommage aux travailleurs éminents qui ont pu tout achever si parfaitement et doter leur ville d'un monument si grandiose (Pl. II).

Si la journée est occupée à New-York, au milieu d'une foule

(1) Les renseignements donnés sur la construction du pont de Brooklyn proviennent de l'article fait par M. Ch. Boissay dans le journal *La Nature*, année 1879, 1er semestre, nos 305 (5 avril 1879) et 306 (12 avril 1879).

affairée, les soirées ne sont pas moins curieuses dans un autre genre. — Dès la fin du jour, à six heures du soir, tout change dans cette grande cité. La tranquillité, le repos commencent à régner en maîtres. — Les magasins se ferment pour la plupart, les affaires sont terminées et chacun va chez soi penser aux choses du lendemain dans le calme de la famille ou aux quelques distractions qu'on prendra le soir.

Il y a des cercles remarquables à New-York. Le League Club par exemple est somptueux, on pourrait réellement le comparer à un palais. — Les décorations intérieures sont du meilleur goût et très luxueuses. Des salons de toutes sortes pour des réceptions particulières, une bibliothèque considérable, des salles de billard et de jeux divers, des salles de gymnastique, etc. Une salle à manger splendide, au plafond élevé, en bois sculpté rehaussé d'ornements d'or, avec larges fenêtres encadrées de belles draperies, vous offre les vues grandioses de la cité. Le séjour de cet *Union League club* est enchanteur, surtout pour un Américain qui n'a pas de distractions dans sa ville comme celles que l'on peut avoir à Paris. Ils sont 1600 membres dans ce cercle, et peuvent fournir à une dépense de plus de 500,000 francs par an pour l'arrangement de toutes choses. On ne peut se faire idée du confort extrême qui règne partout et dans les moindres détails de ce club modèle.

En dehors des cercles, les distractions sont assez abondantes encore dans la ville. Une des plus amusantes est certainement le spectacle de Barnum. Il a non seulement un cirque inouï, des plus complets en tous genres, mais il joint à cela une ménagerie tout à fait extraordinaire.

Tous les monstres de la terre sont là sur une estrade : la femme squelette, les Aztèques, les nains et géants, les albinos, les femmes à barbe, puis des échantillons superbes d'animaux divers, 20 éléphants savants, etc. Dans le grand amphithéâtre, où plus de 15,000 personnes peuvent trouver place, trois cirques sont toujours occupés à la fois. On voit tout un monde de clowns sautant, gesticulant au milieu des exercices des écuyers et écuyères, puis dans les combles de la salle, des saltimbanques des deux sexes occupés sur leur trapèze ou sur les cordes raides. Une musique infernale excite toute cette foule de clowns pendant deux heures durant, car il n'y a pas d'entr'acte. On sort de là à dix heures et demie, absolument étourdi, mais on peut se vanter d'avoir vu un spectacle unique dans le monde entier.

Je ne puis parler de toutes les salles de spectacle, leur directeur s'ingéniant à utiliser les lumières Édison de la façon la plus originale, mais il y a un théâtre nouveau, le *Lyceum*, ouvert depuis peu, qui offre une particularité assez curieuse.

La salle contient 1200 personnes environ, elle est plutôt arrangée en salle de concert. La décoration est pleine de goût, sauf de rares détails : c'est un genre mélangé de persan et d'indien; beaucoup de boiseries apparentes, surtout au plafond. Toutes ces boiseries sont incrustées d'argent, de nacre et d'ivoire (imitations, bien entendu).

Le balcon de la première galerie est décoré de grandes rosaces de verre éclairées par la lumière Edison. Elles forment ainsi de grosses émeraudes encadrées de montures très délicates en argent et sont posées sur un fond marron du plus joli effet.

Il n'y a pas de loges, mais trois avant-scènes situées de droite et de gauche, dont les séparations de bois ajourés et sculptés à l'indienne complètent l'effet gracieux de cette petite salle.

L'idée originale de ce théâtre est d'avoir un orchestre de trente musiciens situé derrière la toile. Il est disposé sur un ascenseur aussi large que la scène même, et on le monte dans les frises lorsque l'entr'acte est terminé. Il redescend ensuite avec tous les musiciens aussitôt l'acte achevé.

Cet orchestre mouvant est décoré d'une façon délicieuse. Colonnettes en bois niellé d'argent, lustres en forme d'œufs d'autruche rehaussés de mille perles de verres de couleurs diverses, vitraux chatoyants et banderoles de perles, tout cela éclairé à la lumière Edison; c'est charmant. Enfin le plafond de la salle est orné d'un vaste caisson rempli d'une centaine de globes de forme ovale suspendus par des fils d'or. Ils remplacent le lustre habituel et répandent dans la salle une douce lumière.

La lumière Edison est fort employée à New-York dans les théâtres, les restaurants, les grands magasins et les clubs. Le *First district central lighting Company* se trouve non loin du pont de Brooklyn et il envoie la lumière dans la ville par 20,000 milles de conducteurs ; 8 machines à vapeur de 150 chevaux sont en activité avec 8 dynamos de 1200 ampères. Depuis l'année 1882, où les premières installations ont été faites, il est facile de se rendre compte des progrès énormes de la lumière électrique dans la cité de New-York. La chambre des régulateurs et celle des instruments de mesure, la salle des dépôts des conducteurs de rechange, sont intéressantes, mais la plus curieuse est celle où sont placées les machines et les dynamos. Toutes ces pièces différentes sont basses et construites en cloisons de planches; elles n'offrent aucun intérêt au point de vue de l'arrangement ou du goût, le côté pratique seul est remarquable. Tout cela est provisoire; on voit que les agrandissements seront facilement faits au fur et à mesure des besoins du public. Les autres parties de la ville sont éclairées par les Compagnies Brush et Swan. Elles s'occupent principalement de l'illumination des rues et des places publiques. A Madison Square, entre autres, on peut admirer la grande couronne de lumière composée de six lampes qui se trouve suspendue en haut d'un mât de 50 mètres environ. Elles envoient leurs feux dans toute la place, et sous les beaux arbres du jardin on croirait volontiers à un clair de lune perpétuel.

On monte tous les soirs cette couronne à l'aide d'une manivelle actionnant des poulies ; le matin on la redescend à la hauteur du balcon pour réparer ou nettoyer les appareils. Sur la place du Carrousel de Paris l'appareil électrique offre un aspect agréable comme lumière, mais il est moins élevé et l'éclairage est loin d'être aussi intense que les lampes Brush dont Madison Square est pourvu.

Dans la ville de New-York ainsi qu'à San-Francisco, etc., on s'est contenté d'un simple mât pour élever les lustres électriques

Brush; mais dans la petite ville de Détroit, au bord du lac Saint-Clair, il y a une installation beaucoup plus jolie au point de vue de l'effet dans les rues; elle est d'une hardiesse remarquable (fig. 5).

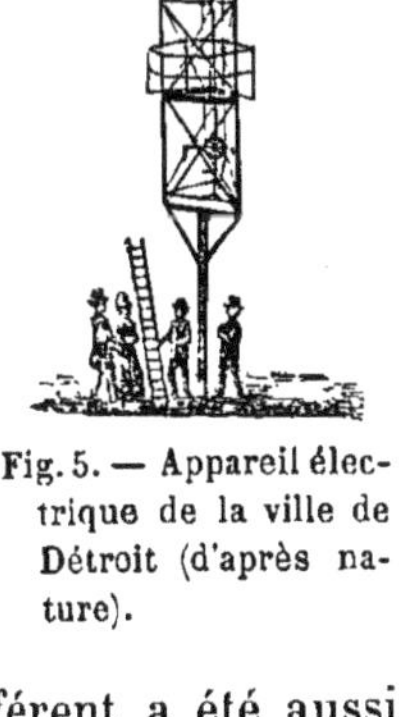

Fig. 5. — Appareil électrique de la ville de Détroit (d'après nature).

C'est une carcasse triangulaire composée de tiges de fer assemblées en croix de Saint-André et ayant une élévation de 50 mètres environ. Cette sorte de tourelle à jour, d'une légèreté étonnante, est maintenue seulement en deux endroits de la hauteur par des fils tendus à des poteaux plantés dans les rues mêmes et qui ne figurent point sur notre croquis.

Elle est posée sur une colonne de fonte à une certaine hauteur du trottoir pour ne pas gêner la circulation. Le gardien monte au premier balcon à l'aide d'une échelle ; là, il entre au centre du triangle dans une petite nacelle qu'il peut faire monter lui-même au balcon supérieur, en s'aidant des cordes enroulées autour des poulies. Un contrepoids, qui descend au fur et à mesure que l'homme monte, facilite l'ascension. Cent tours de ce genre éclairent la ville de Détroit, et elles sont placées à tous les 500 mètres environ. Dans les faubourgs, l'espace est plus grand, il est de 800 mètres. Pour les grandes places, les tours sont plus hautes, elles ont 60 mètres environ et sont munies de 8 lumières. Outre ces appareils électriques, la ville possède, comme New-York, les becs de gaz habituels.

Dans la ville d'Indianapolis, province d'*Indiana*, une tourelle d'un modèle un peu différent a été aussi installée par M. Adams, ingénieur de la *Jenney electric company*. Cet appareil n'a point d'ascenseur comme celui de Détroit pour faciliter à l'employé l'ascension qu'il doit faire chaque jour à 40 mètres de hauteur pour nettoyer et réparer les 4 lampes destinées à distribuer la lumière. Il se compose d'un simple mât garni d'échelons qui conduisent jusqu'à la petite plate-forme placée à son extrémité. Pour donner de la rigidité à cette légère installation, le mât a été élevé par parties de 5 mètres qui sont assemblées entre elles. A chaque point de jonction, un collier de métal porte des arcs boutants horizontaux, qui sont maintenus entre eux par des fils d'acier. Pour éviter le balancement de cette sorte de tourelle, on a fixé, comme à celle de Détroit, des haubans en cordes d'acier qui vont s'attacher à des pieux plantés à une certaine distance du pied de l'appareil.

CHAPITRE II

Philadelphie. — Les fils télégraphiques. — Le dimanche et les pharmaciens limonadiers. — Les boules payantes des grands magasins. — L'usine Baldwin. — Washington, ses monuments et ses nègres.

Un dimanche, à Philadelphie, n'est pas une chose absolument gaie, il s'en faut.

900,000 habitants sont chez eux, retirés et tranquilles, les rues sont presque désertes : c'est un vaste cimetière ! Dans les principales voies cependant les tramways courent encore, et à la sortie du Temple on voit quelques personnes se hâtant de rentrer chez elles. Sous les nombreux fils télégraphiques, téléphoniques et autres, les rayons du soleil ne sauraient vous atteindre. Les ombrages de fils métalliques les plus épais sont situés à l'angle de *Chestnut Street* et de *Third Street*. Les poteaux télégraphiques remplacent les arbres, les feuilles vert tendre du printemps sont représentées par les isolateurs de verre ou de porcelaine perchés sur leur tige de bois. Ils maintiennent l'immense toile d'araignée formée par les innombrables fils de fer (fig. 6).

Les magasins restent ouverts en apparence dans les rues, il n'y a point de volets, de sorte que les devantures sont brillantes et parées comme dans la semaine. Cette mesure gêne les voleurs, paraît-il ; le soir, une lumière est placée dans le fond du magasin et les policemen pourraient voir facilement les travaux malfaisants de ces messieurs. Il est certain que le vol qui a eu lieu à Paris, chez un bijoutier de l'avenue de l'Opéra, n'aurait pu être réalisé à Philadelphie. Les volets du magasin enlevés, nos sergents de ville auraient vu les tentatives nocturnes de nos *pick-pockets* parisiens.

Les rues désertes de Philadelphie ne sauraient vous retenir longtemps, et on se sent attiré vers les rives de l'admirable Delaware.

Les bassins grandioses remplis de navires de commerce et les belles lignes bleues tracées par les eaux du fleuve au courant rapide offrent un spectacle superbe, qu'on voit avec plus de plaisir le dimanche. On peut tout contempler à loisir et rêver à l'aise. Les autres jours, c'est le *business* perpétuel et l'ardeur fiévreuse du travail.

Sous un des nombreux hangars situés auprès des bassins, je suis bientôt arrêté à la vue d'un assez grand nombre de spectateurs; beaucoup d'entre eux sont debout, quelques-uns sont assis sur des ballots de marchandises diverses, au milieu d'eux un soi-disant clergyman chante des cantiques avec sa femme. Il fait ensuite un long discours sur la malignité des temps. Il menace la foule des foudres du ciel; Philadelphie, New-York, etc., seront brûlés, précipités dans les abîmes, si nous autres, pauvres auditeurs, nous ne voulons pas suivre ses préceptes.

Après ces avis charitables mais effrayants, écoutés sous un soleil ardent, on éprouve le besoin de se reposer un instant et même de prendre un rafraîchissement. Hélas, c'est dimanche! les bars, sans exception, sont fermés. Un pauvre touriste a soif cependant; comment faire? Il est avec les règlements dominicaux des accommodements. Les bars sont fermés, vive le pharmacien! On trouve chez lui tous les sodas et limonades inventés par la civilisation humaine. Les pharmaciens ont dans leur magasin, à côté de toutes les drogues, des vasques à l'antique en marbre rare; elles sont munies de beaux robinets à col de cygne et, pour quelques sous, on a le dimanche tous les rafraîchissements réconfortants que les bars ne sauraient vous vendre ce jour-là. Nous autres Français, nous ne comprenons guère ces nuances, fort délicates, paraît-il; mais enfin le but est rempli : on avait soif, on a bu. Le touriste a trouvé ainsi de nouvelles forces, et c'est le splendide *Fairmount Park* qui va l'attirer. Ce parc est aux environs de la cité, il est grandiose. De hautes collines, des arbres séculaires et la jolie rivière la Schuylkill le traverse. La nature a

Fig. 6. — Les fils aériens de Philadelphie. Angle de *Chestnut Street* et de *Third Street* (d'après nature) (page 17).

tout arrangé elle-même dans ces lieux charmants, et il faut avouer qu'ils ne ressemblent en rien à notre bois de Boulogne.

Le dimanche passé, Philadelphie reprend son mouvement extraordinaire. Les maisons de briques avec fenêtres aux chambranles de marbre reprennent leur aspect accoutumé. C'est la résurrection. Les magasins sont remplis de clientes venant faire leurs achats.

Dans Chestnut street, la rue élégante par excellence, les grands magasins de MM. Sharpless frères, qu'on peut considérer comme le *Bon-Marché* ou le *Louvre* de Philadelphie, possèdent un appareil curieux : c'est le *cash railway,* le chemin de fer des recettes, qu'on peut appeler *la boule payante.* M. Lamcon en est l'inventeur. Rien de plus ingénieux et de plus commode, et le système est employé déjà dans plusieurs villes des États-Unis, Philadelphie, Cincinnati, San-Francisco, etc. (fig. 7).

Au *Louvre* et au *Bon-Marché,* les dames surtout le savent, on est fort ennuyé pour aller payer à la caisse. Il y a toujours une bousculade à affronter. Dans ce beau magasin de Chestnut street cela n'existe pas. Les acheteurs n'ont pas à se déranger. Ils payent directement à l'employé qui les a servis et s'assoient à l'aise. Celui-ci met l'argent et la note dans une boule de bois B. Il la fait monter jusqu'à la petite glissière CC qui s'abaisse aussitôt la boule reçue et la lance sur un petit chemin de fer incliné à rails de bois bordés de cuir pour éviter le bruit (Voir la coupe n° 1). La boule arrive ainsi au centre du magasin, aux bureaux de la caisse. Ces bureaux sont au nombre de deux ; ils sont suspendus, comme la nacelle d'un ballon, au milieu du grand Hall de l'établissement. Ils communiquent cependant aux galeries par de légers escaliers en fer. Il y a tout un réseau de rails de bois pour le parcours de ces boules, correspondant aux différents comptoirs ; ils desservent le rez-de-chaussée et le premier étage des magasins. Les acheteurs ont la vue perpétuelle de cette sorte de canalisation aérienne avec les boules courant en silence à leur destination respective. C'est un aperçu qui ne manque pas d'originalité.

Les comptoirs sont nombreux, les boules ont toutes un diamètre différent et portent des numéros pour éviter la confusion. Les diamètres différents obligent la boule à suivre un embranchement voulu, les rails de bois étant de largeur correspondante, et les numéros rappellent aux employés la place de leur comptoir. Lorsque le caissier central a reçu l'argent envoyé, il donne la monnaie, acquitte la note et met le tout dans la même boule. Il la lance sur le plan incliné inférieur. La boule arrive à destination,

Fig. 7. — La boule payante des grands magasins de nouveauté (d'après nature).

l'employé n'a plus qu'à tirer à lui le filet E (Voir détail n°2), ouvrir la petite boîte et remettre le contenu à l'acheteur qui a pu attendre à sa place sans être inquiété. L'opération tout entière n'a pas duré plus de deux minutes.

Si les magasins sont remplis d'une foule élégante, dans les usines de la ville, des armées d'ouvriers sont à leur intéressante besogne.

Les immenses ateliers Baldwin, entre autres, sont extraordinaires en leur genre. C'est la plus grande fabrique de locomotives et de wagons-réservoirs à pétrole des États-Unis.

A l'entrée de ce palais du travail, grâce à la recommandation d'un de mes bons amis de la ville, on me remet obligeamment un laissez-passer pour visiter tous les ateliers.

J'entre d'abord dans l'immense pavillon où s'achève le montage des locomotives et des wagons-réservoirs à pétrole. Le mouvement y est extraordinaire. On s'y fait cependant, on admire alors l'entrain des ouvriers et le soin qu'ils mettent à terminer et perfectionner leur œuvre ; on pénètre ensuite dans un autre pavillon de même grandeur. Là se trouvent les machines à vapeur destinées à percer ou à tailler les pièces de tôle et de fonte ; puis toutes les fonderies, les marteaux-pilons en marche, les salles où la fonte liquide coule dans les moules, les nombreux ateliers où l'on fait les pièces de moindre importance pour les machines, telles que vis de toutes sortes, objets de cuivre ou d'acier, etc., les salles de dessins pour les modèles, etc. ; on sort de là ébloui. Le bruit assourdissant des travaux vous fatigue dans ces forges de Vulcain où le mutisme absolu chez les ouvriers est commandé. Il est absolument défendu de causer ou de questionner les travailleurs, enveloppés de flammes et de fumée, qui sont occupés dans l'usine, où l'application et l'intelligence règnent en maîtresses.

De Philadelphie à Washington le trajet est court, mais grâce à toutes les facilités que les chemins de fer américains vous procurent, les voyages sont toujours aisés à faire. A l'hôtel même j'avais fait prendre mon billet, et mes bagages ont été enlevés de ma chambre sans que je m'en sois occupé pour ainsi dire.

On entre dans le wagon à l'heure dite, puis, pendant le trajet, un employé vient vous demander dans quel hôtel vos bagages doivent être portés à votre arrivée dans la ville. A l'hôtel, presque en même temps que vous, ils sont portés exactement. Pour tout cela, il n'y a eu que quelques mots à dire à des agents polis et intelligents ; il n'y a rien de plus pratique.

Lorsqu'on vient de quitter Philadelphie et New-York, Washington semble monotone, presque triste. On ne voit point dans ses larges avenues le grand mouvement d'affaires qui règne dans les autres cités des États-Unis.

Les monuments publics sont les curiosités principales. Le Capitole domine tout par son grand aspect. Son dôme est immense, ainsi que les bas-côtés tout encombrés de colonnes. Les salles intérieures sont luxueusement décorées, mais tout cela n'a aucune valeur artistique. Le seul point vraiment intéressant consiste dans le vaste panorama de la ville que l'on découvre, sur les terrasses qui entourent ce grand monument de marbre blanc, et du haut de son dôme.

Là évidemment Washington est superbe. Les belles campagnes, les eaux brillantes du Potomac, lui servent de cadre ; ce spectacle vaut à lui seul plus que tous les monuments de la cité.

On venait de terminer cette année le grand obélisque construit en l'honneur de Washington. C'est le plus haut monument du monde, disent fièrement les Américains ; cela, je le crois sans peine, puisque les chiffres sont là pour le prouver (fig. 8) ; mais il est loin d'être le plus beau en tout cas. Cette grande aiguille n'offre d'intérêt que par la difficulté de sa construction. J'ai pensé qu'il serait curieux d'en signaler les principaux détails.

Le monument de Washington fut commencé en 1848 par une Société particulière.

Le projet, dressé par M. Robert Mills, comprenait un obélisque de 600 pieds de hauteur, soit 180 mètres environ. Cet obélisque devait être entouré d'une colonnade à la base.

Ce projet fut bientôt modifié. On renonça à la colonnade, et l'on réduisit la hauteur de l'obélisque à 152^{m},39. C'est dans ces conditions qu'il a été construit, mais en le surmontant d'un pyramidion de 16^{m},77, ce qui porte la hauteur totale à 169^{m},16.

La fondation, telle qu'elle avait d'abord été établie par la

Compagnie, se composait d'un massif de maçonnerie en gros blocs de gneiss. Ce massif, dont la partie supérieure était à 2^{m},30 au-dessous du niveau du sol, avait la forme d'un tronc de pyramide quadrangulaire, de 7 mètres de hauteur, la base inférieure ayant 24 mètres de côté et la base supérieure 17^{m},55 de côté.

Cette fondation a été notablement renforcée plus tard, comme nous le verrons.

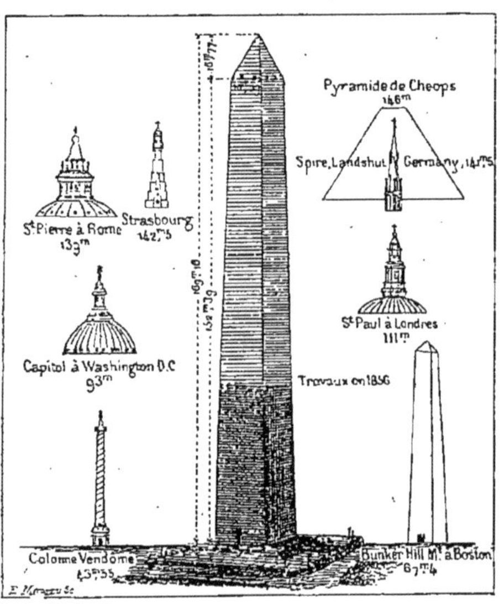

Fig. 8. — Hauteur de l'obélisque de Washington comparée avec celle des plus hauts monuments du monde (page 23).

L'obélisque a 16^{m},90 de côté à la base. Chaque face a, en cet endroit, 4^{m},50 d'épaisseur, ce qui laisse un vide intérieur carré, de 7^{m},90 de côté. Ces faces sont en maçonnerie et moellons de gneiss, avec revêtement de marbre blanc. Les blocs de marbre ont 0^{m},60 de hauteur d'assise, avec 0^{m},45 à 0^{m},38 de longueur en queue.

En 1854, on était arrivé à la hauteur de 45^{m},60. En 1856, on ajouta 1^{m},20 environ.

Les travaux furent alors abandonnés jusqu'en 1877.

Le 19 janvier 1877, la Compagnie transmit tous ses droits au gouvernement des États-Unis, et les travaux reprirent en 1878, sous la direction de M. Thomas Lincoln Casey.

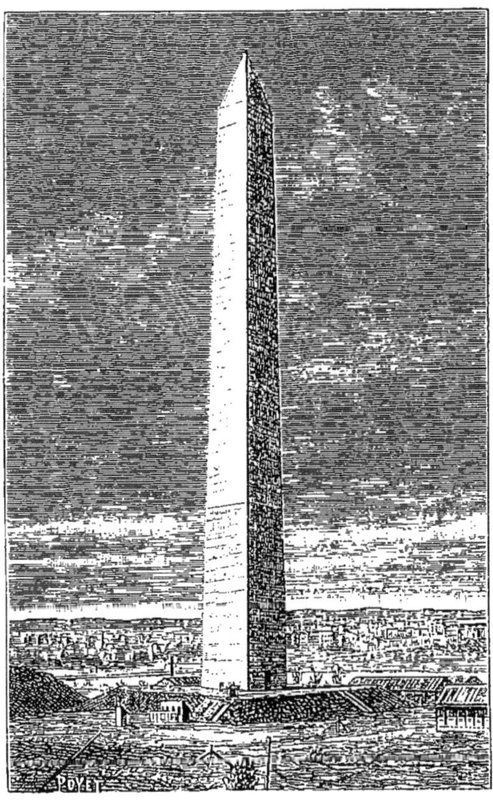

Fig. 9. — Monument de Washington (page 26).

On commença par renforcer la fondation. Pour cela, on coula, sous l'ancien massif de gneiss, une couche de béton de $4^m,05$ d'épaisseur, sauf dans la partie centrale, où l'on conserva un noyau en terre de $13^m,20$ de côté. La couche de béton fut prolongée au delà du massif, de manière à donner à la nouvelle fondation une base carrée de 37^{m},95 de côté.

Pour bien répartir la pression sur la nouvelle fondation, on démolit en partie le massif de gneiss, sous la base de l'obélisque, à peu près jusqu'à moitié de l'épaisseur des faces, et l'on remplaça la partie démolie par un massif de béton rejoignant la couche générale de 4^{m},05 dont nous avons parlé.

Ces nouveaux travaux de fondation en sous-œuvre furent achevés le 29 mai 1880.

Comme nous l'avons dit, l'obélisque, au moment où les travaux avaient été abandonnés, atteignait la hauteur de 46^{m},80 environ. On démolit les dernières assises de manière à ramener la hauteur à 45 mètres, et l'on acheva la construction, en suivant le même système, jusqu'à 150 mètres. A cette hauteur, le côté de la pyramide, qui a 16^{m},90 à la base, a 10^{m},33. L'épaisseur des faces est de 0^{m},45.

A partir de 135^{m},60 jusqu'à 150 mètres, les faces sont entièrement en marbre (fig. 9).

Le pyramidion se compose de plaques de revêtement en marbre, de 0^{m},18 d'épaisseur, reposant sur douze espèces d'arbalétriers, trois pour chaque face, composés de voussoirs de marbre. Les naissances des arbalétriers sont au niveau de 141 mètres, c'est-à-dire à 9 mètres au-dessous de la base du pyramidion. Sur cette hauteur de 9 mètres, ces arbalétriers ne sont que des nervures en saillie sur l'intérieur des faces de l'obélisque. Dans l'intérieur du monument, on a disposé une ossature métallique qui sert de support à une cage d'escalier et, en même temps, à un élévateur.

Le poids total de la construction est de 81,120 tonnes de 1,015 kilogrammes, et est ainsi réparti :

Poids de la fondation et de la terre qui la recouvre.	36,912 tonnes.
Poids des 45 premiers mètres de l'obélisque (partie anciennement construite)	22,373 —
Poids de la partie nouvellement construite	21,260 —
Poids du pyramidion	300 —
Poids de l'ossature métallique	275 —
	81.120 tonnes.

La dépense totale s'est élevée à 1,187,710 doll. 31, soit 5,938,550 francs, en comptant le dollar à 5 francs. Sur cette somme, 1,500,000 francs avaient été dépensés par la Compagnie qui avait commencé le monument.

Le grand monument de Washington a été déjà atteint par la foudre plusieurs fois. Heureusement que les précautions avaient été prises à cet effet. Le cône terminal de l'obélisque est en aluminium; il se trouve relié électriquement au sol par les quatre colonnes métalliques de l'ascenseur. Cette disposition a fait victorieusement ses preuves. La foudre n'a causé aucun dégât.

Non loin de cet obélisque, dans un parc considérable planté de beaux arbres, on a construit des pavillons fort bien aménagés pour les travaux divers des hommes de la science. La géologie, la botanique, la paléontologie, etc., ont là leur service particulier. Les laboratoires, les bibliothèques, sont installés largement et d'une façon aisée pour l'étude. Un curieux bâtiment réservé aux pêcheries et à la pisciculture complète tout cet ensemble qui entoure les grandioses galeries du Muséum d'histoire naturelle. M. le professeur Spencer Baird a bien voulu m'en montrer tous les détails. Dans quelques années les collections fort nombreuses auront pu être mises en place méthodiquement; ce sera alors un des plus curieux musées qu'on puisse voir. Le public ne peut considérer actuellement qu'une faible partie de toutes ces richesses. Il y a déjà dans de grandes salles des échantillons de minéralogie du pays et des fossiles remarquables; des objets de toutes sortes forment ensuite un curieux mélange; cèla donne une idée de ce que sera plus tard ce bel ensemble de curiosités de la science et de la nature.

Avec le palais du président des États-Unis et ceux qui abritent tous les services des administrations diverses, Washington a nécessairement un aspect tout particulier. Les avenues sont remplies des maisons luxueuses des hauts personnages de l'État; mais si l'on remarque toutes ces richesses, si on constate toutes les dépenses faites pour la création de ces constructions, une chose étonne encore plus le voyageur. Que de nègres, mon

Dieu, en cette ville ! on ne voit que cela. Des négresses épouvantables, des négrillons hideux, quel vilain spectacle ! Tout cela misérable, en haillons, traîne toute la journée dans les rues. A peine le Capitole est-il dépassé que déjà les maisons de bois commencent avec la misère. Je n'oublierai point certaines rues où les nègres habitent : le manque de soin, la malpropreté même dominent dans ces avenues pleines de boue ou de poussière. Ce sont de tristes contrastes, auprès des riches demeures du centre de la ville.

CHAPITRE III

Le gaz naturel et le pétrole. — Une ville de quatre mois. — Plans inclinés de Pittsburg et de Cincinnati.

A Philadelphie, j'ai laissé mes amis pour voyager dorénavant sans compagnon. Mais déjà à Washington j'avais des personnes bienveillantes pour m'aider de leurs conseils dans mon voyage. On n'est jamais seul dans ce pays d'Amérique, j'ai grand plaisir à le dire. Combien de fois, durant mes longues excursions, ai-je été touché de la bienveillance extrême des Américains et de leur sympathie pour un Français isolé dans leur immense territoire, poussé simplement par son désir de voir et de s'instruire ! Ils sont toujours prêts à vous obliger et leur complaisance pleine de cordialité est telle, qu'il faudrait être bien ingrat pour l'oublier.

Me voici à Pittsburg, ville toujours enveloppée des fumées des usines dont elle est pleine, mais très pittoresquement située sur les rivières l'Alléghany et le Monongahéla qui forment à elles deux le superbe fleuve l'Ohio (fig. 10).

Cette ville est sale, l'odeur constante des fumées y est désagréable, on n'en voit le côté pittoresque qu'au travers des vapeurs noires, et cependant on éprouve du plaisir à y rester quelques jours. C'est l'ardeur au travail qu'on admire en ces lieux, et qui vous laisse dans l'esprit des traces inoubliables.

Avec les aimables lettres données par le célèbre professeur Hayden, de Philadelphie, le savant géologue qui a découvert une grande partie de *Yellowstone Park*, et les bons conseils de

M. Ashburner, le *geologist in charge of Pennsylvania*, j'ai pu visiter l'intéressante usine Bessemer and C° et les localités où le pétrole est recueilli, dans *Butler county*.

L'usine Bessemer est située à 10 milles de Pittsburg. Elle est construite sur le bord du Monongahela, près City Farm. On y fabrique l'acier par les procédés Siemens, mais au lieu de houille, c'est le gaz naturel qu'on emploie comme combustible pour la plupart des opérations métallurgiques et dans le foyer des chaudières multiples qui font agir les machines de l'usine. L'eau d'alimentation est élevée du Monongahela par des machines hydrauliques.

Le gaz naturel de l'usine Bessemer vient des environs de Murrayville, situé à 14 milles de City Farm; c'est la *Acme gas C° de Lyon* qui le fournit. Jusqu'à Braddick les tuyaux de conduite ont $0^m,18$ de diamètre et, de là à l'usine, ils n'ont plus que $0^m,15$. Depuis deux années que ce gaz est utilisé, il semble que sa pression à Murrayville n'ait pas diminué. Il arrive froid à la surface de la terre, 0 degré environ, mais son expansion au dehors des tubes le rend plus froid encore, la glace se produit sur leur bord.

On estime que dans l'épaisseur de la terre ce gaz doit avoir environ 14 à 15°. La profondeur des puits est de près de 420 mètres.

L'usine Bessemer produit tous les mois 7000 tonnes d'acier, et bientôt elle sera montée pour en donner 10,000. Les saumons qu'elle fournit à l'industrie varient de 25 à 2000 kilogrammes; elle fabrique aussi des rails d'acier pour les chemins de fer, des essieux pour les voitures, etc., etc.

La découverte du gaz naturel en Pensylvanie remonte seulement à sept ans environ. A cette époque une compagnie forait un puits à Murrayville.

Malgré le peu d'éloignement de cette mine nouvelle, des usines métallurgiques, on laissa brûler en pure perte le combustible naturel pendant cinq ans. A cette époque le charbon était moins cher qu'aujourd'hui, et on n'osait pas sacrifier des sommes importantes pour faire les travaux nécessaires à l'exploitation.

Depuis deux ans, une compagnie a risqué l'entreprise ; elle a exécuté à ses frais la canalisation considérable qui amène le gaz dans les usines. Dix-huit mois d'exploitation ont suffi pour payer ce grand travail et les forges économisent presque, actuellement, la moitié de leur dépense précédente de combustible.

Le gaz naturel présente un inconvénient qui a failli produire les plus grands désastres, le 19 mars dernier, à Murrayville. La pression qui règne dans les canalisations de gaz naturel varie depuis 20 atmosphères à l'orifice des puits de dégagement jusqu'à près d'une atmosphère sur les lieux de consommation les plus éloignés. Nos conduites de gaz d'éclairage ne fonctionnent qu'à une pression de quelques centimètres d'eau. Cette différence est vraiment extrême ; de plus le gaz naturel contient presque uniquement du gaz des marais et de l'hydrogène formant avec l'air un mélange détonant.

L'exploitation de ce gaz offre donc d'assez graves dangers ; les précautions prises consistent à ne pas laisser dépasser 20 atmosphères dans les réservoirs de réception et à disposer, le long des conduites, des soupapes à fonctionnement automatique qui, lorsque la pression atteint 0^{m},70 d'eau, s'ouvrent dans des tubes de dégagement qui rejettent dans l'air le volume de gaz excédent.

Pendant la nuit tous les échappements de conduite du gaz fonctionnent dans les usines de Pittsburg et de ses environs. Pour se débarrasser de l'énorme débit de gaz dont elles ne se servent seulement que dans le jour, les ouvriers des usines mettent le feu chaque soir aux tubes de dégagement sur les lieux de production. Les habitants des environs jouissent ainsi d'un éclairage abondant, mais fort primitif d'aspect (fig. 11).

En essayant de poser un branchement sur une conduite principale de 0^{m},40 de diamètre à l'origine des puits, l'ouvrier chargé de ce travail ne prit pas garde à la pression considérable du gaz qui, faisant une soudaine irruption, se répandit à flots dans les rues et les maisons du voisinage. Il s'enflamma au contact des becs de gaz, faisant en même temps une formidable explosion. Les flammes s'élevaient à plus de 25 mètres de hauteur, le gaz naturel empoisonnait l'air dans un rayon de 500 mètres.

Toutes les précautions furent enfin prises pour localiser l'in-

Fig. 10. — Pittsburg, côté du mont Washington (d'après nature) (page 29).

cendie, mais pendant trois jours les habitants de Murrayville ont pu croire à la destruction complète de leur petite cité.

La plupart des usines de Pittsburg consomment aujourd'hui le gaz naturel, et tous les jours on cherche à forer des puits nouveaux. S'ils sont abondants à Murrayville, ils le sont plus encore sur les bords de l'Alléghany ; on en trouve un peu partout dans

Fig. 11. — L'éclairage au gaz naturel près de Pittsburg (page 31).

ces régions. Les grandes villes n'emploient point pour l'éclairage le gaz naturel, à cause de sa qualité très inférieure au gaz de houille ; mais, en revanche, il est fort employé dans les petites localités. C'est ainsi que la nouvelle cité de Mac-Bride, située au milieu des bois de *Butler County*, a pu être éclairée.

Mac-Bride avait quatre mois d'existence lorsque j'y fus, en avril 1885. Elle possédait déjà 1000 habitants environ. Un des propriétaires de puits, M. Campbell, a bien voulu me conduire à ce curieux endroit, situé à 6 milles de distance de Butler.

Le pays est charmant : partout des coteaux boisés, de beaux arbres, des cours d'eaux ; mais il est difficile de se faire idée des chemins horribles qu'il faut prendre.

Les chevaux ont souvent de la boue jusqu'au ventre ; ils se tirent à grand' peine de ces vilains passages. Quant à nous, ce sont des éclaboussures sans fin que nous envoient les roues de notre *buggy*, et des cahots à vous faire sauter à tous moments hors de cette petite voiture à deux places, merveille d'élasticité et de légèreté. Quand M. Campbell m'a demandé si nos routes, en France, étaient mieux entretenues que celles de son pays, je n'ai pu m'empêcher de rire en lui montrant notre figure mouchetée d'éclaboussures, mélange d'huile, de pluie et de sable. Je ne suis pas sûr cependant qu'il m'ait cru sur parole quand je lui ai raconté que nos chemins étaient propres, unis comme un parquet et admirablement entretenus.

Nous arrivons, et je vois la grande rue de la ville avec ses maisons de bois. Mac-Bride a un bureau télégraphique et postal. Elle possède quelques boutiques, un bureau de tabac, un hôtel, un *skating rink* pour les jeunes gens, enfin une école et un trottoir de planches le long des maisons pour éviter de patauger dans la boue (fig. 12) : tout cela terminé en quatre mois, c'est à peine croyable.

Ces régions de *Butler county* étaient connues depuis vingt-cinq ans environ, époque où l'on cherchait le pétrole, mais les fouilles avaient été mal conduites sans doute et ces lieux étaient restés non exploités. Depuis quelque temps, de nouvelles fouilles ont été faites et ont donné de beaux résultats. De là la création immédiate de cette nouvelle cité à laquelle on a donné le nom d'un des principaux propriétaires de puits à pétrole de l'endroit.

Aux environs de Mac-Bride on voit une quantité d'échafaudages en forme de tours de 82 pieds de hauteur environ. Ce sont là les puits à pétrole. Ils sont en pleine exploitation; pendant la durée du mois de mars 1885, 95 d'entre eux donnaient par jour en moyenne 53,900 *barrels*. Thorn Creek, localité voisine, en fournissait 7329.

Le produit d'une bonne journée, pour un seul puits, donne 200 *barrels* d'huile; on en a pompé quelquefois jusqu'à 700, mais c'est un rendement qui ne continue pas longtemps.

Auprès des puits sont installées de grandes cuves pouvant contenir environ 600 *barrels*.

L'huile s'écoule de là dans des réservoirs de volume beaucoup plus considérable. Dans le pays du pétrole il y a plus de 2000 de ces réservoirs. Ils sont la source de petits fleuves maintenus dans des tuyaux de 5 pouces de diamètre qui vont porter l'huile dans les grandes villes telles que Cleveland; Buffalo, Pittsburg, etc.

Pour pomper l'huile et l'amener à la surface de la terre on emploie des machines à vapeur. Mais la vapeur nécessaire est produite par l'eau des petits ruisseaux de Mac-Bride et par le gaz naturel qu'on trouve en même temps que l'huile en cette région. La houille n'est employée que par exception. Les puits sont situés sur les collines à des hauteurs différentes; souvent la même machine à vapeur fait marcher quatre ou cinq pompes. Sur les hauteurs plus de soixante puits viennent d'être creusés, et ils fonctionnent tous, au grand contentement des propriétaires.

La profondeur de ces puits varie entre 1400 et 1800 pieds. Les tuyaux traversent différentes couches de sable et d'eau salée, etc. On reconnaît assez facilement les bons sables qui renferment l'huile; il y a aussi des soins à prendre pour connaître leur qualité. S'il se trouve une roche pendant l'opération du creusement, la dynamite est employée pour la briser. Le gros tuyau qui sert de base au puits a 6 pouces de diamètre, on en met ensuite d'autres qui n'ont pas plus de 2 pouces.

Mac-Bride possédait en avril 200 puits à pétrole. Ils coûtent à

Fig. 12. — La grande rue de Mac-Bride City (d'après nature) (page 35)

établir une somme d'environ 4000 dollars, bien vite regagnée si la récolte est bonne. Le *barrel d'oil* vaut actuellement 78 cents (4 francs environ) ; il valait, il y a une vingtaine d'années, 12 dollars (60 francs).

Il y a quelques années c'était la région qui avoisine Oil City qui fournissait le plus d'huile, mais maintenant le rendement paraît décroître, et ce sont les régions de *Butler County*, Venango et Bradford qui sont devenues les centres les plus importants.

Revenu à Butler après mon excursion à Mac-Bride, je dois dire encore le plaisir que j'ai éprouvé de l'aimable accueil de plusieurs personnes de la petite ville, mais je ne pouvais rester plus longtemps avec ces nouveaux et sympathiques amis. Après les adieux, il faut remettre sa valise entre les mains d'un porteur pour aller à la gare, mais est-ce bien un porteur ? C'est un jeune homme presque correctement habillé qui m'offre de me prendre mon léger paquet. Je le lui confie et nous marchons de compagnie. Sachant que j'étais Français, le voilà qui me parle de mon pays et du désir qu'il a de voir Paris. Il me fait une foule de questions dénotant beaucoup d'intelligence et un grand désir de s'instruire. Il me portait cependant ma valise et a bien accepté aussi un pourboire à la gare. Mon curieux porteur m'a souhaité un bon voyage en me serrant la main.

Jamais je n'ai vu, en France, de commissionnaire semblable. Nous sommes loin d'avoir un sentiment naturel d'égalité aussi complet qu'en Amérique et cependant toujours plein de convenance et de politesse.

— Vous êtes d'un pays bien plus ancien que le nôtre, m'a-t-on dit souvent, et vous avez encore des préjugés qui n'existent pas chez nous.

Revenu à Pittsburg, j'ai visité les curieux plans inclinés à l'aide desquels on fait l'ascension du mont Washington situé de l'autre côté de Monongahela ; ce mont a une hauteur de 120 mètres environ ; la ville s'étendant toujours, elle a dû le franchir dans son mouvement d'expansion : des quartiers nouveaux se sont établis sur le sommet de la montagne, et comme les flancs en sont tout à fait abrupts, il eût été difficile d'y établir une route; il a donc fallu avoir recours aux moyens mécaniques pour assurer la facilité des communications entre les deux parties de la ville. Quatre plans inclinés ont déjà été construits à cet effet pour franchir le mont Washington; celui que nous représentons ici a été installé non loin du fort de ce nom par la Compagnie Duquesne (fig. 14). Il est établi complètement en ligne droite sur une longueur de 241 mètres et présente une pente constante

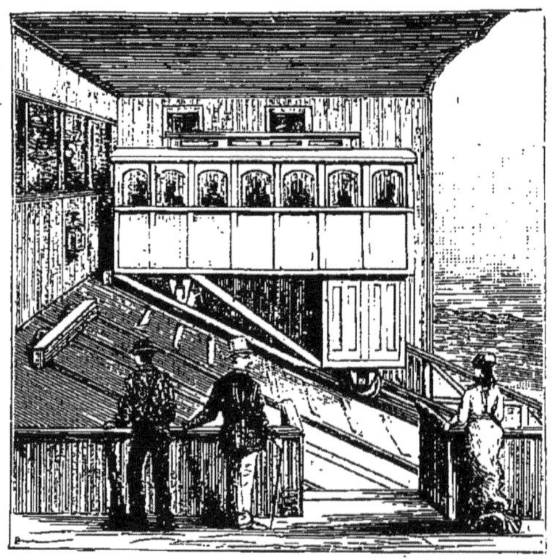

Fig. 13. — Wagon du plan incliné de Pittsburg (page 42).

très considérable de 30° 1/2, inférieure de 2° seulement à celle du plan du Vésuve. La traction est opérée à l'aide d'une machine fixe installée au sommet du double plan, par l'intermédiaire d'un câble de traction à double effet dont une extrémité emmène le wagon montant, tandis que l'autre soutient le wagon descendant. Cette disposition permet d'utiliser, comme on sait, le poids de ce dernier, et de diminuer l'effort moteur (1).

(1) Ces détails techniques sur les plans inclinés de Pittsburg sont empruntés à l'article de M. L. Baclé, journal *La Nature*, n° 386, 23 octobre 1880.

La voie est formée à la partie inférieure d'un viaduc en fer d'une longueur de 110 mètres, audacieusement appuyé sur la

Fig. 14. — Plan incliné de Pittsburg (page 40).

colline et jeté par dessus la voie ferrée, dont on voit les wagons au niveau du sol. Les rails sont formés par des fers à té pesant 6 kilogrammes par mètre. L'écartement des rails est de $1^m,52$ et la largeur totale de la voie est de 6 mètres, ce qui laisse un écart de $0^m,90$ entre les véhicules qui se croisent.

Le wagon du plan de Pittsburg, d'un cachet tout à fait américain, est représenté dans la figure 13; on voit qu'il diffère tout à fait de ceux des plans européens, car on a ramené le châssis à se trouver tout à fait horizontal en le relevant à l'arrière au-dessus d'une grande caisse vide dans laquelle on peut loger les bagages. Les vingt-cinq places que la voiture renferme occupent ainsi le même niveau sur le plancher.

Le câble de traction est en acier, d'une longueur de 274 mètres, et il peut supporter sans rupture un effort dix fois supérieur à celui qu'il exerce en service courant. D'ailleurs, s'il venait à se rompre ou même seulement à s'allonger fortement, un second câble de sécurité, qui se déroule avec lui, entrerait immédiatement en action et maintiendrait le wagon immobile sur la pente. Le câble de traction s'enroule au sommet du plan sur un grand tambour de 50 centimètres de diamètre, portant des rainures tracées à l'avance. Sur la voie, le câble est supporté par des galets en bois de caroubier répartis à égale distance des rails. Le mécanicien n'accompagne pas la voiture en marche, il la dirige seulement à distance dans des conditions assez curieuses : il reste constamment placé dans une cabine située au sommet du plan, comme l'indique la figure 14; et de là il peut surveiller toute l'étendue de la voie, et prévenir les accidents. Il a auprès de lui, en effet, deux leviers à sa disposition, au moyen desquels il peut immédiatement renverser le mouvement de la machine motrice ou l'arrêter au besoin. Une pédale placée sous ses pieds lui permet également d'agir sur un frein capable d'arrêter par son frottement le tambour en marche. La machine motrice présente une force totale de 70 chevaux; elle actionne le tambour moteur par l'intermédiaire d'un pignon de 76 centimètres de diamètre.

La durée du voyage est plus faible qu'au plan du Giessbach, dont la longueur est peu différente : elle est de deux minutes seulement. Le plan incliné de Pittsburg a été construit il y a six ans environ ; il a exigé une dépense de 1,200,000 francs, et depuis cette époque il n'a pas transporté moins de 50,000 voyageurs pour la somme de 6 cents (30 centimes). Les journaux américains ont soin de signaler que, malgré ce nombre élevé de passagers, il ne s'est jamais produit aucun accident. L'activité de la circulation dans la ville oblige à conserver ce plan en activité pendant dix-neuf heures chaque jour, avec un personnel de cinq hommes, comprenant deux mécaniciens chargés à tour de rôle de la conduite des trains, un chauffeur, un conducteur, ainsi qu'un surveillant de la voie.

Les plans inclinés de Pittsburg sont intéressants, mais leur installation générale ne diffère que fort peu de celle des plans inclinés que l'on voit à la Croix-Rousse à Lyon. Il serait à souhaiter que nous en possédions aussi à Paris pour faire l'ascension des buttes Montmartre dont la population augmenterait encore si on lui donnait cette facilité extrême de circulation ; mais alors il vaudrait mieux prendre modèle sur ceux de la ville de Cincinnati qui sont encore mieux installés.

Toujours bâties sur le même plan, ces cités américaines n'ont point de caractère différent ; monuments peu curieux, rues toujours mal entretenues, leur situation naturelle seule les rend pittoresques.

Cincinnati est admirablement posée sur les rives de l'Ohio. Son superbe pont suspendu, construit en 1865, est le premier modèle de celui de Brooklyn de New-York ; il relie la cité à des faubourgs déjà fort populeux. Cincinnati couvre actuellement tout le large espace compris entre le fleuve et les monts Adam, Auburn, Harrison, etc.

La ville grandissant toujours, on ne pouvait cependant songer à enlever les montagnes ; les Américains n'ont point cédé, ils portent sur les sommets tramways, chevaux et voyageurs. La circulation ainsi établie, un second Cincinnati non moins grand que le premier se construit tous les jours sur les monts et il s'étend, s'augmentant sans cesse.

Le croquis que j'ai pris d'une voiture de tramway sur plan incliné représente le système qui relie le bas de la ville au sommet du mont Adam (fig. 15).

Le *car* arrive directement sur la plate-forme qui est montée sur une charpente de fer dont le poids est de 18 tonnes malgré son apparence d'extrême légèreté.

Après un arrêt de quelques instants seulement, pour que les employés puissent s'assurer que tout est bien en place, l'ascen-

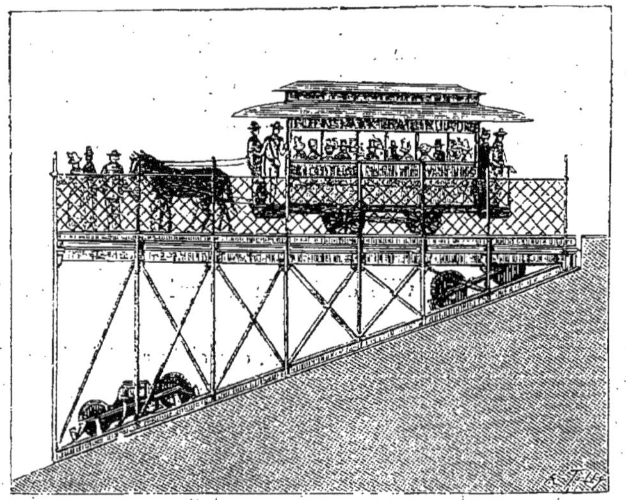

Fig. 15. — Voiture d'un tramway élevée sur un plan incliné à Cincinnati (d'après nature).

sion commence et, en moins de trois minutes, les 80 mètres de hauteur de la montagne sont gravis.

La longueur du trajet parcouru est de 310 mètres, l'angle d'inclinaison étant de 19°.

La charpente de fer est munie de roues, et deux gros câbles qui vont s'enrouler autour d'un treuil de fonte lui font faire l'ascension. En même temps qu'un tramway monte, un autre descend, les câbles s'enroulent et se déroulent sur le même treuil. Pour éviter tout accident, un câble de fer est placé entre les deux autres; celui-là est attaché au centre des deux charpentes de fer et glisse autour d'une large poulie. Si les câbles se rompaient malgré toutes les prévisions, ils maintiendraient en équilibre les cars montant et descendant et un accident sérieux ne saurait arriver.

Le poids du car, compris chevaux, voyageurs, est de 9 tonnes; la machine à vapeur nécessaire pour faire faire l'ascension des plates-formes est de 600 chevaux.

Au sommet du mont Adam, à l'arrivée même des tramways, un immense établissement, construit en bois, est installé pour recevoir les voyageurs. C'est une brasserie colossale pouvant contenir plus de 3000 personnes. Des terrasses d'où l'on domine toute la ville et les courbes grandioses décrites par l'Ohio, des salles de bals d'hiver et d'été, des montagnes russes et des jeux de toutes sortes, des orchestres, sont les principaux attraits de ce curieux établissement. Loin d'être, comme à Philadelphie, d'une sévérité excessive pour le dimanche, les Américains de Cincinnati aiment à s'amuser, et ils vont dans ces immenses brasseries passer avec leur famille une partie du jour et de la soirée. Sur les différents monts de la cité, il existe plusieurs endroits analogues où l'on joue d'assez bonne musique. L'élément allemand domine assez à Cincinnati pour avoir apporté cette différence de mœurs dans cette ville où l'on est moins rigide que dans quelques autres cités des États-Unis.

CHAPITRE IV

Louisville et les cimetières. — *Mammoth cave.* — Saint-Louis et son pont gigantesque. — *Kansas city.* — Le chemin de fer du Rio Grande. — *Manitou springs* et le jardin des Dieux. — Les mines d'argent à Leadville et le *Royal Gorge.*

Louisville offre moins d'intérêt que Pittsburg ou Cincinnati, quoiqu'il y règne cependant encore assez de mouvement. Des rues entières, proches du centre, sont bordées de charmantes villas construites en bois pour la plupart; elles sont entourées de jardins et ombragées par de beaux arbres. Ce sont les installations riches et luxueuses du Kentucky. Sur les bords de l'Ohio, superbe en cet endroit, Louisville possède un pont pour le chemin de fer. Il passe au-dessus des rapides du fleuve; sa charpente de fer, posée sur de nombreuses piles en granit, a 1610 mètres de longueur. Ce travail est vraiment beau, mais les rues de la ville sont bien droites et monotones et les quelques monuments qui s'y trouvent n'offrent aucun intérêt artistique.

Une visite bien curieuse cependant est celle du cimetière *Cave hill,* situé à l'extrémité de la ville.

On entre dans un parc anglais bien dessiné et planté d'arbres superbes. Les tombes construites, au lieu d'être serrées comme les nôtres, au point de se toucher, sont, au contraire, suffisamment espacées. Les colonnes, les obélisques se détachent gracieusement au milieu des fleurs et de la verdure foncée des pins. Si les monuments remarquables que nous avons dans nos cimetières ne se rencontrent guère dans ceux des Américains, on n'y voit pas en revanche ces affreuses petites chapelles en forme de guérite, qui pullulent chez nous et qui nuisent tant au bel effet des constructions artistiques qu'il est presque impossible de voir, puisqu'elles sont étouffées dans ces vilains cadres.

Les cimetières des États-Unis sont, en quelque sorte, des bois sacrés. Les oiseaux, certains d'y être respectés, sont heureux d'y vivre; ils chantent dans les fleurs et les grands arbres. A Pittsburg, à Philadelphie, ce sont des parcs splendides avec d'admirables points de vue, mais à Cincinnati le cimetière est encore plus remarquable.

Le *Spring grove Cemetery* possède un lac, une rivière artificielle et des arbres séculaires. Il est hors la ville, sur des collines boisées d'où l'on peut admirer les belles villas et propriétés construites sur les hauteurs voisines. Au bord du lac et au milieu de petites îles de verdure plantées dans les eaux, des tombeaux formés de colonnes de granit rose ou des marbres précieux du pays, sont parmi les roseaux et les plantes aquatiques; partout des gazons sont soigneusement entretenus. Dans ce parc de grande surface on rencontre même souvent des lièvres qui se sauvent à peine en allant se cacher doucement à l'abri des tombes; ils ont confiance, comme les oiseaux, dans les visiteurs qui viennent faire leur pèlerinage. Ces lieux sacrés ne sont point tout à fait publics. Il faut pour y entrer une permission spéciale, facile à obtenir d'ailleurs. A San-Francisco enfin, le cimetière est tout à fait merveilleux, il domine la ville presque tout entière avec la baie et son cadre de montagnes bleuâtres. Les tombes sont littéralement noyées dans les belles fleurs qui se plaisent auprès de l'océan Pacifique.

Ce qui attire le plus le touriste à Louisville, c'est l'excursion de *Mammoth cave;* il faut seulement six heures de temps pour s'y rendre. Le chemin de fer vous mène d'abord à *Cave city,* puis on monte dans un char-à-bancs attelé de quatre chevaux pour aller à travers bois jusqu'aux grottes, par des routes impossibles. On ne pourrait pas croire au nombre de cahots épouvantables, aux trous et aux ornières du chemin, si l'on n'en était soi-même la victime. Mais il faut bien s'habituer à ce genre de voyage aux États-Unis, et on rit de bon cœur. Les dames américaines qui faisaient l'ornement de notre petite excursion étaient les premières à nous donner le signal; elles étaient enchantées, et plus le char-à-bancs était secoué, plus elles semblaient heureuses; nous tâchions seulement de leur donner nos châles et couvertures pour adoucir les cahots, puis c'étaient encore de nouveaux éclats de rire. Il est vrai que si les routes n'existent pas, pour ainsi dire, le paysage est charmant; les forêts du Kentucky sont belles au printemps. Elles semblent illuminées par les fleurs et sont égayées par les oiseaux à l'éclatant plumage, comme le cardinal huppé si recherché pour nos volières, etc., etc.; il faut donc oublier les petits ennuis.

L'entrée des cavernes est placée dans les bois, sous les chênes et les pins, au bas d'un chemin en pente (fig. 16). Elle est pour ainsi dire fermée par une légère cascade qui s'échappe goutte à goutte des mousses délicates qui poussent sur les rochers; puis ce sont les bords de Green river presque voilés sous les arbrisseaux (le *Dog wood* ou *Cornus florida*) dont les bractées très développées de l'involucre sont blanches comme la neige.

Les teintes bleues du *Phlox divaricata* et le *Podophyllum peltatum* (May apple) au beau feuillage vert, l'*Heuchera Americana*, l'*Adiantum pedatum*, etc., contribuent à faire de ces bois un véritable paradis. On passe volontiers la belle saison dans cette jolie partie du Kentucky. Cela est facile, grâce au grand hôtel qui s'y trouve. — C'est une énorme construction en bois : elle se compose de grandes galeries à deux étages comme nous en voyons dans les anciens cloîtres. Dans le jardin intérieur, des pins élevés servent d'abri contre les rayons du soleil. Les touristes ont une chambre meublée des plus sommairement, c'est presque la cellule d'un moine, elle donne sur ces galeries fort primitives d'aspect; il y a ainsi place pour quatre à cinq cents personnes. Les provisions ne sont pas aisées à avoir à *Mammoth cave*, aussi la nouriture y est-elle simple. Mais ce n'est pas dans cette dernière partie du programme qu'il faudrait chercher l'agrément du voyage. Il ne faut penser qu'au charme des bois de Green river, aux merveilles de *Mammoth cave* et des cavernes avoisinantes. On ne peut guère se figurer leur étrangeté.

Mammoth cave ou la Caverne géante fut découverte en 1802,

Fig. 16. — Entrée de *Mammoth cave* dans les bois de *Green river* (d'après nature).

mais on ne commença à l'étudier qu'en 1809. Durant l'année de guerre 1812, on exploita le salpêtre qu'on y découvrit.

Les travailleurs employés à cette opération étaient, pour la plupart, des nègres, dont quelques-uns restèrent une année entière dans la grotte sans en sortir. Après la guerre de 1812-1814, on cessa d'y rechercher un produit qui ne pouvait soutenir la concurrence de celui qu'on importait des Indes Orientales.

La caverne est située dans le comté d'Edmonson, portion du Kentucky méridional, à environ 152 kilomètres de Louisville; elle est si vaste qu'on n'en a pas encore actuellement visité toutes les parties (fig. 17). Le plan en indique les détours qui sont explorés. Presque toute la contrée environnante est minée par les eaux, et il ne serait pas impossible qu'un beau jour le sol s'affaissât sous le poids des voitures qui transportent les curieux jusqu'à l'entrée de la caverne.

La Caverne géante a des succursales dans le voisinage, telles que la *Proctor's Cave,* la *Wite Cave, Diamond Cave,* l'*Indian Cave,* etc. Cette dernière a près d'un mille de longueur. On y admire la beauté des stalactites et des stalagmites, dont quelques-unes entourent une source d'eau pure, limpide et agréable à boire. L'*Indian Cave* doit son nom à quelques squelettes d'Indiens qu'on y a découverts, mais qui ont disparu depuis.

Des expériences faites avec soin ont prouvé que les eaux souterraines communiquent, par des conduits cachés, avec celles de la Green river, qui coule à ciel ouvert. Dans presque toutes les saisons de l'année, on voit planer des brumes légères au-dessus de l'entrée principale de la *Mammoth cave.* Cela provient des différences de température qui existent entre l'air extérieur et celui de la grotte.

Lorsque, au fort de l'été, on entre dans la caverne, il en sort un courant d'air assez intense pour éteindre les lampes des visiteurs. La composition de l'air intérieur est absolument la même que celle de l'air extérieur pour les quantités proportionnelles d'oxygène et d'azote. Dans la grotte, les matières animales se momifient au lieu de se putréfier : je parle des souterrains les plus éloignés des rivières du dehors. On peut donc, sans éprouver le moindre malaise, rester des heures entières sous les rochers qui forment la caverne.

Ces immenses souterrains sont presque partout assez élevés pour pouvoir marcher à l'aise. La température y est égale et douce. D'après les expériences faites, la plus haute température, dans quelque point des cavernes que ce soit, est de 13° centésimaux et la plus basse de 11°. La moyenne en été paraît être de 12°, et en hiver de 11°,50. Les stalactites sont moins nombreuses que dans d'autres grottes connues comme le Trou du Han en Belgique, etc., mais le travail accompli par les eaux

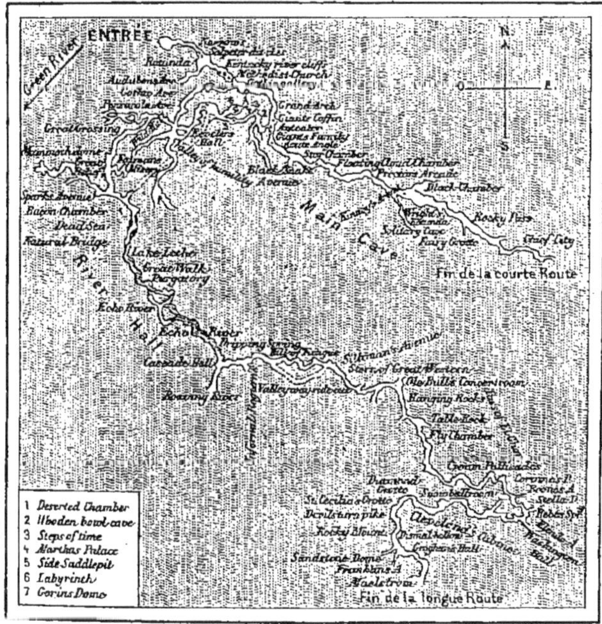

Fig. 17. — Plan de *Mammoth cave*.

depuis des siècles y est merveilleux. Les roches creusées prennent souvent les formes les plus bizarres ; elles sont polies, usées par la force des anciens courants. La masse des eaux a dû être énorme, car des galeries hautes de 10 mètres et souvent plus ont été remplies entièrement. Les torrents s'écoulaient, rapides, effroyables, creusant des sillons dans les bancs de grès ou de calcaire. Le passage curieux, le *Fat man's misery* ou le *Déses-*

poir des gens obèses, en est un exemple frappant. Ce couloir étroit, dans lequel il faut s'introduire un à un pour aller plus loin dans les grottes, fait de nombreux détours ; il a une centaine de mètres de longueur et arrive parfois à avoir à peine un mètre de hauteur. Il est certain qu'une personne un peu forte de taille ne pourrait s'introduire dans ce sillon de pierre. Nous voyons à présent les traces de toutes ces révolutions étranges. Une première visite de quatre heures, dans laquelle on passe en revue les principales curiosités, ne pouvait suffire pour tout bien examiner.

Nous voyons ainsi la *Chapelle gothique* (fig. 18); sa voûte est supportée par des stalactites gigantesques en forme de colonnes. On rapporte qu'un mariage y fut célébré par un couple qui, contrarié dans son dessein, avait promis de ne jamais s'épouser *sur la surface de la terre;* cette parole fut tenue au pied de la lettre, mais on se maria *sous la surface de la terre,* dans la Caverne géante du Kentucky.

Le *Fauteuil du diable* (fig. 19) a été ainsi nommé par les guides. Il est formé par la rencontre et la jonction des stalactites et des stalagmites. La célèbre cantatrice Jenny Lind y resta assise, paraît-il, pendant un assez long temps pour se reposer des fatigues de son excursion. Dans d'autres galeries le guide vous fait asseoir dans un enfoncement obscur et il prend toutes les lumières que chacun porte à la main. Il disparaît dans une anfractuosité, puis tout à coup il semble que la voûte de la galerie a disparu comme par enchantement. Les parois des murs sont éclatantes de lumière et on croit voir le ciel foncé de la nuit avec de brillantes étoiles; ces étoiles sont formées par les mille saillies de légères stalactites qui pendent à la voûte et qui se trouvent éclairées par les lumières prises par notre guide. La *Mer Morte*, que l'on rencontre en allant plus loin, est un étang de 4^{m},50 de profondeur, de 6 mètres de largeur et de 15 de longueur, etc. Il y a des endroits difficiles pour les dames; nous sommes descendus cependant jusqu'à la rivière souterraine, sur les bords du *Styx :* on le passe sur le *Pont naturel;* c'est un véritable étang long d'environ

140 mètres, large de 15 à 40 et profond de 30 à 40. Le pont le domine de 10 mètres. Le lac Léthé enfin a 140 mètres de long, 10 à 40 de large et de 3 à 30 de profondeur. Le plafond de l'avenue, parallèle à ce lac, a 30 mètres d'élévation au-dessus de la surface des eaux. A la suite de pluies longues et abondantes, les

Fig. 18. — La chapelle gothique.

lacs intérieurs montent jusqu'au plafond, et rendent impossible la visite de toutes les parties de la caverne.

Malheureusement, en mai 1885, époque de mon excursion, les eaux étaient trop basses pour pouvoir aller en bateau, ce qu'on peut faire en d'autres saisons, et il a fallu rebrousser chemin. Le lendemain c'était un dimanche, mais, grâce à l'obligeance du propriétaire des cavernes, j'ai obtenu la faveur d'avoir un guide. Lorsque j'ai expliqué que mon but était de faire des croquis pour conserver le souvenir de toutes les merveilles des cavernes, toutes les difficultés ont été aplanies et j'ai pu rester sept heures entières dans *Mammoth cave.*

On me prête alors un costume complet pour pouvoir ramper à l'aise dans la boue des galeries basses et passer dans des trous étroits comme des tuyaux de cheminées. Peut-être même sont-ils un peu dangereux, mais ces passages ne sont pas bien longs à franchir : il s'agit de 3 ou 4 mètres à descendre ou à monter. Ces lieux sont glissants et de nombreuses gouttelettes d'eau vous arrosent. On s'accroche aux légères saillies des rochers; elles forment une sorte d'échelle naturelle. L'obscurité rend les choses mystérieuses et fantastiques, et malgré soi on éprouve une certaine émotion. Si l'on a quelque peine à passer sans encombre dans ces sombres détours, on a bientôt sa récompense lorsqu'on se trouve au fond d'un des plus noirs gouffres qu'on puisse rêver, le *Gorin's Dom* (Pl. III).

Le guide allume un paquet de feux de Bengale; aussitôt le saisissement vous prend. Il n'y a que dans l'*Enfer* du Dante qu'on puisse voir des choses semblables. Ce gouffre peut avoir cent mètres de hauteur environ, il est entièrement creusé par les eaux et relativement assez étroit. Il forme une sorte de puits dont les parois sont usées, déchiquetées. On voit d'immenses draperies qui semblent presque détachées des murailles : ce sont d'épaisses stalactites; aux lueurs des flammes, on croit les voir remuer, elles prennent mille nuances différentes, et les gouttes d'eau qui descendent lentement le long des pierres s'échappent ensuite comme autant de perles lumineuses. En montant encore vers un autre endroit de *Gorin's Dom*, on a d'autres aspects non moins beaux que le premier, mais il n'y a plus de stalactites. Mon guide avait des lumières assez vives pouvant durer chacune quelques minutes, de sorte que, malgré les douches légères qui arrosent l'album du touriste, il est cependant possible de dessiner.

Dans d'autres lieux encore, les voûtes de pierres sont portées par six colonnes ciselées par les eaux. Des stalactites forment les

LE *GORIN'S DOME* DANS *MAMMOTH CAVE* (KENTUCKY) (d'après nature).

chapiteaux. C'est le *Temple égyptien.* Ces blocs de pierre ont 26 mètres de hauteur et 8 mètres de diamètre environ ; ils forment au fond de la grotte une sorte d'exèdre immense. Pendant le temps que je dessinais, mon guide chantait des chansons indiennes. Tout à coup j'entends des plaintes au fond d'un précipice, on appelle au secours; puis c'est une dame sans doute qui vient d'éteindre sa lampe, elle est effrayée, voilà un drame affreux! mais mon guide rit aux éclats. Il est ventriloque et me donne pour me distraire cette émotion originale.

Au plus bas de *Mammoth cave*, à 250 pieds de profondeur, les entomologistes peuvent faire de curieuses récoltes d'insectes. On rencontre, entre autres, un grand nombre de sauterelles aveugles, très vivaces cependant. Elles ont des antennes fort longues et les pattes très hautes. Elles sautent à merveille et on a peine à les atteindre, aidé par la faible lueur de la bougie que chacun a dans ses mains. Dans la rivière souterraine on pêche aussi une sorte de poisson aveugle et un joli crustacé de couleur blanche. On ne se lasserait point de nommer toutes les intéressantes curiosités qu'on peut voir dans cette caverne sans fin, mais ce serait une véritable nomenclature. Malgré les longues heures passées dans ce sombre séjour, je le quitte cependant à regret.

On rêve encore à toutes ces belles choses pendant la nuit qu'il faut passer en chemin de fer pour se rendre à Saint-Louis. Au point de vue des Américains, cette ville est antique : sa fondation date de Louis XV. C'est à lui qu'elle doit son nom. Les travaux exécutés sur le Mississipi, — un pont gigantesque et les célèbres *water works* ou pompes à vapeur construites pour amener les eaux du fleuve dans la ville, — sont grandioses et dignes d'être admirés.

Le pont surtout est superbe : c'est le capitaine Jas. B. Eads qui en est l'architecte. Il s'est adjoint divers ingénieurs pour l'exécution de ce travail admirable qui a pu être inauguré le 4 juillet 1864, le grand jour de fête nationale des États-Unis.

Pour mener à bonne fin une entreprise aussi considérable il fallait un homme d'un caractère ferme et hardi. M. Eads était plus que cela encore, et sa vie serait bien curieuse à raconter en détail (1).

Dès son enfance il manifesta un vif penchant et une aptitude peu commune pour les arts mécaniques, mais des revers de fortune réduisirent sa famille à la pauvreté; il fut contraint de se livrer aux occupations le moins en rapport avec son esprit; nous tenons d'un habitant de Saint-Louis qu'il fut forcé de vendre des pommes dans la rue. Mais il put revenir à ses études favorites tout en remplissant les fonctions d'officier d'un des steamers qui parcourent le Mississipi; puis il fonda une société pour procéder au sauvetage et au relèvement des navires coulés à fond dans cette rivière; il fondait ensuite l'établissement d'une fabrique de glaces. Pendant la guerre civile il s'occupa de la défense du Mississipi : il fit construire entièrement, *en moins de deux mois*, sept vaisseaux de guerre, qui jouèrent un rôle important dans cette guerre. Enfin, après la guerre, il s'occupa de diverses questions industrielles avant d'être chargé de la construction du pont de Saint-Louis.

Mais laissons cette intéressante figure et revenons au pont dont nous voulons donner une description sommaire. Ce pont comprend trois travées : la travée centrale a 170 mètres environ, les travées latérales 165 mètres; il y a par suite deux piles en rivière : ces piles ont été fondées sur le rocher au moyen de l'air comprimé à des profondeurs de 30 et de 40 mètres ; en tenant compte de la partie construite au-dessus de l'eau, elles n'ont pas moins de 55 et de 65 mètres, et leurs poids sont respectivement de 28,000 et de 33,000 tonnes. Il y a deux rangées d'arcs métalliques superposés : le métal employé est l'*acier chromique :* au-dessus de ces arcs se trouvent les tabliers du pont, tabliers ayant 17 mètres de largeur et distants verticalement de 6 mètres environ. Il y a ainsi deux étages : l'étage inférieur est réservé au chemin de fer, il passe au travers même des char-

(1) Les détails techniques sur la construction du pont sont empruntés à un article de M. C. M. Gariel, qui a paru dans *La Nature*, n° 67, 12 septembre 1874.

pentes de fer du pont ; le deuxième étage sert au passage des voitures et des piétons.

Afin de laisser la navigation libre, les arcs métalliques sont à 17 mètres environ au-dessus du niveau du Mississipi, et par suite les tabliers sont fort élevés au-dessus du même niveau : il a donc fallu établir des ouvrages aux abords pour faciliter l'ac-

Fig. 19. — Le fauteuil du diable (page 52).

cès du pont. Sur la rive gauche (Illinois), du côté d'East-Saint-Louis, des rampes ont été établies avec des inclinaisons de 1 et demi pour 100 et de 4 pour 100 suivant qu'il s'agissait des voies de chemins de fer ou des routes carrossables, et l'on a pu facilement atteindre le niveau moyen du sol. Sur la rive droite, la question était moins facile, parce que la ville de Saint-Louis s'étend jusqu'au bord du fleuve : mais comme nous l'avons dit, le sol s'abaisse notablement du côté du rivage. Le pont fut établi dans le prolongement de « Washington avenue », une des voies les plus belles et les plus fréquentées de Saint-Louis, voie qui descend par une pente assez notable jusqu'aux quais. Il a suffi dès lors d'établir à la suite du pont un viaduc pour atteindre à une certaine distance le niveau de cette avenue, et assurer la circulation des piétons et des voitures; les rues qui aboutissent à Washington avenue passent maintenant sous le viaduc qui ne trouble en rien le mouvement des voitures. Quant aux voies ferrées, à la sortie du pont elles s'engagent dans un tunnel de grandes dimensions, qui passe sous une partie de la ville et qui, après un parcours de 1,600 mètres environ, amène ces voies au niveau des lignes déjà existantes.

Les dépenses de ce grand ouvrage sont évaluées aujourd'hui à une somme égale à 10 millions de dollars. Il y a peut-être un peu d'exagération dans cette estimation, mais le pont n'en est pas moins une œuvre grandiose, presque aussi belle en son genre que celle du pont de Brooklyn à New-York. Il relie les deux rives du Mississipi et établit ainsi la communication entre la cité ancienne, qui a près de 400,000 habitants aujourd'hui, et le Saint-Louis nouveau, le *Saint-Louis de l'Est.* — Du haut du pont, sur le tablier supérieur réservé au public, on a le panorama complet des deux villes.

Le Mississipi enfin, *The father of waters*, pareil à un bras de mer, roule ses eaux majestueuses au milieu des campagnes vertes et va se perdre jusque dans les brumes de l'horizon, tandis que les rapides du fleuve disparaissent à vos pieds sous les arches du pont.

Il y a encore d'autres travaux intéressants à visiter : ce sont les *Water works*, pompes à vapeur pour amener les eaux du Mississipi dans la ville. — Ces machines passent pour être les plus importantes en leur genre dans les États-Unis. Elles sont énormes en effet et vont être encore augmentées. Les eaux sont d'abord amenées dans de vastes bassins situés près du fleuve, puis enfin conduites dans les hauts réservoirs où tous les tuyaux de la ville viennent se raccorder. Dans un grand bâtiment construit au bord du Mississipi on voit les trois machines à pomper les eaux. Deux d'entre elles marchent constamment jour et nuit. La troisième, la plus forte, donne une force de 1,200 chevaux-vapeur, les autres sont de 1,000 chevaux. — Lorsque les travaux seront achevés (ils doivent l'être actuellement), on pourra amener dans les bassins inférieurs 100 millions de gallons d'eau par jour, et les réservoirs supérieurs en recevront 85 millions.

La *grande tourelle élévatoire* construite à l'entrée de la ville pour ces nouveaux services doit avoir 65 mètres de hauteur; elle a dû être terminée en décembre 1885.

Il faut après Saint-Louis visiter *Kansas city*, la jeune capitale du Kansas. Celle-ci date de quarante-cinq années à peine. Vers 1839, c'était un hameau; en 1857, elle devient une petite cité de 5,000 habitants; en 1867, elle possède un chemin de fer, et la voilà devenue une ville de 15,000 âmes en 1869.

Elle augmente encore jusqu'à l'invraisemblance : en 1872, les habitants sont au nombre de 42,000; en 1885 enfin, Kansas est une grande cité de 120,000 habitants. Après cela, comment la ville ne serait-elle pas dans un désarroi constant? Ses rues, ses maisons subissent des changements extraordinaires. Dans les premiers temps, les habitants bâtissaient leurs maisons sur les terrains naturels de la localité; il y a de nombreuses collines sur les bords du Missouri et de *Kansas river*, les maisons de bois se construisaient sur les pentes et les rues montaient et descendaient suivant les besoins. A présent cet état de choses devient impossible : les Américains de *Kansas city* découpent leurs collines pour abaisser tous ces niveaux de fantaisie. Un monde d'ouvriers est occupé à ce gigantesque travail d'aplanissement.

Une nouvelle percée est à peine tracée, que déjà des rails sont posés provisoirement. Les tramways circulent remplis d'une foule affairée. On ne prend pas garde à la poussière ou à la boue; les charrettes pleines de terres enlevées, les poutres qui soutiennent les maisons de bois perchées encore sur les collines non démolies, les ouvriers au travail, rien ne saurait être un obstacle, le tramway passe. A côté d'énormes blocs de terre à déblayer, une boutique luxueuse s'installe déjà. Des villas élégantes sont construites sur les nouveaux alignements à peine terminés. Tout auprès, on voit de petits escaliers de bois, posés pour le service des anciennes maisons perchées encore sur les talus qu'il faudra détruire. La ville s'étale dans les campagnes, grandissant toujours. C'est une fourmilière envahissante, qui donne au voyageur un exemple plein d'enseignement pour l'avenir. Quel sang bouillonnant, quelle force vitale il y a dans ce grand pays des États-Unis !

Les habitants de la ville de Kansas jouissent avec raison de cette prospérité étonnante. Leurs abattoirs rivalisent déjà avec ceux de Chicago et de Cincinnati, leurs usines de toutes sortes se multiplient. « Dans quelques années, disent-ils, notre ville sera la plus grande d'Amérique. »

Cela ne nous paraît pas impossible.

Ces quelques grandes villes des États-Unis une fois visitées, il y a pour continuer son voyage vers l'Ouest une sorte d'intermède que le voyageur doit accepter. Intermède étrange, qui repose singulièrement les esprits après le spectacle mouvementé dont on vient d'être le témoin. — On monte en chemin de fer. Il vous mène à Denver, en plein Colorado, mais pendant près de vingt-quatre heures durant on traverse une grande partie des immenses prairies des provinces du Kansas, de Nebraska et de Colorado.

Cette fois il faut s'installer dans les *Pullman car*, pour passer une nuit bien complète, car dans les autres voitures, les *premières classes*, il n'y en a point d'autres d'ailleurs, on serait horriblement installé. Sur des banquettes non capitonnées, n'ayant point la possibilité d'appuyer sa tête nulle part, il serait impossible de dormir. Il y a de la sauvagerie, réellement, à traiter les voyageurs ainsi. Le supplément qu'il faut payer pour se reposer la nuit n'est pas très considérable, il est vrai, mais tout le monde ne peut ajouter ce luxe à son voyage; on doit être alors bien malheureux. Puis ces premières classes sont souvent remplies complètement; on est mal assis, mais en outre il y a un mélange de personnes de toutes sortes dont le voisinage n'est pas toujours agréable; à mesure qu'on s'avance dans l'ouest cela devient particulièrement affreux. Les Américains ont la fâcheuse habitude de mâcher du tabac; cela nécessite dans les wagons la présence de nombreux crachoirs. Je n'insisterai pas sur les dé-

Fig. 20. — Vue intérieure d'un wagon de Pullman car (page 62).

tails. Le va-et-vient constant de chacun, dans le couloir du milieu, tantôt pour aller boire de l'eau glacée à la fontaine toujours installée dans le wagon, tantôt pour aller s'occuper ailleurs, est un ennui affreux pour celui qui désire se reposer. Dans le jour le mouvement est encore plus grand; à chaque minute ce sont des employés qui viennent vous offrir des journaux, des livres, des fruits ou des sucreries, etc., on n'a pas un moment de tranquillité. On se prend alors à regretter presque nos premières classes françaises, auxquelles pourtant il manque bien des choses. Dans les wagons de *Pullman*, la différence est grande, il faut l'avouer; on y est assez confortablement. — Il y a place pour vingt lits; ils sont superposés en deux étages. Ceux qui sont placés en dessus doivent monter dans leur compartiment avec l'aide d'un escabeau, ou bien en faisant une manœuvre de gymnastique, d'ailleurs fort aisée pour les messieurs. Les dames doivent prendre la première manière, cela va sans dire. Un nègre est toujours de service dans le *sleeping*. Il fait les lits et vous aide, il brosse vos habits le matin, et vous rend tous les services, suivant vos désirs, avec la plus extrême obligeance et politesse. A chaque bout du wagon se trouvent les cabinets de toilette pour les dames et les messieurs. Il est certain que tout cela est commode et pratique. Le jour arrive, le nègre alors commence à relever les lits, on fait sa toilette. Pendant ce temps l'intérieur du wagon est transformé. Au lieu d'un dortoir, dont chaque lit était abrité par un ample rideau de tapisserie, on retrouve des bancs garnis de velours (fig. 20). On s'asseoit pour regarder le spectacle monotone des prairies qui s'en vont à perte de vue, et le nègre vous donne un oreiller pour pouvoir reposer votre tête si vous le voulez, car les dossiers des banquettes ne sont qu'à mi-hauteur, comme dans les premières classes. On peut encore circuler dans le couloir central du wagon pour aller respirer l'air sur la plate-forme, ou passer dans d'autres compartiments de voyageurs qui, plus économes que vous, n'ont pas voulu payer le supplément nécessaire pour passer la nuit dans le *Pullman car*.

Les remarques que l'on peut faire sur l'installation éphémère offerte dans les *Pullman* une fois terminées, on revient encore à la contemplation du paysage. C'est un véritable désert composé d'herbes vertes et de plaines mamelonnées parfois de dunes de sable couvertes d'un gazon maigre. De temps à autre on voit quelques maisons de bois et des troupeaux, mais tout cela est perdu dans ces immenses territoires. Le panorama continue à se dérouler devant vos yeux. Toujours les mêmes prairies, quelquefois des cadavres isolés de bestiaux abandonnés ou un petit cours d'eau allant au loin se jeter dans le Missouri et quelques rares oiseaux.

Nous étions peu nombreux dans notre wagon, de sorte que j'ai fait rapidement connaissance avec les voyageurs. Un jeune ménage américain et un anglais allant à San Francisco, moi-même enfin : c'était tout. Les prairies poussent à la rêverie, la jeune dame nous a chanté différentes ballades de son pays, le *Kentucky*, d'une façon charmante, et nous causions gaîment des voyages que nous voulions faire. Un spectacle amusant est venu nous égayer dans la monotonie du paysage : nous avons vu des chiens de prairies.

Ces petits animaux, gros comme des lapins, sont charmants (fig. 21). Ils sont vifs dans leurs mouvements, font des culbutes à ravir et vous regardent passer en s'asseyant de la manière la plus gracieuse sur le talus de sable qui sert de toiture à leur terrier.

Nous quittons le territoire de Nebraska pour entrer dans celui du Colorado, mais le paysage devient encore plus abandonné : c'est le silence, l'isolement complet. On s'arrête à une sorte de station pour dîner, et là nous avons la neige, nous sommes à 1,000 mètres au-dessus du niveau de la mer. A 10 heures du soir nous étions à Denver. Le jeune Anglais, M. W. E. Blackwell, pendant nos vingt-quatre heures de voyage, était devenu un peu mon ami. Descendus dans le même hôtel, nous nous décidons à rester quelques jours ensemble. La neige de mai et l'horrible boue qui remplissaient les rues de Denver nous font quitter la ville presque aussitôt notre venue, et nous partons pour *Manitou Springs*, dans les montagnes situées à quelques heures de la ville.

Nous avons tenté l'ascension du célèbre *Pikes Peak*, où se trouve une station météorologique, à 4,713 mètres au-dessus du niveau de la mer, mais une tempête de neige nous a obligés de rebrousser chemin lorsque nous étions presque arrivés au but, à plus de 4,000 mètres. En été, on peut y monter à cheval, c'est une excursion qu'on peut comparer à celle du Pic du Midi de Bigorre.

Les grottes de stalactites *the Winds caves*, dans les *Williams canons*, les gorges de Cheyenne et d'autres endroits sont certainement moins intéressants que ceux que l'on peut voir dans la haute Savoie ou sur la route de Pierrefitte à Gavarnie dans les hautes Pyrénées.

Les rochers du Jardin des Dieux seuls ont un caractère particulier. En grès rouge, couleur de brique, ils s'élèvent brusquement du sol jusqu'à 100 mètres environ. Une brisure naturelle forme une sorte d'entrée entre ces hautes murailles, puis tout auprès, des roches de même nature de 50 à 60 mètres, découpées en aiguilles fantastiques, se découpent sur le ciel. On chevauche longtemps ensuite dans de grandes prairies pour visiter le *monument Park*, où l'on admire de nombreux spécimens de roches portées sur des colonnes de sable solidifié, semblables à celles qu'on nomme, dans l'Ardèche, des *Demoiselles*.

Je n'insisterai point davantage sur ces belles excursions faites avec mon gracieux compagnon de voyage qui devait me quitter presque immédiatement, et j'arrivai seul encore cette fois à *Canon city*. Cette petite localité, baignée par le torrent l'*Arkansas*, est à l'entrée du *Royal gorge canon*, gorges magnifiques, où le chemin de fer de Rio Grande devient absolument extraordinaire.

On m'avait conseillé de faire la facile ascension de la montagne afin de bien me rendre compte des gouffres par lesquels le chemin de fer passe, et c'est une excursion que je ne saurais trop recommander.

Lorsqu'on est arrivé en haut de cette montagne de granit rose, couverte de prés verts et de forêts, on regarde avec étonnement les précipices et le torrent l'Arkansas, aux eaux tumultueuses, qui se trouve à près de 800 mètres sous vos pieds. L'Arkansas est tellement resserré entre les murailles, que même à cette hauteur on entend un bruit extrême répété par de nombreux échos. A peine peut-on voir la voie du chemin de fer qui est construite à côté du torrent.

Quand un train passe, il ne semble pas plus grand qu'une petite chenille qui ramperait au bord d'un mince filet d'eau. Les rochers du Royal gorge sont superbes d'aspect, presque noirs au fond des précipices, le granit rose reprend ses belles teintes à mesure qu'il s'élève. Au sommet, il est presque poli par les neiges ou le vent, et les nombreuses plaquettes de mica dont il est garni resplendissent au soleil.

On a souvent dit que le chemin de fer du Rio Grande était un

Fig. 21. — Chiens de prairies de Nebraska.

travail inouï et que le pays traversé était digne de la plus grande admiration : cela n'est pas exagéré. En quittant *Canon city* nous entrons brusquement dans les *Royal gorge*. Vues d'en haut, elles sont grandioses; au bord de l'Arkansas elles ne sont pas moins merveilleuses. Rien n'est plus sombre, plus sauvage. Un endroit surtout, où le déchirement et le chaos des roches de granit sont à leur comble : le passage est si étroit qu'on a dû établir un pont qui se trouve suspendu sur la moitié du torrent et qui ne porte que d'un côté sur les rochers. Le fracas des eaux de l'Arkansas empêche d'entendre le bruit du chemin de fer.

Les murailles sont presque à pic, à peine voit-on le ciel. La route continue longtemps ainsi, mais les roches s'abaissent peu à peu, et nous arrivons à la station de Salida.

On repart presque aussitôt, et par des pentes nombreuses construites dans les *Browns canons*, nous atteignons enfin Leadville, à 3,300 mètres au-dessus du niveau de la mer.

Connue depuis 1859, la petite localité de Leadville était exploitée par quelques mineurs qui recueillaient dans les sables de la poussière d'or. De 1859 à 1864, 5 millions de dollars furent récoltés.

On était bien près d'abandonner les lieux vers 1876, lorsqu'on découvrit alors dans la montagne des filons de carbonate mélangé d'argent. La nouvelle se répandit aussitôt, et loin de quitter le pays, une quantité de pionniers vinrent s'y établir.

Depuis six ans, à la place du campement à peine formé par les pauvres ouvriers mineurs, une ville de 15,000 âmes est fondée.

Les arbres de la forêt ont été coupés au ras du sol et ont servi à la construction des maisons. La grande rue, ornée de magasins de tous genres, resplendit le soir aux lueurs de la lumière électrique ; un hôtel de ville, un opéra et une quantité d'églises ont été élevés comme par enchantement. La ville est des plus étranges, mais cela s'explique vu son âge. On voit une gentille maison de bois, peinte élégamment, avec des fleurs aux fenêtres, à côté d'une atroce cabane bâtie en vieux troncs d'arbres et en boue. Un trottoir propre, fait de planches posées sur pilotis, mène à la première ; aucun chemin ne conduit à l'autre : ce sont des trous, des ornières à s'enfoncer jusqu'aux mollets.

Les habitants ont l'aspect de leur maison : ils sont propres et ont bonne figure, ou bien sont affreux et mal peignés ; mais tous travaillent avec courage, il n'y a pas de flâneurs à Leadville.

Au moment où j'arrivais dans la cité, la neige couvrait encore les montagnes et le sol de toutes les rues, mais on ne pensait guère à cela : l'émotion était trop grande. Un événement affreux venait d'avoir lieu. Dix ouvriers travaillant dans la montagne d'Homestakes, à 4,000 mètres de hauteur environ, avaient été ensevelis sous une avalanche. On était allé les chercher en masse pour rapporter leurs cadavres. Les malheureuses femmes attendaient à l'entrée de la ville ; on peut juger de la scène émouvante, déplorable, qui s'est passée lorsqu'elles ont pu reconnaître les pauvres morts.

J'ai pu visiter quelques-unes des mines les plus importantes, grâce à l'obligeance extrême de leurs directeurs, MM. Bunsen et Clark.

Les mines de *Small Hope* ou *Forest mine*, situées sur le Yankee hill, ont plus de 2,000 mètres de développement ; leur profondeur est de 75 à 90 mètres. Les galeries nombreuses de la mine sont soutenues en partie par les troncs des sapins coupés dans les forêts voisines ; elles ont quelquefois jusqu'à 10 et 15 mètres de hauteur. Le produit de la mine donne une moyenne de 2 millions de dollars ou 10 millions de francs par année, soit en argent, soit en plomb. Tout à côté, la mine de *Denver city* donne à peu près les mêmes résultats. Les roches d'où l'on extrait l'argent renferment de l'hydro-oxyde de fer et du chloride d'argent.

Dans une mine voisine, *Crysolite and C° mine*, dont M. Clark est le chef, l'étendue des galeries est plus grande encore que celle des précédentes. Elles ont un développement de plus de 3 kilomètres. La production, depuis cinq années, époque de la découverte, a été de 375,000 dollars ou 1,875,000 francs. Les roches de cette mine, quoique fort rapprochées des autres, sont de chrysolithe et de carbonate de plomb.

Le minerai est envoyé directement à Leadville même. Dans l'usine de M. Clark, l'argent est extrait par les procédés ordinaires (voie d'amalgame) et sort absolument pur de l'établissement. Les saumons d'argent sont envoyés aux différentes cités des États-Unis où la monnaie est fabriquée.

Leadville est en ce moment une des plus importantes places du monde pour ses mines. On a pu en extraire depuis six années, tant en argent, or ou plomb, une somme de 94,709,477 dollars ou 473,547,385 francs. A l'époque où j'étais à Leadville, les sables où l'or peut être recueilli n'étaient plus exploités.

En quittant cette intéressante cité, il neigeait encore et le froid était vif. Nous montons en wagon, on avait fait du feu dans le poêle de notre *car;* à 3,300 mètres, on est encore en hiver au mois de mai. Salida est la station où il faut redescendre pour reprendre le train spécial du Rio Grande qui mène à *Salt lake city*, mais on a le temps de voir la grande vallée entourée de montagnes et les avenues bordées de maisons de bois de cette petite ville naissante, placée à 2,300 mètres au-dessus du niveau de la mer.

Nous voyons la haute montagne que le chemin de fer doit gravir pour continuer le voyage. Arrivés à l'extrémité de la vallée de Salida, on ajoute une locomotive au train, et nous commençons l'ascension.

A chaque courbe nouvelle, au milieu des forêts de sapins et de rochers, on a un panorama grandiose, éblouissant, embelli encore par les rayons du soleil couchant. Nous nous élevons toujours en suivant les lacets nombreux tracés sur la montagne, nous voici de nouveau dans la région des neiges. On passe de temps en temps sous des tunnels en bois qui servent à préserver la voie des avalanches de neige dans les endroits dangereux. Nous montons encore, cette fois, la montagne est vaincue, l'ascension est faite.

On s'arrête sous un vaste hangar de bois et de fer : c'est le *Marshall Pass*, à 3,400 mètres de hauteur.

La deuxième locomotive est décrochée et nous repartons.

Si la montée a quelque chose de majestueux, de solennel, la descente n'est pas moins intéressante ni les vues moins admirables. On voit avec étonnement les endroits élevés où le chemin de fer a passé, et on se demande s'il est vraiment possible qu'une locomotive ait pu se trouver dans de si hautes régions.

Nous marchons vite à la descente, et nous voyons courir devant nous, à nos pieds, dans les courbes tracées, notre wagon des bagages et sa machine.

Il n'y a que cinq années que cette voie nouvelle est entièrement terminée. Quand on considère les travaux exécutés, les difficultés vaincues par les ingénieurs et les splendeurs jusqu'alors inconnues des paysages de la montagne, il y a de quoi être émerveillé.

La nuit tombe bientôt malheureusement et nous ne pouvons voir le *Black canon* et *Gunnison river;* mais à peine les premières lueurs du jour viennent-elles vous réveiller dans votre *sleeping car*, qu'une distraction nouvelle vous est offerte. Le spectacle de la veille est bien changé; les forêts et les montagnes ont disparu, mais nous entrons dans un pays de fées : c'est la province de l'Utah.

La voie est au milieu de déserts sablonneux remplis de fleurs, et des rochers formant des murailles fortifiées. des tours extraordinaires sont à l'horizon. Nous passons aussi dans les *Castle canons* ou gorges des forteresses. Les couleurs de ces montagnes sont étranges, elles méritent bien leur nom de rochers d'azur. L'après-midi presque tout entier se passe à traverser ces curieuses et désertes régions. Installé sur la plate-forme du *Pullman car*, on s'oublie devant ces panoramas fantastiques, et lorsqu'après avoir longé le beau lac d'Utah et ses fertiles prairies nous sommes arrivés à *Salt Lake city*, certes aucun des voyageurs n'aurait refusé de refaire une seconde fois le voyage jusqu'à Salida : tous nous aurions volontiers demandé *bis*.

CHAPITRE V

Salt Lake city et son lac. — Excursions dans l'Utah et l'Arizona. — Mines d'argent de Sylver reef. — Kanab. — Méfiance des Mormons. — *Pipe spring* et les *Cow boys*. — Le mont Trumbull et la vallée de Toroweap. — Kaibab et les grands canons. — Panguitch. — Les serpents à sonnette et les chiens de prairies. — Légendes des mormons. — Retour à *Salt Lake city*. — Les forêts du comté de Humboldt et leur exploitation.

La ville de Salt Lake a 25,000 habitants, dont 18,000 mormons; le séjour y est agréable, c'est une des plus jolies villes d'Amérique. Sauf la grande rue principale où se font presque toutes les affaires et où se trouvent les magasins, les autres avenues sont plantées d'arbres, et les maisons sont entourées de jardins; de sorte que souvent dans la ville on pourrait se croire dans un parc plein de jolies fleurs et d'arbres fruitiers. Des eaux vives coulent en ruisseaux dans toutes les avenues, le long des arbres, et entretiennent la fraîcheur sous leur ombrage.

Quant aux mormons, on ne s'aperçoit guère de leur présence; il faut seulement prendre garde à l'installation des maisons situées dans les jardins. On voit alors que dans une même propriété se trouvent deux ou trois pavillons isolés. Ce sont les demeures des deux ou trois épouses d'un mormon qui va leur rendre visite à son gré. Il n'a qu'à traverser une allée ou un parterre de son jardin. Une maison unique, quelquefois, possède alors deux étages : ce sont les logements de deux épouses, dont le mari n'est pas assez riche pour donner à chacune un pavillon séparé.

La promenade la plus belle de *Salt Lake city* est celle de

Salt Lake, le mystérieux lac salé. On peut y aller en chemin de fer en une heure et demie.

Il est impossible de rêver quelque chose de plus poétique que ce lac. Ses eaux sont bleu d'azur comme le ciel même. A peine peut-on distinguer la ligne d'horizon de cette mer idéale, tant les nuances sont semblables.

Les belles montagnes, encore couvertes de neige en mai dernier, servent de cadre à ses ondes calmes et limpides. Les rives sont verdoyantes et couvertes de fleurs que nous conserverions ici comme des raretés. Quelques établissements encore primitifs sont installés pour le séjour des touristes et des baigneurs.

D'après l'ouvrage du *Geological Survey* de MM. Arnold Hague et S. F. Emmons, le Lac salé, dans les directions nord-ouest et sud-est, a dans ses plus grandes longueurs 80 milles; sa dimension la plus considérable dans la largeur est d'environ 32 milles. Les profondeurs les plus grandes se trouvent dans les parties nord-ouest, près Black Rock, entre les îles *Stansbury* et *Antelope*, et vers l'ouest, près des montagnes, elles ont environ 40 pieds. Dans les autres parties du lac, excepté auprès des îles *Fremont*, elles auraient 20 pieds seulement.

Le Lac salé reçoit dans son lit les eaux douces de quatre grandes rivières appelées *Bear*, *Ogden*, *Weber* et *Jordan*, avec celles de quelques ruisseaux produits par l'écoulement des eaux qui descendent des monts *Wahsatch* vers l'ouest, et des parties situées à l'est, des chaînes de l'*Uinta*. Il reçoit aussi un certain volume d'eau salée qui lui est fourni par les nombreuses sources qui se trouvent le long de son rivage au pied des montagnes.

Toutes ces eaux venant d'endroits divers produiraient autour du lac de grandes inondations puisqu'elles n'ont plus d'autre écoulement, mais les évaporations énormes qui ont lieu pendant les saisons sèches de l'été empêchent ces inconvénients. Les différences des thermomètres Farenheit à boule sèche ou humide varient entre 20° et 30°.

D'après des informations certaines prises par des pionniers mormons et d'autres personnes, le niveau du lac en 1861 était de

11 pieds plus haut qu'en 1869, année pendant laquelle de nouvelles mesures de niveau ont été prises par les géologues du *Geological Survey* de Washington.

La surface générale du lac, sans compter les îles, serait de 2,360 milles carrés; elle s'accroît de 40 pour 100 environ, c'est-à-dire de 660 milles. Elle est ainsi actuellement, mais il est curieux de voir que, d'après la carte donnée par Stansbury en 1849 et 1850, elle n'était alors que de 1,700 milles carrés.

Entre les observations des mormons de 1861 et les travaux faits en 1869, la différence de niveau était assez considérable; mais depuis cette époque et actuellement le niveau des eaux varie faiblement. Il est loin de donner des différences semblables à celui de 1849.

L'une des plus grandes particularités du lac est l'extrême densité et l'amertume piquante de ses eaux. Dans la saison d'été, les baigneurs et touristes venus de *Salt Lake city* peuvent en constater les effets. Ils ont peine à entrer entièrement dans ces eaux épaisses, et peuvent aisément y flotter à la manière d'un bouchon. Si on voulait plonger dans ce lac il semble qu'on aurait autant de mal à le faire que s'il s'agissait d'entrer dans un bain de mercure. Le plongeon serait dangereux d'ailleurs à cause de l'excès de sel qui se trouve dans les eaux. Les yeux du nageur auraient fort à souffrir, ils en seraient certainement presque aveuglés. Les pionniers mormons disaient autrefois que sur trois barils d'eau du lac ils pouvaient recueillir un baril de sel. Mais les expériences plus certaines de Stansbury, faites en 1850, donnaient 22,4 pour 100 de sel minéral. En 1869, à la suite des masses d'eau douce qui se sont écoulées des montagnes, on n'en trouvait plus que 14,8 pour 100.

On voit ainsi qu'il y a une différence assez considérable dans la quantité de sel qu'on peut trouver dans le lac suivant les années ou les saisons. Elle provient des effets plus ou moins grands d'évaporation pendant la saison sèche et de ceux des inondations produites par les rivières qui se jettent dans le lac.

Pendant longtemps on a pensé qu'aucune créature vivante

ne pouvait se trouver dans le Lac salé, mais c'était une erreur.

M. Sereno Watson a pu découvrir un petit crustacé presque imperceptible qui y peut faire son séjour, c'est l'*Artemia fertilis* qui a été décrit par le professeur A. E. Verrill. Sur les bords du lac même, dans certaines saisons, les sables sont couverts des larves

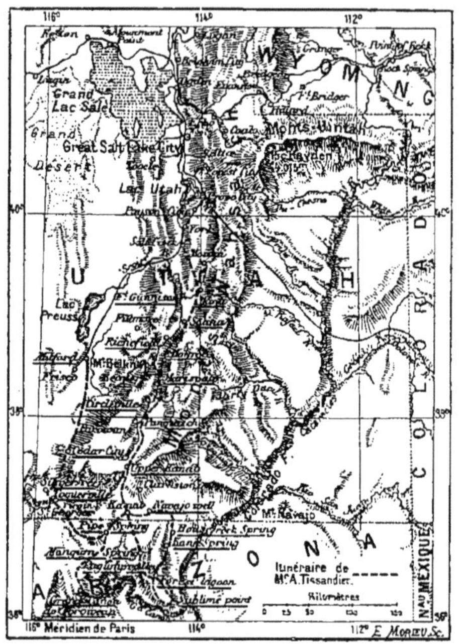

Fig. 22. — Carte de l'itinéraire suivi par l'auteur dans l'Utah et l'Arizona (page 80).

des insectes qui vivent aussi dans les eaux, ils ont été décrits par M. Packard qui les a nommés *Ephydra gracilis*.

En ramassant les grains de sable, et lorsqu'on les regarde au microscope, on remarque leur structure curieuse de forme concentrique ; ils peuvent être considérés comme étant des concrétions d'origine organique formées par quelque espèce de *Nucleus*, ou peut-être sont-ils encore d'origine siliceuse.

Les régions du sud de l'Utah, la province des Mormons, et du plateau de Kaïbad, le nord de l'Arizona, sont presque ignorés des Américains. Comment les Européens les connaîtraient-ils? E. Powell, le directeur du *Geological Survey*, de Washington, a fait depuis quinze années de nombreuses explorations dans ce curieux pays. Aidé par M. Thompson et par d'autres géologues, il a dressé des cartes remarquables de ces contrées tout à fait extraordinaires. Grâce à M. Powell et à ses bons conseils, j'ai pu entreprendre ce voyage d'exploration ; je ne saurais trop le remercier ici de sa bienveillance et de son charmant accueil.

De Salt Lake City le chemin de fer conduit en treize heures à Milford, où commence réellement la grande excursion. Ce petit trajet sur voie ferrée, dans le pays des Mormons, ne ressemble guère à d'autres. En fait de point de vue, après avoir dépassé la vallée et les bords du lac d'Utah, on a seulement la perspective de déserts arides et sablonneux. Les stations où l'on s'arrête sont très primitives : l'une d'elles, que l'on nomme Juab, la plus remarquable peut-être, se compose de cinq ou six maisons de bois. C'est le chemin de fer qui l'a fait naître, elle ne vit guère que grâce à lui. A la fin du jour nous dînons avec le conducteur et ses aides, à côté du wagon des bagages.

Un seul voyageur, M. Lund, me tient compagnie dans le train. La cuisine se fait dans un poêle. Si les provisions des employés sont modestes, elles sont du moins offertes de bon cœur : la rétribution est insignifiante.

Le panorama sévère des montagnes et des plaines se déroule assez tristement sous nos yeux.

A neuf heures du soir nous arrivons à Milford. Une petite maison construite en planches y sert d'hôtel.

A sept heures du matin je monte avec M. Lund, mon aimable compagnon de route, dans la voiture de la poste qui doit nous mener à Silver Reef, voiture non suspendue et dont les banquettes sont rembourrées avec des noyaux d'Amérique dont je ne saurais découvrir l'espèce. Une bâche trouée forme le plafond de ce char primitif, et comme il est impossible de s'appuyer à un dossier quelconque, pour se reposer quelques moments pendant la grande chaleur du jour, on éprouve réellement quelque fatigue à voyager ainsi. Les chemins à peine tracés fournissent cependant une poussière insupportable. Il faut donc renoncer à décrire le nombre des secousses éprouvées et le fâcheux état de nos personnes, méconnaissables par suite des nuages poudreux produits par les roues de notre voiture.

De nombreux troupeaux, livrés à eux-mêmes toute l'année, paissent dans ces solitudes. Nous les apercevons au loin. Si une vache ou un mouton meurt de faim et tombe au bord de la route à peine visible, on n'y prend pas garde; la voiture se détourne un peu pour éviter le cadavre qui restera là jusqu'à sa décomposition complète.

Une quantité de lièvres (*Jack rabbit*) courent devant nous, effrayés par le bruit de nos chevaux; ils vont se cacher sous les maigres sauges au feuillage bleuâtre, seuls arbrisseaux de ces déserts, et de là nous regardent passer. Nous voyons fuir aussi les *chip monks*, minuscules et charmants petits écureuils des sables, et plusieurs fois des loups, inquiets et sauvages, errant au loin.

Un voile de poussière nous dérobe presque constamment la vue des belles fleurs qui poussent dans ces terres abandonnées de même que sur les montagnes bleues de l'horizon.

Douze heures se passent ainsi, sans beaucoup de charme, et nous voici enfin à Cedar City, village mormon qui me semble un oasis après la longue route monotone parcourue depuis le matin.

Cedar a de belles avenues plantées de beaux arbres, de jolies maisons de briques, et des enclos, fermés par des haies, tout remplis de fruits et de légumes. Des ruisseaux d'eau vive descendant de la montagne courent de toutes parts et vont se jeter dans une petite rivière dont on entend le joyeux murmure.

Une grande montagne de grès rouge abrite Cedar. Alentour sont des champs et des prairies.

M. Lund est mormon. Il connaît tous les habitants, et son premier soin est de me conduire chez le *bishop* (évêque) de Cedar, qui nous donne à souper et un gîte pour la nuit.

Le bishop est cultivateur. Il a deux femmes, paraît-il, mais je n'ai vu qu'une de ces dames, la plus âgée certainement. Elle me paraît intelligente et instruite; c'est elle qui nous sert à table.

La maison, d'une propreté irréprochable, sert d'asile aux rares voyageurs qui passent à Cedar: c'est aussi le bureau télégraphique. Dans le salon, un bon feu nous réchauffe; il y a des tapis partout. Des journaux sont ouverts sur la table; la cheminée est ornée d'un grand cadre contenant le règlement pieux que la famille doit suivre chaque jour.

Les jeunes filles du bishop, pour terminer la soirée, jouent de l'orgue; un des garçons de ferme (du moins je l'avais pris pour tel à mon arrivée) entre, nettoyé et proprement vêtu; il chante avec elles des romances.

M. Lund me fait visiter ensuite plusieurs autres cultivateurs mormons de Cedar. Dans toutes les maisons j'ai pu remarquer le même ordre, la même propreté extrême, le même confortable; on ne croirait pas être dans un pays aussi éloigné de toute civilisation.

A trois heures du matin il faut repartir: M. Lund m'accompagne; nous disons adieu au brave bishop et à sa famille; tout le monde s'était levé pour nous souhaiter le *bon voyage* traditionnel.

Vers une heure nous arrivons à Silver Reef; c'est l'entrée des rochers grandioses de l'Utah.

Les paysages de ce pays et ceux de Kaibab dans l'Arizona ne ressemblent assurément à rien de ce que l'on voit dans les autres contrées de l'Europe.

L'herbe des prairies pousse sur des terres sablonneuses de grès vert, blanc, rose, jaune doré, etc., du ton le plus éclatant. Les montagnes, la plupart en roches de grès, sont bigarrées de couleurs semblables. Toutes ces teintes si diverses, voisines les unes des autres, et souvent sans aucune transition, sont d'un effet étrange, indescriptible. Sous la lumière et le feu du soleil, l'aspect du sol et des montagnes produit sur moi des impressions tout à fait fantastiques, invraisemblables, d'autant plus que la végétation elle-même n'est pas d'une apparence moins bizarre; les fleurs étincelantes du mois de juin, des cèdres au feuillage vert foncé, des sauges bleuâtres font encore ressortir avec un plus vif éclat ce mélange et, pour ainsi dire, ce débordement de couleurs presque extravagant. Je m'arrête une journée à Silver Reef, petite cité d'environ 400 habitants venus de bien des endroits divers. Des Chinois, quelques Indiens nomades, des Irlandais, des Canadiens et des Américains, puis enfin quelques sœurs de charité qui ont courageusement organisé une maison de secours pour les malades. Silver Reef est en prospérité, à cause des mines d'argent découvertes, il y a déjà quelques années, et dont plusieurs sont assez importantes.

M. Allen, directeur d'une de ces mines, grâce à la recommandation de mon compagnon de voyage, veut bien me faire visiter la sienne. Elle a une profondeur de 83 mètres environ, et son développement est de 400 mètres. En six années, depuis qu'on l'exploite, elle a déjà donné 18 millions de dollars ou 90 millions de francs. Une tonne de roc peut fournir une moyenne de 25 dollars ou 125 francs.

Le minerai se trouve surtout dans les couches fossiles de plantes aquatiques. On y recueille l'argent à l'état de chlorure et quelquefois aussi de sulfure. Dans les couches de *clay shale* ou argile on rencontre de l'argent natif en minces petites feuilles.

Cette mine est creusée dans les épais bancs de grès vert et blanc. L'argent est retiré du minerai par voie d'amalgame. Cette opération se fait dans une usine de Silver Reef, située tout auprès des mines.

Avant de me faire ses adieux, M. Lund me présente au conducteur qui me mènera à Kanab.

Me voici donc avec un nouveau compagnon. C'est un Canadien qui parle fort bien le français. Élevé au Canada, dans une famille relativement aisée, son père a voulu lui rendre avant tout notre langue familière.

Cet homme est un type curieux. A peine avait-il atteint sa majorité qu'il avait déjà dissipé tout son avoir. Il s'engagea comme marin et alla faire la pêche à la baleine. Puis, changeant de métier, il se fit mineur. A San Francisco il devient riche ; mais il se ruine trois fois en quelques années dans des spéculations de mines et redevient simple ouvrier. Enfin le voici installé à Silver Reef; il y est loueur de voitures et il est bien convaincu qu'il va refaire sa fortune une quatrième fois.

Nous nous installons dans une voiture aussi peu confortable que celle qui m'a conduite à Silver Reef, et les chemins ne sont pas moins mauvais. Heureusement le paysage est toujours splendide. Les rochers de Virgen River sont de couleur rose et gris d'argent, et je regarde avec surprise leurs silhouettes découpées et dentelées de mille façons fantastiques.

Nous passons au milieu du village de Toquerville, dont toutes les maisons sont cachées sous les arbres et les fleurs.

Les solitudes recommencent; toute la journée ce ne sont que déserts; puis nous côtoyons les *Vermilion Cliffs*, longue chaîne de montagnes de grès rouge qui dominent de grandes prairies où paissent de nombreux troupeaux.

Le clair de lune éclaire fériquement toutes ces scènes grandioses.

Il est minuit; nos chevaux, fatigués de leurs quinze heures de voyage, s'arrêtent devant *Pipe Spring*, ferme complètement isolée dans les sables et les ranchos.

Malgré l'heure avancée de la nuit, on nous y accueille gracieusement. La porte d'une sorte de hangar s'ouvre à notre appel et nous y achevons la nuit enveloppés dans nos couvertures; nous y restons jusqu'au matin.

Le lendemain, à midi, nous étions à Kanab.

Kanab est située sur le bord d'une rivière presque toujours à peu près desséchée, mais qui grossit dans les saisons de la fonte des neiges et se répand au loin en inondations, enlevant les sables et couvrant de ses eaux tout le pays.

De grandes roches de grès rouge (le *Triassic escarpment*) abritent ce village d'un côté, de l'autre le rancho se perd à l'horizon. Il y a là peut-être 500 âmes.

L'isolement des habitants serait complet, mais par leur propre industrie ils ont su se relier avec les villes plus heureuses et plus civilisées de leur contrée.

Le télégraphe y est installé! Je ne pouvais m'empêcher de penser qu'en France bien des villages sont moins éloignés des centres que le petit Kanab, situé aux confins de la province de l'Utah, et cependant nos paysans ne songeraient guère à établir à leurs frais un réseau télégraphique pour avoir plus vite des nouvelles intéressantes de leur pays, même s'ils en avaient la permission.

Chaque maison est dans un clos entouré de haies de rosiers jaunes; les avenues sont bordées d'acacias.

L'eau de Kanab River est amenée dans la cité par un aqueduc en bois de quelques kilomètres de longueur, à ciel ouvert. Moyennant un abonnement d'eau, les habitants y peuvent cultiver quelques légumes et des fruits.

Les Mormons aiment les jardins et s'en occupent avec grand soin. Ils ont même dans leur enclos quelques pieds de vigne, qui leur donnent un bien faible produit, mais qu'ils apprécient comme la récompense de leur travail et de leur lutte constante contre la sécheresse.

Mon entrée à Kanab a causé, paraît-il, une grande émotion. Les Mormons sont en ce temps-ci méfiants.

Le gouvernement des États-Unis, fatigué de leurs excentricités, veut les faire rentrer dans la loi commune et supprimer leur bigamie. Depuis le décret de 1882 contre la polygamie et la « cohabitation », on les poursuit, on les condamne à la prison et à des amendes; dans le petit village de Panguitch, deux hommes ont été ainsi enlevés et menés en prison. On exige qu'ils renvoient leurs femmes non légitimes et ne gardent que celle qu'ils ont épousée la première avec ses enfants. Sous le coup de ces menaces, les Mormons craignent incessamment des rondes de police et des surprises. Au lieu de se faire comme autrefois une gloriole d'avoir plusieurs femmes, ils nient le fait surtout devant des étrangers qu'ils craignent toujours.

La religion mormonne reste d'ailleurs fort mystérieuse pour une personne qui ne séjourne pas longtemps dans le pays. Il ne peut en apprendre quelques faits que par les journaux qui racontent de temps à autre les scandales causés par des *batailles de femmes* jalouses les unes des autres. Mais ces bruits eux-mêmes demanderaient à être vérifiés exactement. Mon arrivée ayant été signalée, quelques habitants étaient sortis du village et s'étaient cachés dans les rochers.

Moins timide, la femme de mon futur guide me reçut au seuil de sa maison. M. Powell m'avait donné une lettre de recommandation toute spéciale ; je la lui remis.

« Mon mari est absent, me dit-elle avant de l'avoir lue, vous ne verrez personne ici. »

Ces derniers mots exprimaient visiblement une méfiance qui s'est immédiatement dissipée après la lecture de la lettre. Nathan Adam n'a pas craint alors de se montrer, et j'ai été parfaitement accueilli par tous ces pauvres gens dès qu'ils ont été persuadés que je venais simplement chez eux en touriste et non comme *detective* du gouvernement.

Ils m'ont donné l'hospitalité, car il n'y a point d'hôtel à Kanab; il faut loger chez l'habitant ou camper dehors dans les ranchos.

Kanab est le point central d'où l'on peut rayonner pour faire les principales excursions des grands *canons*.

La carte (fig. 22) montrera plus aisément au lecteur l'itinéraire que j'ai suivi pour visiter les canons et les forêts de l'Arizona et de l'Utah.

Mon premier voyage, convenu avec Nathan, mon futur guide, eut pour but le mont Trumbull et les gorges de Toroweap.

C'est une tournée de sept jours entiers; la difficulté de trouver de l'eau dans les déserts qu'il faut traverser rend cette exploration quelquefois pénible.

Nous achetons à Kanab, dans l'unique magasin du village, des boîtes de conserves, du thé, du café et quelques autres choses nécessaires; il n'y a guère de variété et de choix possible.

Nathan emmène avec lui son fils, qui sera un aide utile. Nous avons pour nous trois chevaux et un autre pour nos bagages.

La vie ordinaire du touriste une fois sorti de Kanab s'organise à peu près ainsi : lever à quatre heures du matin, déjeuner à cinq heures : Nathan met le couvert sur l'herbe. Nous avons du lard, du saumon conservé, de l'eau, et du pain qu'il fabrique lui-

Fig. 23. — Grand cañon, vue prise à l'est de Toroweap (page 89).

même trois fois par jour pour chaque repas ; ce pain consiste en des espèces de galettes cuites dans une poêle devant un feu de branches desséchées, presque toujours faciles à trouver dans ces déserts.

Les chevaux, laissés chaque soir en liberté, cherchent où ils peuvent leur nourriture. Par précaution seulement, afin qu'ils ne puissent aller trop loin pendant la nuit, on leur attache les jambes de devant avec des sortes de bracelets en cuir que réunit une forte et assez courte courroie.

Ces pauvres bêtes, très fatiguées, n'ont souvent à manger que de maigres herbes et quelquefois n'ont point d'eau. Elles sont habituées à ce régime. Il faut cependant qu'elles aient du courage, car elles marchent en certaines journées douze ou quinze heures : ce sont de rudes étapes.

Chaque matin, l'objet principal de la conversation de Nathan et de son fils était, après avoir couru après les chevaux pour les ramener, de chercher où nous pourrions faire une prochaine halte auprès de quelque source afin de remplir nos gourdes et d'abreuver nos montures.

Quelquefois nous avons passé la journée entière sans avoir d'eau potable. La chaleur ardente des sables faisait que l'eau conservée devenait trop difficilement buvable ; il fallait alors se contenter de boire un peu de café.

Quant aux chevaux, heureux s'ils trouvaient dans quelque trou de rocher un reste d'eau de neige de l'hiver ou d'un orage récent.

On se reposait dans l'après-midi. Le soir, vers sept heures, nous étendions nos couvertures sur les sables des déserts ou dans les forêts, et nous nous endormions sous les étoiles.

C'est ainsi que les Mormons voyagent dans l'Arizona. Il est bien permis à un touriste parisien de s'étonner un peu le premier jour, mais l'originalité et la splendeur des paysages rachètent largement ce manque complet de confort; on s'habitue vite à ces petites misères.

En quittant Kanab, il fallut revenir à *Pipe Spring*, l'un des rares endroits où se trouve une source fraîche. Ses aimables habitants m'avaient déjà donné l'hospitalité; cette fois je fus reçu avec un empressement cordial par la maîtresse du logis et ses filles. Si j'avais été étonné à Cedar City de l'accueil et de l'installation du bishop, je le fus plus encore à *Pipe Spring*. Je veux être sincère; ces *Dames* mormonnes sont distinguées, instruites, quoique ce ne soient en réalité que des paysannes vivant dans des lieux sauvages, abandonnés. Au fond de nos campagnes de France, dans les coins les plus ignorés de nos provinces, nos concitoyennes des champs sont assurément dans des milieux beaucoup moins déserts que ceux de l'Utah ou de l'Arizona, et cependant je dois reconnaître qu'elles sont le plus souvent moins civilisées.

Tout autour de *Pipe Spring* paissent de grands troupeaux surveillés par les *cow boys*, jeunes gens hardis et habitués aux privations. Isolés, vivant toujours dans ces immenses ranchos, éloignés de toute société, ces bergers mormons mènent toutefois une existence active et qui n'est pas sans intérêt. Ils ont pour distraction la chasse, la contemplation de la grandiose nature de ces déserts; puis, toujours à cheval, courant après leur bétail ou le ramenant souvent de fort loin dans des endroits divers des ranchos, le travail est rude et pénible.

Ils ont à veiller à la reproduction des animaux. Leur état complètement sauvage rend souvent cette occupation difficile et même dangereuse quelquefois, puis ils ont, entre autres devoirs, celui de marquer au feu les nouveau-nés. Chaque propriétaire a son cachet spécial, qu'on imprime sur les flancs du petit animal; sans cette précaution il lui serait impossible de reconnaître son bien. Aux États-Unis, les éleveurs de bestiaux ont des livres où ils peuvent aisément consulter les noms et les marques des divers propriétaires de troupeaux.

On me dit que, il y a une quinzaine d'années, le bétail était plus nombreux qu'il ne l'est aujourd'hui dans les environs de *Pipe Spring;* la cause en est que les animaux, en mangeant l'herbe, arrachent les racines, qui ne tiennent guère dans ces terres sablonneuses; par suite les graines se dessèchent avant d'avoir pu germer, la prairie ne se ressème plus et le désert gagne du terrain. Sur les chemins de nombreux squelettes d'animaux attestent cette décadence des ranchos.

D'autre part, les antilopes, les chevaux sauvages, qui abondaient autrefois, s'éloignent de plus en plus ou meurent dans les sables.

Je dis adieu à mes gracieuses hôtesses de *Pipe Spring*. Quelques *cow boys* me souhaitent bonne santé et « de l'eau fraîche à boire » pendant mon excursion, tout en m'aidant à seller mon cheval.

Nous laissons les hauts escarpements des *Vermilion Cliffs* pour entrer bientôt dans le vrai désert à l'aspect désolé.

Les chevaux marchent péniblement dans ces sables mous et et poussiéreux.

Le moindre souffle d'air soulève au loin de petits tourbillons de sable.

Et cependant, sous nos pas, de nombreuses fleurs poussent en touffes espacées et forment des bouquets. Mais on est au mois de juin. Un peu plus tard tout sera brûlé par le soleil, et sur la terre il n'y aura plus rien qu'une aride et triste sécheresse.

Chevauchant toujours, nous rencontrons quelques antilopes; plus loin, une troupe de chevaux sauvages au nombre de cinquante environ, suivis par leurs jeunes poulains, galopent, tout effarouchés, devant nous.

A la fin du jour nous sortons des régions sablonneuses pour nous approcher du mont Trumbull.

De nombreuses scories qui recouvrent la terre attestent les désordres et les désastres des siècles passés. Le volcan est depuis longtemps éteint; presque tous ses cratères sont couverts de forêts de pins séculaires; il inondait jadis les plateaux de l'*Uinkaret* de ses immenses coulées de laves, sur lesquelles nous passons aujourd'hui.

La forêt témoigne aussi de ces révolutions d'autrefois. Sous les racines et les plantes de toutes sortes on découvre des bancs entiers de roches basaltiques brisées par le temps.

Plus loin le paysage change d'aspect et on peut voir à découvert une sorte de mer de laves, coulée relativement plus récente et qui n'a pas pu encore être envahie par la végétation. Quelques chênes seulement, à peine développés, y poussent péniblement.

CANON DE TOROWEAP DANS L'ARIZONA.

Une montagne, couverte d'une verdure maigre, cachant des scories, borde cette coulée superbe, noire comme le Styx. Dans le lointain, les gorges ou cañons de Kanab, éclairées par les rayons du soleil couchant, forment sur ces hauts plateaux d'immenses crevasses resplendissantes de lumière. Elles font un contraste étonnant avec la teinte noire des laves, et font mieux ressortir encore la silhouette bizarre des cônes volcaniques du mont Trumbull.

Nous descendons péniblement de toutes ces roches en tenant nos montures par la bride. La plupart des chevaux dans ce pays ne sont pas ferrés, de sorte que les scories blessent leurs pieds et qu'ils ne peuvent marcher qu'avec difficulté.

Nous n'avions pas du reste d'autre route à suivre pour atteindre la vallée sablonneuse de Toroweap auprès des cañons. Longue et relativement assez étroite, cette vallée est encadrée par des rochers colossaux de couleurs toujours surprenantes.

Le soir nous n'eûmes pas à nous plaindre de notre campement au pied d'une muraille semblable à une forteresse. Ombragés par un vieux cèdre, nous sommes sur un immense plateau de rochers de grès aux formes arrondies, usées par les neiges des hivers. De nombreuses fleurs et des arbres rabougris ou des agaves qui ont parfois plus de quatre mètres de hauteur, des cactus, nous charment comme des décorations sur ces pierres aux couleurs rougeâtres ou dorées ; au delà nos regards se reposent sur des murailles dentelées qui s'étendent à perte de vue et ferment l'horizon.

Après un peu de repos nous marchons sur les énormes pierres, les escaladant souvent en nous aidant de nos mains ou sautant par-dessus de larges crevasses.

Sous l'impression de la grandeur de ces déserts étranges j'avance avec un indéfinissable sentiment d'étonnement.

La scène change, mais n'est pas moins étourdissante : voici à mes pieds les précipices grandioses de Toroweap, au fond desquels coule le Colorado (Pl. IV).

C'est un spectacle inouï que ces gouffres d'érosion, profonds de 600 à 800 mètres, formés de parois à pic ou de gradins gigantesques descendant jusqu'au torrent (fig. 23).

Des bords du plateau supérieur je suis d'un regard émerveillé ces rochers qui forment des promontoires aux courbes les plus bizarres au-dessus des précipices.

Nous avons à faire des détours sans fin, et à chaque instant ce sont des aspects nouveaux de plus en plus admirables.

Dans d'immenses crevasses le géologue peut lire avec facilité toute la série des couches différentes dont sont formés les murs latéraux, et l'imagination reste confondue à la pensée de l'incalculable suite des siècles qui ont dû s'écouler pendant la formation successive de toutes ces merveilles.

Voici quelques informations, que nous empruntons au livre de M. Powel :

La région du grand cañon du Colorado est située, dans sa partie principale, au nord de l'Arizona, avec un prolongement septentrional vers l'Utah. Sa longueur du nord-ouest au sud-est est à peu près de 180 milles, et sa largeur du nord-est au sud-ouest est d'environ 125 milles. La superficie peut être évaluée à environ 16,000 milles carrés (elle atteint presque la surface de quatre de nos départements de France, chacun d'eux ayant une moyenne d'environ 6,000 kilomètres carrés).

Le Colorado, ainsi nommé à cause du limon rougeâtre qu'il charrie, traverse le milieu de la contrée, et les vallées qu'il a creusées ont reçu le nom de *Cañons de Marbre* ou *Marble Cañons* et de *Grand Cañon*. La partie nord du pays, la seule bien connue jusqu'ici, se partage en six divisions distinctes.

Ce sont d'abord *les Terrasses*, immenses plateaux creusés par érosion dans les terrains miocène et éocène inférieur. Viennent ensuite les *étages* permien, triasique, jurassique et crétacé, admirables dans toute leur beauté. Ils sont brusquement interrompus par de hautes falaises terminées en gradins. Enfin de l'ouest à l'est s'offrent à la vue les plateaux de Shiwits, de l'Uinkaret, de Kanab, de Kaibab et du Paria. Ces plateaux sont séparés, comme les autres, par des failles profondes dirigées du nord au sud. Le

Kaibab est le plus élevé d'entre tous; le moins haut est le Paria. Ce sont là des régions presque encore ignorées, et que M. Powell m'avait conseillé d'aller visiter. On voit sur les hauts plateaux des séries de murailles verticales placées les unes devant les autres et s'élevant étage par étage. Elles sont entrecoupées souvent de pentes en talus sur lesquelles apparaissent en hautes saillies les bords effrités des couches géologiques. Les phases successives de stratification y sont nettement relevées. Le dessin général est d'une grandeur inimaginable : c'est un spectacle solennel, d'un aspect architectural extraordinaire, surtout à cause de la netteté des silhouettes et de la précision des lignes. Il forme un contraste frappant avec les scènes de montagnes et de roches des autres pays.

Nous ne pouvions camper longtemps sur ce plateau de Toroweap, car l'eau commençait à nous manquer. Nathan et son fils avaient découvert un peu d'eau de neige fondue dans un creux de rocher, mais nos chevaux seuls ont pu en boire.

Nous revenons à Kanab par le même chemin pour organiser une excursion au plateau de Kaibab. En arrivant au village, nous apprenons que les Indiens qui campent souvent aux environs, et parmi lesquels je comptais trouver un guide, sont partis depuis peu pour aller faire la chasse aux daims dans les forêts de Kaibab : on ne les reverra pas avant un mois, me disait-on.

Je ne pouvais attendre aussi longtemps, et je commençais à craindre de ne pouvoir continuer mon voyage. Nathan connaît bien le pays, mais il ne veut pas prendre la responsabilité de me conduire seul dans ces solitudes ; il me dit :

« Il faut un Indien avec moi ; il n'y a qu'eux qui sachent s'orienter dans les forêts vierges. »

Les Mormons me conseillent d'aller droit au campement des Indiens ; ils devaient être établis auprès d'une source située à une grande journée de Kanab. Une fois là, Nathan, qui sait quelques mots de la langue ute, pourrait certainement trouver le guide qu'il jugerait nécessaire.

Je m'empresse de suivre cet avis et nous partons aussitôt.

Le soir même, au coucher du soleil, à travers les détours des déserts et de pittoresques bois de cyprès, nous arrivons à *Mangum Spring*, où se trouve en effet le campement que m'ont indiqué les Mormons de Kanab. C'est une installation provisoire de huit à neuf tentes dans une clairière. Une vingtaine d'Indiens y vivent avec leurs femmes et quelques enfants. Ils ont choisi la place la plus exposée au soleil. Leurs tentes sont faites de quelques branches coupées aux arbres voisins et rapprochées en faisceau. Une mauvaise étoffe ou une peau de bête recouvre ces simples abris.

La figure 24 donne l'aspect d'une de ces installations d'Indiens nomades du Colorado.

M. Powell s'étend longuement dans son livre sur ces tribus barbares et misérables, aux mœurs primitives mais douces.

Les explorateurs américains n'ont jamais eu, paraît-il, à se plaindre des rapports qu'ils ont contractés avec eux.

Nous décidons de camper auprès des Indiens pour profiter aussi de la source.

Quant à nos chevaux, ils fraternisent dès leur arrivée avec ceux des sauvages et disparaissent sous les taillis.

A côté de nous, sous les pins, sont deux cabanes d'Américains; ils ont là quelque bétail et, comme les Indiens, ils habitent la forêt avec leurs femmes et leurs enfants; toutefois leur installation est moins primitive.

Après notre repas du soir, les Indiens viennent me rendre visite et se chauffer auprès de mon feu. Je leur donne un peu de pain fabriqué par Nathan et quelques gouttes de café. Deux enfants presque nus s'approchent de moi. Ils sont tout ébouriffés et ils me regardent avec des airs de petites bêtes sauvages. Quelques grains de sucre en poudre que je mets dans ma main et que je leur offre doucement ont suffi tout de suite pour les apprivoiser : ils se chauffent à mes côtés.

Plusieurs de ces Indiens sont jeunes et bien faits. Deux ou trois ont la figure peinte. Toute leur peau est colorée d'ocre jaune, sauf un peu de vermillon sous les sourcils et sur les paupières,

Fig. 24. — Un campement indien au Colorado (page 88).

et deux ronds de même teinte, grands comme des pièces de 5 francs, posés sur les joues. Ils me rappelaient les clowns des cirques de nos contrées.

Le type de ces sauvages est assez caractéristique. Leur figure est légèrement plate, avec des pommettes largement accusées; leurs yeux sont grands. Ils ont la peau foncée, d'une teinte jaune doré pareille à celle des vieux bronzes florentins. Des cheveux magnifiques d'un noir corbeau, tombant sur leurs épaules et nattés par devant, forment de longues tresses entremêlées de fils de coton rouge, à la manière des anciens Gaulois. Autour de leur cou brillent quelques rangs de perle de verre. Leurs habillements, en mauvais état, la plupart même en haillons, sont taillés à l'européenne et se composent uniquement d'un pantalon et d'une sorte de chemise d'indienne à ramages; ils portent sur leur tête une petite toque rouge de forme orientale.

Nathan explique aux Indiens, tant bien que mal, ma présence dans leur forêt et le but de mon voyage.

Les Américains nos voisins viennent à leur tour auprès de nous. Ils me demandent les dernières nouvelles de Kanab : on cause, et nous avons ainsi en pleine forêt une soirée avec l'eau d'une source et du café comme rafraîchissements (fig. 25).

Notre feu éteint, on se retire, et chacun va se coucher sur l'herbe qu'il préfère et se rouler dans ses couvertures.

Le lendemain matin j'ai été rendre aux Indiens leur visite de la veille et j'ai vu leurs femmes, qui malheureusement ne sont guère jolies. Les cheveux toutefois sont superbes, et leurs yeux ont des étincelles qui étonnent; mais leur figure est fanée, flétrie, et il serait difficile de deviner leur âge exact. Chargées des plus pénibles travaux, surtout de ceux du campement, ces pauvres femmes sont usées et vieilles avant d'avoir vingt ans.

L'une d'elles portait sur son dos, dans une sorte de hotte en osier, son bébé, dont la figure était aussi teintée par l'ocre jaune. Pauvre petit être ! quel aspect ridicule il avait ainsi ! Son corps, emmailloté, était enfoui debout dans la hotte; sa tête, seule visible, était maintenue à la hauteur du front par une bandelette d'osier qui sert à atténuer sans doute les secousses de la marche de sa mère.

Nathan me dit que l'Indienne s'asseoit ordinairement avec son bébé derrière son dos, ou bien qu'elle l'accroche aux branches d'un arbre. Un long ruban passé dans la hotte et qu'elle pose sur son front l'aide à le porter.

Je voulais dessiner l'enfant, mais la maman s'y est opposée. Je lui aurais jeté, paraît-il, un mauvais sort. Les Indiens m'ont laissé cependant prendre le croquis de leur campement; et en définitive j'ai la hotte et l'enfant croqués en cachette.

Ces sauvages étaient très occupés pendant ma visite. Ils dépeçaient, aidés de leurs femmes, un bœuf, et étalaient soigneusement les morceaux coupés sur un rocher pour les faire sécher au soleil. Quelques-uns d'entre eux tressaient des paniers pour leur usage. Les femmes, vêtues de longs et grands manteaux fabriqués avec de nombreuses peaux de lièvre (*Jack rabbit*) cousues ensemble, allumaient des feux près de leur tente; elles appelaient d'un air inquiet ceux de leurs enfants qui venaient près de moi pour regarder ce que je faisais sur mon papier avec mon crayon.

Pendant ce temps Nathan s'était informé d'un guide.

Sur ses instances, un jeune Indien, occupé sous sa tente à faire sa toilette, se décide à nous accompagner; il s'appelle John Panichkos (je ne saurais garantir l'orthographe du nom). Sa figure est peinte. Je ne pouvais rêver un plus joli guide. Il demande 6 fr. 25 par jour pour lui et son cheval: c'est accordé sur-le-champ, et nous voilà partis.

Le lendemain matin mon guide mormon me dit que John est contrarié; la peinture de sa figure s'est presque effacée et il n'a pas les onguents nécessaires pour refaire ses ornements de la veille. J'ai bien ri de ce petit malheur en revoyant mon jeune Indien, fort embelli pour moi, avec sa peau au naturel, ses dents blanches et ses yeux superbes.

Ma seconde excursion a duré treize jours. Nous avons vécu dans la forêt vierge de Kaibab. Rien ne saurait être plus grand et plus intéressant.

Naturellement il n'y a point de routes tracées dans ces bois et, comme on l'a souvent observé, les Indiens doivent avoir un sens de plus que nous pour s'y reconnaître, quelque faculté analogue à celle des pigeons voyageurs. Il me fallut traverser des montées et des descentes perpétuelles à travers des pins séculaires et

Fig. 25. — Soirée dans la forêt de Kaibab avec les Indiens Utes, d'après nature (page 91).

d'épais taillis, puis passer par-dessus des troncs d'arbres morts, couchés sur la mousse. Quelquefois il faisait tellement sombre sous le feuillage, que c'était à me demander si la nuit n'était point survenue tout à coup ; en certains endroits les taillis étaient si épais que je ne pouvais pas voir mes compagnons à quelques pas de distance.

De temps à autre nous rencontrions des squelettes de cerfs ou de biches.

Des parties de forêts ont été brûlées par les Indiens.

Ils choisissent toujours, pour se chauffer pendant la nuit et pour cuire leur maigre repas, le plus gros pin de la forêt et ils y mettent le feu. L'arbre brûle aisément grâce à la résine dont il est rempli et communique souvent l'incendie aux branches du voisinage jusqu'à produire, s'il y a du vent, de véritables désastres dans ces immenses forêts. Les Indiens ne pensent guère à cela, ils vont camper ailleurs, brûlant de nouveaux arbres sans songer jamais à prendre quelques précautions.

Les arbres tombés sont autant d'obstacles pour nos pauvres chevaux. A tous moments ils sont obligés de sauter par-dessus les troncs de pins étendus à terre ou de faire des détours lorsqu'ils sont trop gros. Nous-mêmes, forcés de nous faire jour au travers des branches, nous n'avons pas pu éviter bien des égratignures à nos mains et des déchirures à nos habits.

En haut d'une montée d'arbres superbes, John pousse tout à coup un cri et me montre avec l'index un panorama merveilleux. Voilà les grands cañons, le Scotingat (Pl. V). C'est le nom que mon guide indien m'a donné; je n'ai pas pu en avoir l'orthographe exacte, cela va sans dire, mais il m'a fait comprendre que ces gorges immenses étaient nommées ainsi par eux à cause des plantes qui poussent dans les roches et qui les recouvrent en bien des endroits.

Je m'arrête comme ébloui et fasciné devant un entassement sans pareil de murailles bâties les unes sur les autres, d'amphithéâtres gigantesques, de palais de fées, de tours, de forteresses comme en auraient construit des Titans.

En contemplant de pareils tableaux, on peut ne plus se croire vraiment sur terre; c'est le pays des apothéoses. Les forces de l'imagination sont impuissantes devant l'immensité de ces scènes prodigieuses, de ces énormes murailles, de ces plateaux fantastiques qui les dominent et se succèdent avec des couleurs tou-

SCOTINGAT CANON VU DU PLATEAU DE KAIBAB (ARIZONA) (d'après nature).

jours différentes en ne s'atténuant qu'à une distance infinie dans le bleu lointain du ciel.

Je rêvais, je ne pensais plus. Pendant plusieurs journées j'ai éprouvé le même sentiment d'admiration.

Dans l'endroit connu sous le nom de *Thompson Springs*, des troupeaux considérables de moutons paissaient une herbe peu touffue en cette saison. Il est curieux de les voir marcher par bandes vers de gros blocs de sel que les Mormons ont soin de placer çà et là pour eux dans les ranchos. Ils viennent lécher le sel, à tour de rôle, et semblent très friands de ce mets que les éleveurs des provinces d'Utah et d'Arizona considèrent comme très bienfaisant.

Nous arrivons au *Sublime Point*. C'est un des points les plus élevés du plateau de Kaibab ; il est situé à 2,600 mètres au-dessus du niveau de la mer. A cette hauteur les rochers forment une sorte de cap d'où l'on découvre tout le pays des cañons de l'Arizona, les murailles nommées *Amphithéâtre indou* et les hauteurs de *Kwagunt Valley*, le *Temple de Siva*, etc.

De tous les plateaux de l'Arizona c'est celui de Kaibab qui offre le plus d'intérêt parce qu'il est couvert de forêts jusqu'à ses cimes les plus hautes. Les autres plateaux qu'on découvre de *Sublime Point* sont au contraire dénudés, donnant jusqu'à perte de vue l'aspect de déserts arides et effroyables. C'est un spectacle véritablement sublime et émouvant tout à la fois.

Entre des fissures colossales je vois de temps à autre le Colorado rouler ses eaux dans les précipices et se perdre par des détours fantastiques à 1,800 mètres au-dessous de moi.

Une des choses les plus frappantes de Kaibab, c'est l'absence absolue de cours d'eau.

Cependant le climat y est fort humide. Les pluies sont fréquentes en été et la couche de neige est épaisse en hiver. L'eau stationne dans les creux des terrains et forme ainsi de nombreux *lagoons* entourés d'une végétation si luxuriante qu'on a dans ces endroits l'illusion d'un parc délicieux.

Voulant visiter à loisir toutes ces merveilles, j'ai campé trois jours sur les bords d'un délicieux marais, le *Forest Lagoon*, entouré de légers peupliers blancs et de vieux pins. De là je pouvais facilement rayonner et jouir de tous les principaux points de vue.

Des oiseaux au brillant plumage, le *Pyranga ludoviciana* au corps jaune, à la tête rouge et aux ailes noires, de nombreux oiseaux-mouches annonçant leur présence par le léger bruissement de leurs ailes, volaient parmi les fleurs, les cèdres et les arbousiers, et n'étaient pas le moindre attrait de ce charmant endroit.

J'ai eu le plaisir d'en voir un de fort près auprès d'un petit cèdre. Ses ailes allaient si vite qu'il était presque impossible de les voir, mais il s'est reposé enfin pour aller se percher sur son nid délicieusement construit. Il y a deux œufs dedans, ils sont de la grosseur d'un petit haricot. L'oiseau voletait à tous moments et ne semblait pas inquiet de ma présence, il se posait sur son nid qu'il arrangeait ensuite coquettement avec son long bec, puis s'envolait encore. Je ne pouvais rien voir de plus charmant que tout ce petit manège de l'oiseau aux couleurs éclatantes. Il avait la poitrine de teinte gris perle et le dessus des ailes et la tête colorés de vert aux reflets d'émeraude.

Notre Indien, pendant les heures où je dessinais, allait à la chasse aux daims, armé d'un fusil à pierre datant de je ne sais quelle époque. Il en tua quelques-uns. Il les dépouillait en un clin d'œil pour ne conserver que la peau, qu'il ira vendre dans les villages mormons. Nous avons eu, grâce à lui, quelques repas moins mauvais que d'habitude.

Après nos promenades au clair de lune au milieu des rochers féeriques, nous nous endormions auprès du feu. John chantait des chansons indiennes tout en défaisant les longues nattes de ses cheveux noirs.

Au sortir de *Forest Lagoon*, il nous fallut descendre, au travers de forêts inextricables, dans la *Pagump Valley*.

Là deux jeunes Américains, installés dans une petite cabane, élèvent des chevaux et du bétail depuis deux ans; ils vivent seuls dans ces déserts avec un *cow boy*. Nous fûmes pour eux une distraction. Un Indien, un Mormon, un Français et quatre chevaux, apparaissant tout à coup au milieu du silence de leur vallée, ne pouvaient manquer de les intéresser : ils accoururent pour nous voir, bien heureux de causer avec des mortels descendant, comme par enchantement, des forêts de Kaibab situées à 500 ou 600 mètres au-dessus de leurs cabanes.

Nathan me présente; c'est, leur dit-il, un Parisien qui vient chez nous dessiner les cañons de l'Arizona. Je montre ma collec-

Fig. 26. — White Cliffs (Utah), (d'après nature) (page 101).

tion de croquis, et à cette vue MM. Gibson et Gillett se prennent d'enthousiasme. « Restez avec nous, me disent-ils, nous avons un trésor à vous montrer. Vos chevaux sont usés de fatigue : nous vous en prêterons d'autres, tandis qu'ils se reposeront. » Cette vive amabilité me charma.

Le trésor de ces messieurs consistait dans la vue de cañons immenses que Nathan ne connaissait point : les *Marble Cañons*. J'acceptai leur proposition.

John, voyant que nous pouvions dès lors rentrer à Kanab sans son assistance, disparut dans la forêt avec son cheval sans nous dire adieu et sans se préoccuper de l'argent qui lui était dû. Nathan lui avait dit qu'on le payerait à Kanab quand il aurait l'occasion d'y passer ; cela lui suffisait : il avait confiance.

Il faut une grande journée pour aller de *Pagump Valley* aux *Marble Cañons* et les visiter. Ce fut en effet une des plus belles excursions de mon voyage. Ces cañons n'ont point le même aspect que les autres gorges de Kaibab. L'aridité est plus grande qu'ailleurs sur ces amphithéâtres immenses : on a sous les yeux la désolation dans ce qu'elle peut avoir de plus grandiose.

Le soir, grâce en partie à nos provisions, nous avons eu la récréation d'un grand dîner dans la hutte de troncs d'arbres de ces messieurs.

Le lendemain nos hôtes désirèrent nous montrer leurs troupeaux de 1,800 vaches et bœufs et de 80 chevaux qui sont dans les ranchos.

« En cette saison nous avons eu du bonheur, m'a dit M. Gibson : il nous est né cinq cents veaux; si cela continue, encore quelques autres années de notre vie solitaire et sauvage, et nous aurons assez de dollars pour aller vous rendre votre visite à Paris, puis pour finir notre existence dans quelqu'une des grandes cités américaines. »

Nos adieux furent très affectueux.

Au retour, environ au tiers de notre route vers Kanab, nous avons campé à *Kane Spring*.

Un matin, il était quatre heures, et je faisais ma toilette, près d'une source encadrée de beaux rochers roses et dorés. Tout à coup j'entends des cris et des hennissements. Une centaine de chevaux en liberté, menés par un *cow boy*, se ruaient au grand galop vers le lieu solitaire où je venais de passer la nuit. Ils étaient attirés par la source. Après avoir apaisé leur soif, ils retournèrent au même galop brouter au loin l'herbe des déserts.

L'effet avait été saisissant. Cette troupe ardente, emportée, dans ce site si pittoresque, éclairé par le soleil matinal, me parut un tableau original, particulier à l'Amérique.

Le *cow boy*, jeune homme de vingt-cinq ans à peine, très confiant en ses bêtes, était resté en arrière ; il me demanda la permission de m'accompagner, quand je partirais, jusqu'à quelque autre étape.

C'était une faveur facile à lui accorder.

Nathan, pendant ce temps, s'occupe de la fabrication de notre pain quotidien.

Le *cow boy* me signale une petite troupe d'Indiens à cheval. De chaque côté de leur selle, de grandes poteries sont accrochées; ils viennent les remplir d'eau fraîche pour les rapporter à leur campement nouvellement installé dans le désert, toujours en plein soleil. Je reconnais parmi eux mon John, peint cette fois à neuf avec deux beaux ronds rouges sur les joues ; il est en tête de ses amis et désirerait bien un peu de farine et du café. Heureusement il m'en restait encore. Les autres Indiens voulurent ensuite voir ce que j'avais tracé sur mon album : John leur avait parlé de mes études dans les forêts. Quand ils reconnurent sur mes croquis le *Forest Lagoon* et quelques détails des cañons, ils se mirent à rire entre eux, puis se livrèrent à des dialogues sans fin en langue ute. J'aurais voulu les comprendre : ils paraissaient du reste ne rien dire que d'honnête pour moi. Ils eurent une distribution de café supplémentaire pour leur bon vouloir et disparurent ensuite avec leurs montures derrière les rochers, mais sans nous dire le moindre adieu : ce n'est pas leur usage.

Nous quittons Kane Spring avec Nathan et mon *cow boy*. Nous avons une étape assez dure à faire, cinq heures de désert en plein soleil avant d'arriver à House Rock, source presque aussi solitaire que celle que nous laissons derrière nous, sauf qu'il s'y trouve une cabane habitée par un vieillard et un jeune garçon qui restent là pour garder des bestiaux et donner l'hospitalité aux rares *cow boys* qui passent.

Le jeune Mormon est fort gai, et nous causons. Je me demande comment ont pu venir à l'esprit de cet honnête garçon presque sauvage toutes les questions qu'il me fait sur l'Europe, sur Paris, etc. Suis-je bien réellement si loin dans les déserts avec un gardien de troupeaux !

J'ai passé ma dernière nuit dans l'Arizona, à *Navajo Well*, lieu solitaire s'il en fut jamais.

On trouve en cet endroit, entre deux rochers à fleur de terre, un trou rempli d'eau. C'est une sorte de citerne naturelle, un dépôt d'eau de pluie ou de neige fondue de l'hiver : on vient y boire de bien loin à travers les sables et les forêts.

Il est curieux de voir les oiseaux voler en foule vers cette eau détestable, presque croupie. Que leur importe ! c'est leur ressource unique.

A notre arrivée, au coucher du soleil, nous étions déjà avertis que ce réservoir était peu éloigné par le nombre des tourterelles sauvages et des corbeaux qui allaient ensemble s'y désaltérer. Ils s'approchaient presque un à un vers la citerne, faisant queue comme à la porte d'un théâtre, et attendaient sagement leur tour tout en voltigeant ou piétinant sur le sable.

Je commençai par remplir nos vases de cette eau peu limpide : il fallait apaiser d'abord la soif de nos chevaux ; puis j'attendis quelque temps afin d'en avoir une plus claire pour nous-mêmes.

Pendant cette prise de possession de la source, une centaine de tourterelles, inquiètes de ma présence, se posèrent autour de moi à une dizaine de mètres seulement ; d'autres oiseaux vinrent encore Je ne remuai que le moins possible pour ne pas effrayer ces gracieux petits êtres ; aussi ce fut bientôt par bandes prodigieuses que les oiseaux m'entourèrent ; ils avaient un puissant motif pour ne pas s'effaroucher : on était à la dernière heure, six heures du soir, et il fallait boire avant de dormir ; je leur cédai la place avec plaisir.

Navajo Well est un lieu découvert ; des murailles rouges colorent l'horizon ; les dernières lueurs du jour s'éteignent peu à peu ; le croissant de la lune commence à nous éclairer. Dans les sauges et les fleurs, les cris-cris nous donnent un concert final, où se mêlent les chants plaintifs des tourterelles cachées dans les cèdres rabougris et les tintements des clochettes de nos chevaux, épisode délicieux dans le calme absolu de ces immenses plaines sauvages ; je n'oublierai jamais les scènes magiques de la nature à Navajo Well et cette soirée passée sous les étoiles.

De retour à Kanab, je songeai qu'il était temps de rentrer à Salt Lake City et dans la civilisation américaine, et je commençai mon retour.

Du reste, cette dernière partie du voyage a aussi de l'intérêt. Depuis Kanab jusqu'à Panguitch le paysage n'est pas d'un aspect moins invraisemblable que dans l'Arizona. Il est même encore plus curieux, plus bizarre peut-être, sans être cependant aussi grandiose. Les couleurs des rochers de grès de l'Utah sont absolument extraordinaires.

Nos chevaux, en suivant longtemps le lit de la rivière de Kanab presque desséchée au mois de juin, marchent dans un sable mouillé entre deux talus de grès couleur crème ; par dessus ces talus s'élèvent des monticules couleur orange, couverts en partie de cèdres au feuillage foncé et de sauges bleuâtres; plus loin apparaissent des murailles de grès rose veiné de blanc; enfin à l'horizon les *White Cliffs*, énormes rochers mamelonnés, contrastent avec ces effets par leurs formes et leur blancheur éblouissante (fig. 26).

La rivière de Kanab est bordée dans une certaine partie de ses rives par un long banc de pierres volcaniques que les White Cliffs dominent. On distingue aisément sur ces roches de grès, polies par les siècles, les longues stries des anciens glaciers.

A Panguitch j'ai fait une excursion dans les montagnes qui entourent la vallée fertile où cette petite cité est construite. Nous avons longtemps traversé de grandes prairies toutes remplies de villages d'un genre particulier; ce sont les cités des *chiens des prairies;* il y en avait un grand nombre. En passant en chemin de fer dans les plaines du Nebraska, c'est à peine si j'avais pu voir ces gracieux animaux, mais dans ces régions sablonneuses de Panguitch je pus les observer tout à mon aise.

Peu farouches d'ailleurs, et nous voyant tranquilles sur nos chevaux, ils continuaient ensemble leurs exercices et leurs joyeux ébats (fig. 21).

Ils ont une sorte d'aboiement court, saccadé, un jappement plutôt, qui forme le seul point de ressemblance avec la race canine. C'est ce rapprochement dans le cri qui a valu, sans doute, à ce petit rongeur le nom de chien des prairies. A première vue, on croirait voir une marmotte de grande taille.

Il est d'un roux fauve sur le dos ; sur les flancs et le ventre la couleur de son poil est beaucoup plus claire, presque blanche. Il porte sa queue redressée à la manière de l'écureuil, elle est longue d'environ 8 à 10 centimètres et se termine par une sorte de houppe de poils foncés.

Mon guide me disait qu'on trouvait presque toujours dans le terrier du chien de prairies un hibou qui est son compagnon de chambrée ; ils vivent ensemble comme des amis.

Sa nourriture consiste en quelques racines et en tiges d'une plante assez commune dans ces régions de l'Utah ou du haut Missouri, le *Sesleria dactyloïdes*. Pendant l'hiver, il s'enfouit dans les terriers qu'il a su se creuser lui-même et s'endort à la manière des marmottes pour ne se réveiller qu'au printemps.

Rien n'est plus amusant que de voir l'animation extrême qui règne dans une cité de chiens de prairie. Ce sont des allées et venues perpétuelles, des sauts et des cris de joie. Il semble qu'ils se donnent le mot pour mieux jouer et courir. Ils font des parties de cache-cache, disparaissant tout à coup dans leur terrier pour reparaître dans un autre endroit, puis se poussent les uns les autres comme de vrais gamins à la sortie de l'école. Les Mormons cherchent à détruire le plus qu'ils peuvent ces animaux, qui font beaucoup de tort à leur culture à cause de leurs nombreux terriers. La chair est assez délicate, paraît-il, mais l'animal est trop petit pour valoir la peine qu'on le chasse pour cela. On se contente d'empoisonner le terrier, en y déposant une sorte de mort aux rats. Le pauvre chien de prairie poussé par la gourmandise meurt bien vite et se trouve enterré naturellement dans la demeure qu'il s'était construite.

Nous nous engageons bientôt dans la montagne. Au milieu de terrains de grès vert, presque *vert pomme*, se dressent une quantité de rochers de même matière. Ils forment de hautes collines dénudées et sans consistance. Les orages et les neiges de l'hiver, en fondant, tracent mille ruisseaux le long de ces hauts talus et les déforment d'une manière bizarre dans tous les sens. Une quantité de pierres en forme de rognons restent souvent sur le sommet de petites buttes de grès qui s'éboulent peu à peu. On ne saurait imaginer de lieux plus singuliers, et je ne pouvais cesser de m'étonner de la couleur verte des roches des premiers plans, en opposition avec les murailles roses couronnées de forêts qui fermaient l'horizon (fig. 27).

En ce moment même, à Paris, je me demande si réellement je n'ai pas rêvé ce que j'ai dessiné et ce que je viens d'essayer de décrire.

Dans les gorges si curieuses des environs de Panguitch j'ai vu beaucoup de serpents à sonnettes ; ils ne sont pas très développés dans ces parages de l'Utah, mais ils font sonner admirablement les écailles de leur queue : on les entend longtemps avant d'avoir pu les apercevoir. J'en ai tué quelques-uns, qui avaient de 90 centimètres à 1 mètre de longueur environ. L'un d'eux, aux regards menaçants, immobile sur la route, semblait vouloir s'élancer sur mon cheval, qui s'arrêta brusquement à sa vue. Les chevaux ont une grande peur de ces bêtes ; le mien se disposait à prendre la fuite. Une pierre lancée adroitement par mon guide mit fin à notre petite émotion : le reptile était écrasé.

Les Mormons ne craignent guère ces serpents. Si quelque personne est mordue, le remède consiste à lui faire boire de l'eau-de-vie jusqu'à l'ivresse absolue. On assure que les effets du venin sont annulés de cette façon et que quelques jours de repos suffisent pour l'entière guérison.

Dans la province de l'Utah le pays est beaucoup moins aride que près des cañons dans l'Arizona. Les villages mormons se sont créé des terres fertiles, grâce à de pénibles et longs travaux d'irrigation. Sur les hauts plateaux qui bordent *Sevier River*, on peut voir des troupeaux de bestiaux et des chevaux en grand nombre.

Près de Marysvale il se trouve encore des endroits magnifiques dans les montagnes. Les *Bullion cañons* entre autres sont intéressants à visiter. Sauf les serpents à sonnettes de petite taille qu'on y rencontre fréquemment et qui rappellent à vos esprits les contrées où l'on se trouve, on se croirait dans un des défilés de rochers des Pyrénées : même végétation et cascades semblables. On pourrait s'y tromper.

En revenant de mon excursion je mourais de faim. Mon hôtesse me sert pour dîner des crêpes, de la compote de poire conservée, du thé avec du lait et de l'eau à discrétion. Quel repas bizarre et peu réconfortant ! Le matin on m'avait donné des œufs avec du lard qu'on ne saurait manger et du miel. Les Mormons font certes ce qu'ils peuvent pour vous recevoir, mais on ne se nourrit guère chez eux.

Marysvale possède encore quelques mines d'argent et d'antimoine. Une mine d'or y avait été aussi découverte, mais elle n'est plus exploitée parce que son rendement ne pouvait couvrir les dépenses qu'il fallait y faire. Lorsqu'on quitte Marysvale pour se rendre à Monroe on retrouve encore les déserts. La route est sévère, lugubre même. Nous rencontrons de pauvres pionniers qui ont cassé leur *wagon*, sorte de grand camion recouvert d'une large bâche. Sans secours à espérer dans ces lieux isolés, tout leur bagage déposé sur le sol, les hommes tâchaient de raccommoder les roues endommagées. Les femmes désespérées pleuraient en tenant les enfants dans leurs bras. Combien de temps ont-ils été forcés de rester ainsi avant de regagner péniblement des lieux habités !

Les montagnes couleur de cendre, à peine recouvertes d'une herbe maigre et rare, ont des aspects d'une tristesse incomparable. De temps à autre les rochers de grès prennent des teintes jaunes ; ce sont des contrastes curieux mais peu attrayants à

Fig. 27. — Les grès verts près Panguitch (Utah), (d'après nature) (page 103).

vrai dire ; à Monroe comme à Marysvale la verdure reprend son aspect gai et rafraîchissant. Il y a aussi dans ces lieux de superbes excursions à faire dans les gorges profondes de la montagne.

Les familles mormones vivent en ces régions lointaines à la manière des anciens peuples pasteurs ; elles sont souvent isolées. On voit seulement dans leurs maisons quelques livres et des cartes de géographie clouées sur le mur de la salle commune de la famille. Rarement ces solitaires reçoivent des nouvelles du dehors : il n'y a pas beaucoup de lettres à espérer dans les prairies. Un facteur passe toutefois assez régulièrement avec sa voiture primitive, où il y a place pour un voyageur ; mais il ne fait pas fréquemment de distribution à domicile. Dans un endroit connu de tous, sur la route à peine tracée au milieu des herbes, une petite boîte de bois blanc est attachée sur un poteau, pour recevoir les lettres ou les paquets. Le Mormon qui espère des nouvelles d'un ami ou d'un parent vient souvent de fort loin avec son cheval pour voir s'il y a dans cette boîte quelque chose à son adresse, et il retourne heureux vers sa cabane de bois s'il a trouvé ce qu'il avait désiré (fig. 28).

Les Mormons paraissent avoir une foi vive dans leur bizarre religion. Ils reçoivent le baptême et ils disent que leur volonté est de suivre d'aussi près que possible les mœurs bibliques. C'est par là qu'ils défendent leur polygamie. « Abraham, Jacob, avaient plusieurs femmes : nous croyons avoir le droit de faire comme eux. »

Je n'ai presque pas vu de ménage de bigame. La vérité est, je crois, que ces pauvres gens ont le plus souvent une seule femme avec de nombreux enfants. Une fois pourtant, chez un mormon, mari de deux jeunes femmes, je demandai à l'une d'elles si elle était la mère d'une ravissante petite fille qui courait en jouant parmi les fleurs sauvages.

« C'est notre fille », me dirent-elles toutes les deux ensemble.

Je n'ai pas cherché à en savoir davantage. Cette seule réponse semblait me prouver qu'elles n'étaient pas jalouses l'une de l'autre; leur mari m'assura qu'elles vivaient toutes deux comme des sœurs qui s'aiment; ce ménage paraissait heureux.

Le cocher que j'avais en quittant Panguitch, jeune homme intelligent mais des plus croyants dans sa religion, se plaignait amèrement des persécutions dont les Mormons sont l'objet. N'ayant cependant que vingt-huit ans, il avait déjà été le mari de deux femmes dont il avait quatre enfants et songeait encore à se remarier. Il me montrait le long de notre route les hautes montagnes qui ferment la vallée. « C'est dans ces rochers, me dit-il d'un air convaincu, que Dieu a ordonné à José Smith notre prophète d'aller chercher les plats d'or où sont inscrites nos lois. José Smith avait des entretiens avec le Seigneur, et si nous devons gagner le royaume de Dieu, il faut suivre ses commandements. » Les plats d'or ont été trouvés par le prophète et vus, paraît-il, par trois apôtres Mormons qui en ont copié les lois. Ce sont celles qui sont suivies actuellement par eux.

Mon cocher ne semblait pas douter de la véracité de cette légende étrange. Quant aux plats d'or, ils ont disparu depuis longtemps si jamais ils ont existé, et les prêtres Mormons reçoivent toujours de leurs fidèles le dixième de leurs revenus ou de ce qu'ils gagnent par année. Ce tribut est payé soit en argent, soit en marchandise quelconque.

.Après mon curieux séjour dans la province de l'Utah et dans l'Arizona, je puis assurer que les Mormons sont hospitaliers, bons pour les étrangers, doux et assez instruits. La plupart d'entre eux s'intéressent à toutes les choses de la civilisation.

Je me souviendrai toujours avec plaisir de leur accueil cordial et touchant; ils m'ont reçu en frère : que pouvais-je leur demander de plus?

Revenu à Salt Lake city de ma longue pérégrination, j'étais heureux de revoir quelques personnes bienveillantes qui m'avaient aidé de leurs conseils avant mon départ. Le gouverneur de la province de l'Utah, M. Murray, et M. André de l'Orme, attaché au consulat de France de la ville, avaient été d'une complaisance charmante pour moi. Dans des pays si éloignés de la patrie on est d'autant plus sensible à des réceptions aussi cordiales, et il me semblait à mon arrivée que je retrouvais de vieux amis.

Mes adieux furent bientôt terminés cependant, car je devais courir vers d'autres aventures et rester deux journées dans un nouveau *Sleeping car*. Le coucher du soleil éclaire encore aux environs d'Ogden city les curieuses landes imprégnées de sel que les eaux de Salt lake laissent à découvert en se retirant pendant la saison des sécheresses. La blancheur éclatante de

Fig. 28. — Une boîte aux lettres dans les ranchos (Utah), (d'après nature) (page 107).

ces dépôts salins ferait aisément croire que la neige vient de tomber récemment dans ces contrées; l'illusion est complète. Le lendemain s'est passé complètement dans les déserts, et je constatais une fois de plus que les *Sleepings cars* n'étaient point si agréables qu'on se plaît à le dire en notre pays. Dans quelques stations nous apercevons des Indiens *Peau rouge* qui viennent regarder passer le chemin de fer, et recevoir les quelques petites pièces de monnaie que les voyageurs ne manquent pas de leur donner. Ces sauvages n'ont pas le même type que ceux que j'ai vus dans les forêts de Kaibab. La couleur de leur peau est moins foncée, on peut aisément en faire la remarque malgré le tatouage vermillon qui recouvre en partie leur face, et leur taille m'a paru, en général, plus grande et moins élégante d'aspect. Une femme *peau rouge* portait son bébé dans une hotte presque de la même manière que celle que j'avais observée dans l'Arizona, mais ce qui charmait le plus les dames qui voyageaient avec nous, c'est la vue des petites Indiennes qui se trouvaient près de leur mère. Elles avaient aussi des hottes sur le dos avec des poupées grossièrement travaillées et tatouées de vermillon. Rien n'était plus drôle que de les voir jouer sérieusement ensemble *à la maman;* aussi ces pauvres petites sauvagesses ont-elles reçu une ample provision de gros sous.

La deuxième partie du voyage en chemin de fer devient plus agréable. Nous voyons les forêts du comté d'Humboldt; elles remplissent un territoire immense de ces contrées. L'exploitation de ces forêts épaisses demande un genre de travail tout à fait inconnu à nos pays.

La scie a remplacé aujourd'hui la hache dans la plupart des forêts qui fournissent les bois de charpente, car les arbres se détachent mieux du tronçon et produisent moins de perte par leur rupture. Après leur chute, les arbres sont écorcés et l'on met le feu autour pour brûler l'écorce et les rebuts. Les bois verts brûlent si difficilement que le feu n'attaque que très rarement les bonnes bûches. C'est après cette combustion préliminaire que commence réellement le travail du transport de ces bûches.

Aucune route ordinaire ne serait suffisante pour manier ces monstres; elle doit être, en effet, fort large, plate et unie comme un billard, toutes les pierres et les racines soigneusement enlevées, toutes les ornières comblées. Si les billes sont petites, ces précautions ne sont pas nécessaires; mais pour les grands bois de charpente, le travail de préparation d'une bonne route exige toute la science et toute la persévérance d'un ingénieur.

Pour retirer les billes de la place où elles sont tombées, le travail des bêtes de somme seul serait insuffisant et inutile, excepté pour les plus petites. On ne peut le faire qu'à l'aide de palans, de poulies mouflées et d'un attirail mécanique souvent compliqué. Il ne suffit pas d'un conducteur ordinaire pour manier l'attelage, il doit avoir de l'adresse et de la présence d'esprit ; son salaire atteint, lorsqu'il est habile, de 100 à 150 dollars par mois (500 à 750 francs), plus la nourriture.

Le conducteur de bœufs (*bull-watcher*) est ordinairement l'homme le mieux salarié de l'exploitation.

Une fois amenées sur la route, on attache plusieurs billes ensemble pour en former un train et on les traîne jusqu'au quai de chargement pour les monter sur des wagons ou les jeter à la rivière pour les faire flotter. Les trains de bois, une fois mis en marche, ne doivent plus s'arrêter, s'il est possible d'éviter des arrêts.

Tout le long de la route sont placés des tonneaux remplis d'eau. Lorsque le train est en mouvement, un homme marche en tête à son côté, il remplit sans cesse un seau qu'il tient à la main en puisant de l'eau dans les tonneaux disposés le long de la route et jette cette eau en avant du train pour diminuer le frottement autant qu'il est possible. Les billes ainsi traînées atteignent quelquefois des proportions énormes. Ainsi, par exemple, un train composé de sept billes amené dans la baie de Humboldt en 1878 par le conducteur A. Marks, avec cinq paires de bœufs, mesurait ensemble 22,500 pieds de bois de construction marchand. On n'emploie jamais de wagons dans les forêts ; les billes sont simplement traînées sur le sol.

Jusqu'en 1881, tout ce travail de traînage était fait à l'aide de bétail, mais aujourd'hui on commence à introduire les machines à vapeur pour effectuer ce genre de travail.

La machine employée est la *Dolbeer Patent Steam Logging Machine*. Elle se compose d'une chaudière verticale et d'un moteur analogue à ceux des grues à vapeur, avec cette différence que le treuil d'enroulement de la chaîne est remplacé par deux tambours, un à chaque extrémité de l'arbre. Tout l'ensemble repose sur une forte charpente dont les côtés ressemblent aux glissières d'un traîneau ; un solide appareil relie la machine à l'arbre. Pour déplacer la machine dans les bois, on attache une corde auparavant à un arbre, on fait faire à la corde deux ou trois tours sur le tambour et l'on met le moteur en marche. La machine se remorque ainsi elle-même au point voulu. Lorsqu'elle est en place, on la fixe en l'attachant solidement à un arbre ou à un tronc, on attache une corde à la bille de bois qu'on veut déplacer, et par une manœuvre analogue à la précédente ; c'est alors la pièce de bois qui se déplace dans la direction voulue. Cette machine permet de ramasser, dans les ravins et les endroits les plus inaccessibles, des billes qu'il serait presque impossible de retirer avec des bœufs ou des chevaux. Les tramways à voie de bois sont employés dans quelques endroits pour amener les bois jusqu'aux cours d'eau ou aux usines, mais on tend à les remplacer par des rails en fer et en acier et des locomotives.

La figure 29 représente une de ces lignes établies dans le comté de Humboldt que je traversais.

Il y a près de quarante usines consacrées au sciage des arbres. La plus importante en débite de 75,000 à 80,000 pieds par jour, la moyenne pour chacune de ces 40 usines est d'environ 40,000 pieds. Il n'y en a qu'un petit nombre dont le travail dure toute l'année, à cause de la difficulté de s'approvisionner de bois, et d'autre part parce que les endroits où plusieurs de ces usines sont situées ne sont pas toujours accessibles à la navigation pendant l'hiver : le marché n'étant pas relié à ces usines par des voies ferrées, presque tous les bois de construction sont transportés par des bateaux à voile. La quantité de bois scié en 1881 a atteint 140 millions de pieds cubes, sur lesquels 95 millions ont été dirigés sur San Franscisco, 4,500,000 pieds ont été expédiés à New-York et dans d'autres ports étrangers, 45 millions de pieds qui forment le complément ont été dirigés directement par les usines en Californie, au Mexique, dans l'Amérique du Sud, les îles Sandwich, l'Islande et l'Australie.

Les campagnes fertiles se succèdent de plus en plus sur notre route, nous arrivons enfin près de la grande cité californienne.

Fig. 29. — Train de bois dans le comté de Humboldt (Nevada), d'après une photographie.

CHAPITRE VI

San-Francisco. — Les *ferry boats* et le *câble railway*. — Cliff house et les lions de mer. — China town. — Les théâtres et cafés concerts. — Les Woodward's gardens. — Hôtel del Monte à Monterey. — Les bords du Pacifique et le commerce des coquillages. — Mariposa et les arbres géants. — Yosemite Valley. — Mines d'or de Nevada city.

San-Francisco a cinquante ans d'âge à peine : que de choses étonnantes cependant elle réserve aux étrangers !

L'arrivée à San-Francisco est faite pour le plaisir des yeux et pour exciter l'intérêt. Le chemin de fer s'arrête à Benicia et on le fait passer sur un *ferry boat* pour traverser la baie de San Pablo et reprendre la voie sur l'autre bord à San Costa. Le ferry boat le *Solano* est superbe (fig. 30).

La longueur totale de son pont est de 129^{m},23, la largeur de la plate-forme est de 35^{m},35, le tirant d'eau en charge est de 2 mètres, et le tonnage est de 3,600 tonnes, d'après les renseignements que nous empruntons au *Rail-road Gazette* de New-York et à la *Revue générale des Chemins de fer*.

Les deux roues propulsives ont 9^{m},14 de diamètre et portent chacune quatorze aubes. Elles sont indépendantes l'une de l'autre pour faciliter les manœuvres, et chacune d'elles est mise en mouvement par une machine à vapeur verticale à balancier, de la force de 2,000 chevaux, et dont les pistons ont 1^{m},80 de diamètre et 3^{m},35 de course. Ces machines sont placées à la suite l'une de l'autre dans l'axe longitudinal du bateau, de manière à laisser de chaque côté, comme on le voit, l'emplacement nécessaire pour deux voies. Le bateau comprend ainsi quatre voies différentes qui sont susceptibles de recevoir à la fois quarante-huit wagons de marchandises avec leurs locomotives, ou seulement vingt-quatre voitures de voyageurs supportées sur deux trucks articulés comme le sont les voitures américaines; ces voitures, comme on sait, ont une longueur beaucoup supérieure à celle de nos wagons d'Europe (fig. 31).

Le *Solano* est guidé à chaque bout par quatre gouvernails équilibrés, de 3m,50 de long sur 1m,67 de large ; ces gouvernails sont manœuvrés à l'aide d'appareils hydrauliques actionnés par des machines à vapeur indépendantes.

Les becs d'abordage qui réunissent le bac aux deux rives, à Port de San Costa et à Benicia, ont chacun 30m,50 de long et pèsent 150 tonnes; manœuvrés également par des machines hydrauliques spéciales, ils permettent d'amener le train sur le bac sans détacher la locomotive. Ce magnifique système fonctionne avec la plus grande régularité.

La manœuvre se fait sans bruit et fort aisément; cette manière de transporter un train tout entier a quelque chose de hardi et d'élégant tout à la fois : c'est bien américain. Comme le *Solano* n'a pas la longueur d'un train, celui-ci est coupé en deux par moitié, et il se rejoint facilement sur l'autre rive.

Peu de temps après le départ de San Costa, nous sommes à Oakland. Là tout le monde descend, on est en vue de la baie de San-Francisco. Il faut se rendre vers un autre immense *ferry boat* qui peut contenir six mille personnes. Salles d'attente énormes sur le pont, galeries couvertes pour les voyageurs, etc. En vingt minutes la baie est traversée; vingt minutes d'admiration, on peut le dire. San-Francisco, planté sur ses collines de 100 mètres de hauteur environ, semble s'approcher, venir audevant de vous, avec les innombrables navires qui remplissent ses bassins. On voit les quais, les berges, puis les palais somptueux sur les hauteurs. Tout cela resplendit au soleil et vous annonce par avance gaieté et plaisir.

Enfin nous débarquons, j'arrive à *Palace hotel.*

Fig. 30. — Le *Solano* traversant la baie de San Pablo (Californie), d'après une photographie.

Palace hotel est bien nommé, c'est un vrai palais, mais quelle bizarre architecture ! La cour surtout, fort grande et couverte, rappelle ces beaux monuments de stuc découpé, qu'on vend dans les rues et dans lesquels on peut mettre des lumières. Les fenêtres garnies de papier rouge sont lumineuses, et vous avez un beau château éclairé *à giorno*. Voilà Palace hotel. Il faut dire cependant que l'organisation de cet hôtel est admirable. Le voyageur y est fort bien, avec le plus grand *confort* possible : belles chambres, cabinets de toilette, salle de bains et le reste. Dans l'hôtel, des salons élégants, pour les bals, les dîners et réunions de toutes sortes ; enfin rien ne manque, et c'est vraiment merveilleux.

La ville est des plus pittoresques, ses nombreuses collines en feraient un endroit impossible, mais il y a les *Câble railway* (fig. 36). Voilà le rêve réalisé pour le public, c'est là le plus agréable moyen de transport. Pas de chevaux, une vitesse égale pour les montées et les descentes, les sièges des voitures aisés d'accès et commodes, on ne peut demander mieux. Il y a de plus une quantité de ces *voitures à câbles*, de sorte qu'on n'a jamais à attendre.

La ville de San-Francisco a fait essayer graduellement ses systèmes de tramway à traction mécanique. Deux d'entre eux furent installés dans la rue Clay et dans la rue Sutter, les plus importantes de la ville. C'est M. A. S. Hallidie qui le premier a terminé en août 1873 celui de la rue Clay. Le *câble railway* de la rue Sutter n'a été achevé qu'en 1878 et a été construit par une compagnie. L'expérience ayant pleinement réussi, le système funiculaire, depuis sept années environ, a remplacé la traction par chevaux sur un certain nombre de tramways de la ville, particulièrement ceux qui font le service des rues de Californie, Geary, Presidio et de Telegraph hill (fig. 32) ; on peut donc considérer qu'il a reçu, en quelque sorte, la sanction de la pratique, et malgré toutes les difficultés d'installation qu'il entraîne, il paraît appelé à s'étendre encore davantage (1).

(1) Les détails techniques suivants sont empruntés à l'article de M. L. Baclé (voy. *La Nature*, n° 447, 24 décembre 1881).

Le tramway funiculaire emprunte la force motrice d'un câble sans fin installé à demeure dans l'axe de la voie, et qui est maintenu en mouvement sous l'action d'une machine fixe. Lorsque la voiture est mise en marche, elle saisit le câble qui passe constamment entre les rails, au moyen d'une sorte de mâchoire à griffes, elle se trouve dès lors entraînée avec lui, les roues se

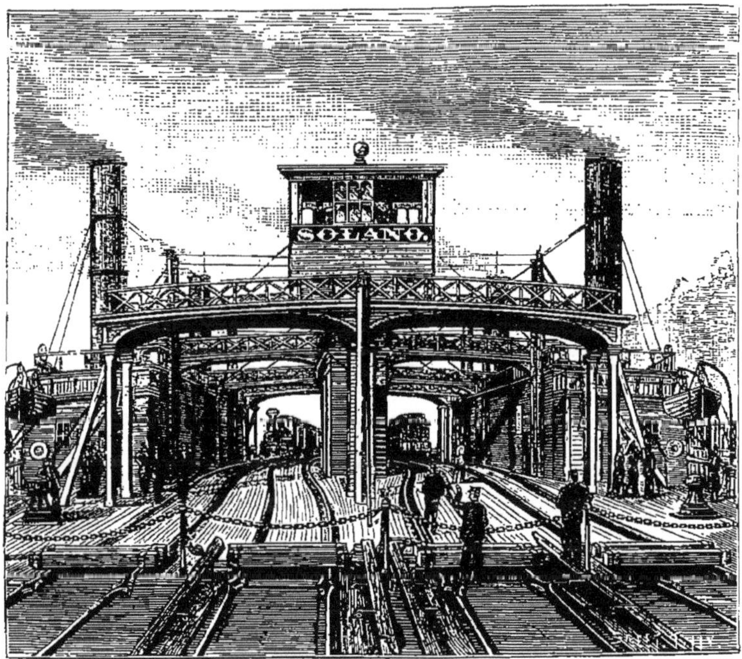

Fig. 31. — Le pont du *ferry boat*, le *Solano*, au moment de l'arrivée sur son bord d'un train de chemin de fer (page 116).

meuvent comme sous l'action d'un câble de traction directe qui serait accroché à l'avant de la voiture ; et celle-ci, arrivée à l'extrémité de son parcours, s'arrête simplement en desserrant les mâchoires qui saisissent le câble, tandis qu'il continue seul son mouvement. Pour revenir à son point de départ, la voiture s'amarre dans des conditions analogues sur le brin du câble montant par la voie de retour, et comme les deux brins se trouvent ainsi également moteurs, le poids de la voiture qui revient contribue à entraîner la voiture qui monte dans une rampe et soulage d'autant la machine fixe.

Le tramway de la rue de Californie, en 1878, et celui de la

Fig. 32. — Câble railway fonctionnant sur le *Telegraph hill* (page 116).

rue Geary, en 1880, gravissent tous, comme celui de la rue Clay, la colline de Leavenworth et celle de la rue Octavia, ils coupent tous les mêmes rues à angle droit, la pente seule varie de l'un à l'autre, en certains points elle atteint même 6 p. 100. Les deux points culminants sont élevés l'un de 320 et l'autre de 335 pieds sur la rue Clay (100 mètres environ). Leurs voies atteignent une longueur assez considérable; elles ont près de 2,000 mètres de parcours dans ces rues principales de la cité.

Les variations de pente obligent, comme on le comprend facilement, à guider le câble dans le tube par des galets supérieurs et inférieurs pour l'empêcher d'aller buter contre les parois. Dès lors il faut reporter latéralement la fente longitudinale du tube, de même que la barre d'attelage servant à supporter les mâchoires qui saisissent le câble, afin qu'elles ne rencontrent pas les galets supérieurs. La disposition adoptée est représentée sur la figure 33 qui donne la coupe du tube et la vue de ces mâchoires (coupes 1 à 3). La barre d'attelage peut glisser, comme on le voit, dans une coulisse verticale fixée sur le plancher de la voiture, elle se termine à la partie inférieure par une pièce en forme de coin qui s'élève ou s'abaisse avec elle et rapproche ou écarte les mâchoires dans ce mouvement d'oscillation. Lorsqu'on soulève la barre en agissant sur la vis, les mâchoires viennent saisir le câble, tandis qu'elles le relâchent dans le cas contraire. De chaque côté des mâchoires, sont disposées des poulies à gorge, qui sont appliquées par des ressorts en caoutchouc au contact du câble; elles servent à diriger celui-ci et à le détacher des galets sur lesquels il repose, afin qu'il reste bien dans la direction des mâchoires. Celles-ci sont presque horizontales, de même que les poulies, pour éviter la rencontre des galets supérieurs. Sur la rue Sutter, qui reste en palier dans toute sa longueur, il n'y a pas de galets dans le haut, et les pinces sont plus simples et disposées verticalement.

La barre d'attelage est en acier, elle a 138 millimètres de long et 1 centimètre d'épaisseur, elle traverse la fente ménagée dans le tube en laissant un jeu de 1 centimètre de chaque côté, cette fente ayant elle-même une largeur de 3 centimètres. Au-dessus de la glissière verticale fixée sur la voiture, cette barre se termine, comme on le voit (fig. 34), par une partie filetée, dont l'écrou fixe est commandé par une manette à la portée du mécanicien. Celui-ci est monté sur la voiture motrice, qui prend le nom de *dummy*, et il s'arrête à volonté ou se met en mouvement en tournant simplement cette manette.

Le câble est en acier, il a 7 centimètres de tour, 3,350 mètres de long sur la rue Clay, il est soutenu par des galets verti-

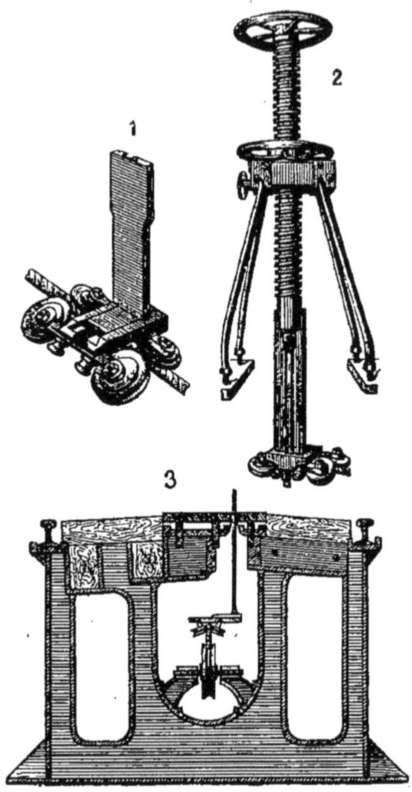

Fig. 33. — Coupes et vues détaillées du tube et de la vis supportant la mâchoire qui saisit le câble.

caux tous les 12 mètres environ; dans les tournants on a même disposé des galets horizontaux pour assurer la déviation. Le câble est tendu sous l'action d'un contrepoids de 130 kilogrammes; il reçoit son mouvement d'un tambour moteur de 2^{m},40 de diamètre, actionné directement par la machine.

Celle-ci est disposée avec sa chaudière sur la colline de Leavenworth, et le câble arrivant au haut de la colline vient passer à découvert, sous la halle motrice, pour s'enrouler sur le tambour, ce qui permet de le visiter à chaque instant et de s'assurer qu'il ne présente aucune avarie. L'installation comprend en outre une autre machine de réserve avec sa chaudière pour remplacer celle-ci en cas d'accident. Ce câble marche environ dix-sept heures par jour, avec une vitesse de 10 kilomètres à l'heure, et la consommation de charbon de la machine est évaluée à 1,700 kilogrammes.

La figure 35 représente l'installation du tube au milieu de la chaussée; on voit en même temps les rails qui servent à guider les roues des voitures. Ceux-ci sont rattachés aux nervures du tube, de manière à faire un bâti d'une grande solidité; ils présentent une forme de simple E, et ils ont un poids de 15 kilogrammes au mètre courant. La largeur de la voie, dans les rues de Clay et de Californie, est de $1^{m},06$; elle est de $1^{m},50$ sur la rue Geary. La voie est double dans toute sa longueur, comme il a été dit; elle est d'ailleurs utilisée sur une grande partie de sa longueur par d'autres voitures de tramways à traction par chevaux.

Les voitures employées sont représentées sur la figure 36, on voit que chaque train comprend une seule voiture, indépendamment du dummy ou voiture motrice, qui reçoit d'ailleurs également des voyageurs. La voiture renferme 24 places, et le dummy 16, mais on peut même faire monter jusqu'à 44 voyageurs dans l'une et 26 dans l'autre. Le dimanche et les jours de grande circulation, on met en service des voitures d'un type spécial, qui peuvent contenir, avec leurs dummies, jusqu'à 150 voyageurs; c'est alors un entassement sans pareil, le public est habitué à cet état de choses et met une grande complaisance à se ranger et se serrer davantage encore pour faire place, s'il est possible, à quelque nouveau voyageur.

La voiture s'arrête, comme nous le disions, simplement en relâchant les mâchoires qui la relient au câble; mais dans les pentes il y avait lieu de prendre certaines dispositions particulières afin de la maintenir immobile pendant l'arrêt. Elle est munie à cet effet, de même que la machine, de freins spéciaux très énergiques. En outre, une grosse traverse en bois suspendue sous le châssis, solidairement avec les sabots des freins, vient se

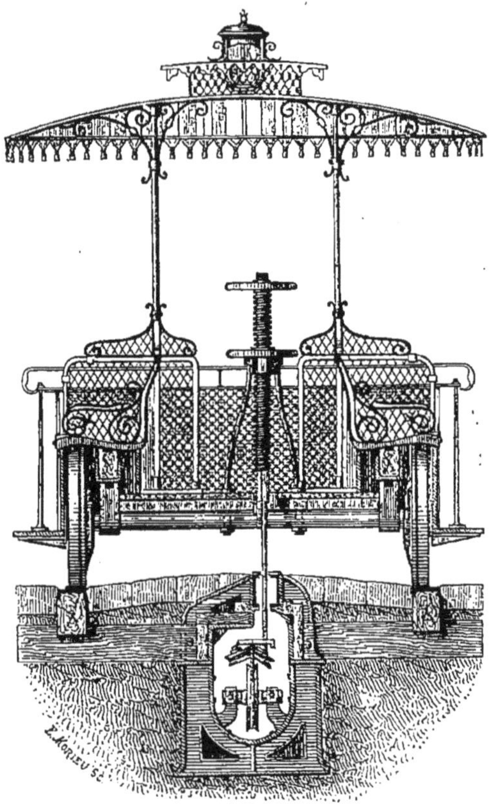

Fig. 34. — Vue de tête de la voiture et de la vis qui commande les mâchoires (page 122).

placer en travers, au-dessous des roues, de manière à les caler. De plus, un autre frein de détresse est muni de mâchoires qui viennent s'amarrer sur les rails et immobilisent la voiture. Dans ces conditions, le service s'opère avec une grande sécurité, et on évite tout accident aux arrêts.

Les voitures se succèdent toutes les cinq minutes dans la matinée, et toutes les minutes dans l'après-midi ; le nombre des voyageurs transportés chaque jour atteint 13,500. Le prix du trajet est de 25 centimes.

L'entretien du tube ne paraît pas entraîner trop de difficultés dans une ville comme San-Francisco, dont le climat est assez doux; mais dans un pays froid il semble qu'il se remplirait bientôt d'eau, de boue et surtout de neige en hiver, et qu'il se trouverait par là hors de service. M. A. S. Hallidie espère toutefois qu'on pourrait le curer facilement en chauffant le tube, et il ajoute qu'il serait possible de se servir du câble pour y atteler un chasse-neige et déblayer rapidement la voie. Les essais qu'on a faits à Chicago ont été couronnés de succès et il semble qu'il en sera de même à New-York. Ces deux villes sont cependant sous une latitude plus froide que celle de San-Francisco.

On rencontre encore, d'ailleurs, une autre difficulté qui sera toujours un obstacle à l'adoption du système sur un réseau complet de tramways, car il est à peu près impossible d'avoir deux voies qui se croisent et même de les bifurquer sur un tronc commun en un point écarté de la machine motrice. Il faudrait en effet loger deux câbles dans le même tube, ce qui introduirait de nouvelles et nombreuses complications.

San-Francisco possède encore des tramways à chevaux et des voitures. Le mouvement des rues est considérable, moins fort cependant qu'à New-York. Rien n'est plus agréable pour le touriste que de prendre les *Câble railway*. Ils vous font parcourir cette ville si pittoresque par des montées et des descentes sans fin, toutes pleines d'aperçus variés et de vues délicieuses de la baie.

On arrive ainsi à *Golden Gate* où se trouve un parc dessiné à l'anglaise avec beaucoup de goût ; il est rempli de fleurs et d'arbres rares du pays. Des serres magnifiques y sont installées, on y admire avec plaisir les plus belles plantes des tropiques. Un petit chemin de fer spécial vous conduit de ce joli endroit, qui sera bordé plus tard de villas et d'hôtels semblables à ceux que nous voyons chaque jour autour du parc Monceaux, à l'un des points les plus à la mode de San-Francisco. C'est là que se trouvent, à 12 kilomètres environ de distance, un restaurant et un hôtel énorme, le *Cliff house*, qui possède une terrasse splendide en vue de la mer.

Les habitants de San-Francisco viennent journellement se promener sur cette plage magnifique pour contempler les eaux d'azur du Pacifique et jouir en même temps d'un spectacle qui ne manque pas d'originalité.

Du haut des terrasses de *Cliff house* on voit trois grands rochers pointus qui s'élèvent au-dessus des eaux, à 150 mètres de

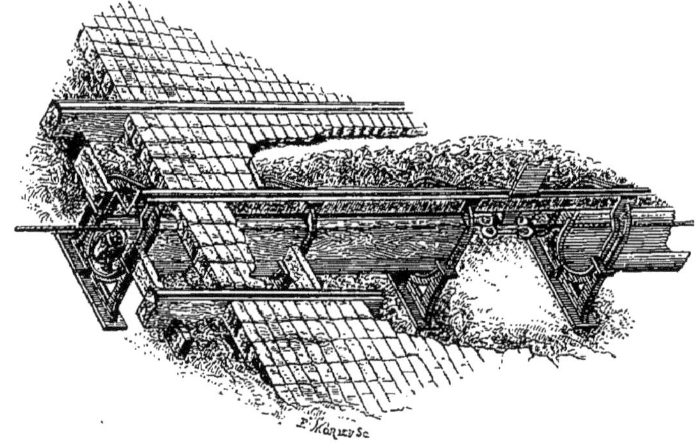

Fig. 35. — Vue longitudinale du tube installé dans la chaussée de la rue (page 124).

distance environ. Ils sont littéralement couverts de lions marins qui hurlent et aboient à qui mieux mieux. C'est un concert bruyant et fort étrange, accompagné par la musique monotone que font les vagues dont l'écume blanche recouvre les rochers à tous moments.

Ces animaux se livrent à toutes sortes d'exercices de natation qu'on ne saurait imaginer, puis ils viennent ramper le long des rochers, à l'aide de leurs nageoires, pour chauffer leur ventre argenté aux rayons du soleil. Les oiseaux de mer ont choisi également ces trois récifs pour y établir leur nid. Ils vivent en paix avec les nombreux lions de mer qui viennent s'y reposer; il y en a d'ailleurs toute une armée, car on peut certainement en compter, à l'aide de la lorgnette, plus d'un millier.

C'est surtout le dimanche que *Cliff house* et sa plage sont le plus fréquentés; le public y vient alors en foule et les lions de mer ont toujours grand succès. Ils sont malheureusement destinés à des persécutions terribles. Ils ont le grand tort de faire concurrence aux pêcheurs du rivage et détruisent une quantité si grande de poissons qu'on parle sérieusement de faire un massacre général.

Bientôt sans doute on n'entendra plus, de la terrasse de *Cliff house*, le concert donné par ces beaux animaux de l'océan Pacifique, ils seront détruits ou bien ils devront émigrer et choisir des récifs éloignés où les hommes ne pourront pas les tourmenter.

Une des grandes curiosités de San-Francisco est *China town*. La colonie des Chinois est fort intéressante à visiter, et c'est certainement ce qu'il y a de plus amusant à San-Francisco. Je ne sais pourquoi cet endroit a la réputation d'être affreux, ignoble de saleté. Les Chinois sont des êtres détestables, m'a-t-on dit souvent, on devrait les chasser d'Amérique, puis on me faisait toutes sortes de récits épouvantables sur leur compte. Il me semble que cela est bien exagéré. La grande raison de la haine consiste en ceci : les Chinois travaillent presque pour rien, et le peu qu'ils gagnent est conservé par eux. Lorsqu'ils ont économisé une petite fortune bien minime, ils rentrent dans leur patrie. Les Américains disent qu'ils font du tort à leurs compatriotes en travaillant à bas prix, ce qu'ils ne sauraient faire eux-mêmes, et qu'enfin ils emportent leurs dollars en Chine, sans en laisser une parcelle aux États-Unis. On voit cependant partout les traces de l'utile travail des Chinois, c'est le plus pénible qu'ils acceptent, qu'ils exécutent patiemment et sans se plaindre.

Située dans le centre de la ville, China town possède une rue principale d'une grande gaieté. Bordée de petites boutiques arrangées à la chinoise, on dirait une foire perpétuelle. Les marchands de feux d'artifice, les bijoutiers-horlogers, les fruitiers, les marchands

Fig. 36. — Vue d'ensemble de la voiture d'un tramway funiculaire de San-Francisco (page 124).

d'étoffes, rivalisent de zèle pour leur devanture toujours propre et brillante, ornée d'affiches chinoises de couleurs éclatantes, et de lanternes bariolées. Dans tout cela, une foule de Chinois vêtus très proprement avec leur tunique de soie noire et leur calotte cachant leur crâne rasé, puis enfin leur longue queue. On entre dans les magasins, dans les cafés où les Chinois fument l'opium, dans les petites ruelles où ils habitent, sans être aucunement contrarié. Dans le théâtre de China town, on jouait une pièce à grand succès. C'est une salle de 400 à 500 personnes, elle est ornée très simplement; des banquettes au rez-de-chaussée et une galerie au premier étage. Parmi les spectateurs, j'étais, je pense, le seul Européen; tous les Chinois paraissaient s'amuser beaucoup. L'Européen ne comprenait rien à la pièce, mais la vue des brillants costumes des acteurs, la musique, et la joie des autres spectateurs, tous du sexe masculin, suffisaient amplement à sa curiosité. Sur la scène, il n'y a point de décors, le principal ornement est l'orchestre placé au centre ; il est composé de tamtams, de cithares et d'instruments de bois très sonores. La musique ne s'arrête guère et fait un bruit assourdissant; elle accompagne la voix des acteurs qui psalmodient ou chantent dans un ton très élevé. Les personnages de la pièce jouent devant l'orchestre ; ils peuvent sortir de la scène par des baies munies de portières d'étoffe placées de droite et de gauche, et quelques spectateurs sont assis, comme dans l'ancien temps, sur les bas côtés du théâtre. Quant à la pièce, elle représentait, je crois, une lutte entre des rois et des reines. Les dieux du ciel et de l'enfer se mêlaient à ces disputes et finissaient par juger le différend à la grande satisfaction du public. Les costumes et surtout les masques des guerriers et des dieux étaient fort curieux. Les étoffes de satin brodé de plaques dorées et orné de rondelles de mica faisaient, à la lumière du gaz, un effet superbe, de sorte que le coup d'œil d'ensemble était charmant.

Il y a quelques endroits misérables de la colonie chinoise, qu'il est bon de visiter en compagnie d'un homme de la police; on voit ainsi les salles où vont coucher tout un groupe de Chinois, dans des salles basses et sans air. Cela est le côté affreux de cette colonie bizarre. Comment peuvent-ils vivre ainsi empilés, y passer la nuit et dormir? C'est une odeur répugnante et malsaine. Il y a, depuis peu, des ordonnances de police pour défendre ces tristes et misérables asiles.

Les rues de San-Francisco, dans les quartiers américains, sont remplies de boutiques élégantes, et partout, le soir, il y a des distractions de toutes sortes. Un grand nombre de petits cafés concerts sont installés dans les sous-sols des maisons de quelques-unes des principales rues. Ce sont des endroits très vulgaires, mais ils ne manquent pas de gaieté. J'ai voulu entrer dans quelques-uns d'entre eux. On y joue de petits vaudevilles et l'on y chante des chansonnettes d'une façon déplorable; est-ce nécessaire de le dire? mais les bravos et l'enthousiasme ne règnent pas moins dans la salle, et les artistes doivent croire, vu leur succès, qu'ils ont réellement quelque talent. Dans le grand théâtre, le *California theatre*, on donnait la représentation d'une grande pièce militaire, *le Vétéran*. Des soldats français étaient vainqueurs dans une ville quelconque d'Orient et l'intrigue n'était pas très nouvelle; une sultane et une indienne étaient toutes deux amoureuses d'un officier français à qui il arrivait les péripéties les plus invraisemblables.

Un public très élégant remplissait cette grande salle, construite à la mode américaine et décorée, il faut l'avouer, avec un goût détestable.

Quand on a marché de tous côtés, dans la journée, pour être un peu présentable le soir, il est facile de rentrer à l'hôtel pour réparer le désordre de sa toilette, mais la grande question est la chaussure. Aucun domestique ne consentirait à vous cirer vos bottes; il en est de même d'ailleurs dans tous les États-Unis. Pour eux, c'est chose déshonorante, c'est la besogne des nègres, peut-être encore des pauvres Italiens, mais des Américains, jamais!

Dans le sous-sol des hôtels, il y a donc des nègres pour cette besogne, et les rues sont pleines de petites boutiques, où les habitants viennent s'asseoir sur de bons fauteuils. Ils lisent les journaux, pendant que le nègre polit leurs chaussures et brosse leurs habits pour la modique somme de cinq sous (fig. 37).

Avec tous ces centres divers de distraction, il y a encore aux extrémités de la ville de jolis jardins qui servent pour les concerts en plein air ou les bals publics. Les *Woodwards gardens* entre autres sont des plus courus.

Le directeur donne des fêtes de nuit. Il y a des spectacles de

Fig. 37. — La boutique d'un cireur de bottes à San-Francisco (d'après nature).

toutes sortes, des serres pleines de belles fleurs, un aquarium, des collections d'animaux empaillés, des phoques et des serpents à sonnettes vivants, une ménagerie, une chambre noire qualifiée de magique, un restaurant, etc. Au milieu de cet ensemble, un jeu pour les enfants m'a paru charmant. C'est le *Rotary boat.* Je l'ai figuré par un croquis (fig. 33). Dans un petit bassin orné de plantes aquatiques, on a installé une sorte de bateau circulaire muni de banquettes. Cent personnes environ, mamans et bébés, peuvent s'y asseoir. On descend fort aisément dans ce bateau d'un nouveau genre ; il est placé presque au niveau d'un quai de départ, sur lequel est construit un charmant débarcadère orné de bancs pour les parents, et abrité par des arbres. Il y a trois mâts avec des voiles que le vent gonfle assez souvent et qui aident à faire tourner la machine, puis des rames sont attachées sur les bords intérieurs de la barque tournante. Les enfants rament à qui mieux mieux et la font mouvoir ainsi eux-mêmes, aussi vite qu'ils peuvent, en riant et en poussant des cris de joie. Ce bateau annulaire est maintenu par un pivot central caché dans les fleurs à l'aide de six fils de fer. Il ne peut pas verser, bien entendu ; d'ailleurs le bassin sur lequel il est installé a fort peu de profondeur. Dans le jardin public d'Edimbourg se trouve aussi, paraît-il, un jeu semblable, c'est sur celui-là même que le *Rotary boat* des Woodwards garden a été copié.

Autour de San-Francisco, des excursions sont à faire en grand nombre.

Il est difficile de dire le charme enchanteur qu'un séjour de quelques jours à l'hôtel del Monte à Monterey, sur les côtes du Pacifique, peut offrir au voyageur, car, en France, dans nos villes d'eaux, nous n'avons rien de pareil. Le jardin surtout avec ses masses de fleurs, qui seraient rares en nos climats, et ses oiseaux-mouches aux éblouissantes couleurs, ses arbres magnifiques, chênes verts aux ombrages sombres, ses pins séculaires, etc., semble être le jardin d'Armide.

Sous les feuillages, des jeux de toutes sortes sont installés pour les jeunes enfants. Un skating rink surtout, installé dans un délicieux pavillon, était l'endroit préféré des bébés de cinq ans à dix ans ; on les voyait patiner et s'en donner à cœur joie, tout en faisant l'admiration des mamans. Sous les chênes, de grands espaces entourés de planches sont garnis de sable de grès blanc, les bébés s'amusent encore sans salir le reste des jardins. Puis des jeux de balles, des balançoires, etc. On fait ici beaucoup pour le plaisir des enfants et en même temps on les pousse ainsi aux exercices de toutes sortes capables de leur donner de la vigueur et de les développer.

Au bord du rivage, des piscines superbes sont installées pour prendre des bains de mer chauds, elles forment de grands jardins d'hiver où les baigneurs peuvent se promener à l'aise. Situées tout auprès des bains de mer ordinaires, elles forment un ensemble complet où le plus grand confort règne d'une façon admirable.

Le soir, les familles se réunissent dans les salons de l'hôtel et les bals pour les jeunes gens commencent. Si je parlais tout à l'heure des fleurs du jardin, que pourrais-je dire des jeunes filles qui vivent dans ce séjour charmant? Il y en avait bien cinquante environ, en robes blanches et dansant gaiement. Un véritable flot de rubans et de mousseline. Presque toutes jolies, quelques-unes d'une rare beauté. Les jeunes danseurs semblaient fort heureux, il faut leur rendre justice, et c'était vraiment un ravissant spectacle qui, malheureusement, ne dure pas longtemps. A onze heures du soir la récréation est finie, les jeunes gens surveillés par la famille doivent aller se reposer des fatigues de la journée.

La plage de Monterey est remarquable par les vues diverses de l'océan Pacifique. Les arbres et la végétation ne s'arrêtent que sur les bords mêmes de la mer. On ramasse des coquillages et on cueille des fleurs tout à la fois, ayant presque les pieds dans l'eau. La côte de Pescadore avec ses antiques cyprès tourmentés par le vent et ses rochers s'avançant dans l'Océan forment des scènes superbes, qui laissent dans l'esprit des traces ineffaçables.

Dans les bois de pins situés près de la pointe de la baie, un parc réservé aux personnes peu aisées de San-Francisco ou des environs est fort intéressant à visiter à cause de son installation. Nous n'avons rien de pareil en nos pays. Je vois sous les ombrages une quantité de grandes tentes de toile blanche ; beaucoup sont habitées par des familles complètes, il y en avait peu encore à louer. Dans ce campement original, le public trouve les restaurants nécessaires ou les provisions qu'il faut pour faire sa cuisine soi-même sous les arbres ou dans sa tente. Le soir, des musiciens ambulants viennent; on danse sur l'herbe au milieu des lanternes chinoises accrochées dans les arbres pour le bal, et ce sont des concerts qui se prolongent quelquefois bien avant dans la soirée.

Les bords de la mer sont splendides à visiter, mais ils ont aussi un autre intérêt.

Le commerce des coquillages, sur les côtes du Pacifique, en Californie, a une importance assez considérable. Les rivages qui avoisinent l'hôtel de Monterey sont des régions où les récoltes sont abondantes.

Les colons chinois surtout s'occupent de cette besogne souvent pénible. Ils vivent pauvrement, au bord de la mer, dans des huttes en bois des plus primitives et, après plusieurs années de cette existence sauvage et isolée, ils rentrent dans leur lointain pays avec leurs économies.

La France est le pays où l'importation des coquilles nacrées est la plus importante; l'Allemagne, la Belgique, la Hollande et l'Angleterre viennent ensuite.

Les coquillages sont vendus par les pêcheurs, à San Diego, San Pedro et Santa Barbara, et les navires les exportent en Europe où ils sont fabriqués de mille façons. Ils sont transformés alors dans nos usines, en manches de couteaux, ou pour les fournitures de harnais, les boutons, les bijoux, les éventails, etc., etc.

Le centre principal de ce commerce est Los Angeles. Un israélite français a créé dans cette ville une maison considérable, paraît-il, où les pêcheurs vont en foule, toujours certains d'avoir leur récolte payée exactement et reçue sans difficultés.

Ce commerce prend en Californie des proportions énormes, il s'élève à plusieurs millions de francs par année. Une maison de Los Angeles envoie, entre autres, à une des premières fabriques de Paris, avec laquelle elle a signé un contrat depuis l'année 1882, une livraison régulière de 40 tonnes de coquilles nacrées tous les soixante jours.

Fig. 38. — Le bateau-annulaire (rotary boat) dans *Woodwards Gardens* (d'après nature) (page 133).

Le transport par chemin de fer de 200 tonnes de coquilles de Los Angeles à Philadelphie s'élève à 150 francs, tandis que le prix de chargement pour la même quantité de San Pedro au Havre n'est que de 58fr,75.

Cette différence énorme de 91fr,25 en faveur de l'Europe préoccupe les États de Californie. Les Américains désireraient profiter de ce commerce de coquilles et garder chez eux les millions qu'ils envoient en Europe. Ils ont, heureusement pour nous, lutté inutilement jusqu'à présent contre des habitudes et des préjugés difficiles à détruire. Nous devons cependant nous

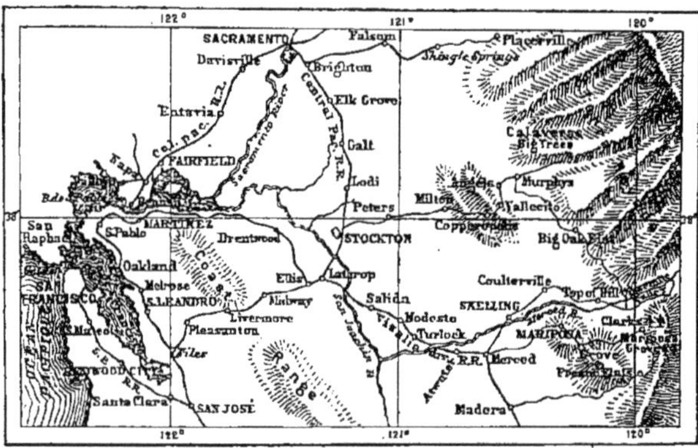

Fig. 39. — Carte de l'excursion à *Mariposa Grove* et à la vallée de la Yosemite (Californie) (page 140).

attendre bientôt à perdre cette branche intéressante de l'industrie française qui sera exploitée tout entière en Amérique.

Si les excursions sont belles autour de San Francisco, il faut avouer qu'elles ne sont pas toujours aisées à exécuter. Pour les dames surtout, la fatigue est grande. Les forêts de Mariposa et les *big trees*, la vallée de la Yosemite sont des lieux dont le monde entier a entendu parler. Leur réputation est loin d'être exagérée ; il y a sur la terre des sites merveilleux. Les poètes les ont chantés, les artistes les font connaître avec leur pinceau, et cependant leurs œuvres ne donnent point encore un aperçu de la réalité. On va dans ces lieux enchantés! Ils sont encore plus beaux que toutes les descriptions qu'on pourra faire. C'est ainsi que les régions du mont Blanc, le cirque de Gavarnie avec le mont Perdu et les vallées qu'il domine, tant d'autres grandioses paysages enfin, ne pourront jamais craindre de récits exagérés. La Yosemite et Mariposa sont du nombre.

De San-Francisco on prend le chemin de fer pour Madera. La carte (fig. 39) indique l'itinéraire qu'on doit suivre pour faire l'excursion complète. On y achève à peine la dernière partie de la nuit, car dès l'aurore, à cinq heures et demie du matin, un grand char à bancs, capable de contenir dix-huit à vingt personnes, attelé de six chevaux, vous entraîne au milieu de la poussière à travers les champs déjà récoltés. Nous suivons longtemps le curieux aqueduc de bois de 66 milles de longueur qui amène l'eau aux habitants de Madera, et nous entrons enfin dans les montagnes. Pour arriver à Clarks, où se trouve l'Hôtel des touristes, des relais fréquents sont organisés par le service de la poste, car notre voiture, pleine de voyageurs, sert encore à porter les lettres et les menus paquets. Nous changeons ainsi dans le courant de la journée jusqu'à six fois nos chevaux.

De Madera à Clarks, il faut donc en utiliser trente-six pour faire le voyage. De vastes écuries sont installées sous des hangars construits en planches avec les arbres de la forêt, ainsi que des greniers à foin pour les animaux. Sur les portes de ces bâtiments, je remarque des trophées curieux. Ce ne sont plus, comme chez nous, des chauves-souris ou des oiseaux de nuit qui sont cloués sur le bois, mais bien des peaux de serpents à sonnettes que les palefreniers ont empaillés tant bien que mal après les avoir tués dans les rochers. Ces reptiles, d'après les échantillons que j'ai vus ainsi, sont beaucoup plus développés en Californie que dans la province de l'Utah. Plusieurs de ces peaux n'avaient pas moins de 2 mètres de longueur. Si les Américains pensent aux chevaux, ils n'oublient pas non plus les voyageurs. A côté des écuries, des maisons de bois couvertes de plantes grimpantes sont prêtes pour vous abriter, et l'on vous y prépare les

Fig. 40. — Cabane de bois d'un gardien des *Big trees* de *Mariposa Grove* (Californie) (page 144).

repas nécessaires qu'il faut prendre dans la journée. Les lavabos et les toilettes indispensables par suite de la poussière des chemins y sont également installés ; mais tout cela est bien primitif d'arrangement. Il ne faut pas penser au luxe et au confortable dans ce voyage de quelques heures.

Les deux premières parties de l'excursion sont presque insignifiantes. Roulés déjà depuis dix heures dans notre char à bancs, défigurés par la poussière, le découragement commençait. Nos pauvres compagnes de voyage avaient encore du courage, mais la gaieté et l'enthousiasme diminuaient à vue d'œil. Nos chevaux courent toujours cependant, nous entrons enfin dans les régions intéressantes.

Voici des chênes verts séculaires au noir feuillage, des montées et des descentes continuelles pleines d'aperçus pittoresques de la Sierra Nevada.

La fatigue et ses ennuis sont alors oubliés; dans notre voiture c'est un réveil complet. Les dernières lueurs du jour, avec leur reflet d'incendie, éclairent les arbres de la forêt de Mariposa. Un nombre incalculable de pins de 40 et 50 mètres de hauteur, d'une grosseur déjà considérable, semblent nous fermer la route, leurs troncs rougeâtres s'élèvent droit comme des piliers de cathédrale, pour soutenir une voûte magnifique toute formée d'un feuillage épais.

Nous avons aussi de temps à autre des éclaircies qui nous montrent l'immensité de la forêt voilée déjà par les nuages blancs, les brumes argentées du crépuscule.

A huit heures du soir nous arrivons à Clark's hôtel avec la nuit complète. Il y avait quatorze heures que nous avions quitté Madera, nous voici à 1,000 mètres au-dessus du niveau de la mer.

La situation de l'hôtel est délicieuse, il est au milieu d'une vallée pleine d'une herbe verdoyante toute parsemée de fleurs, au bord d'un cours d'eau limpide avec les grandes forêts pour cadre. Le propriétaire de l'hôtel me donne obligeamment tous les renseignements pour que je puisse partir, dès le lendemain, à cheval, visiter la région des *Big trees* ou *Mariposa grove*.

La destruction de ces forêts superbes semblait imminente. Un certain nombre de Californiens, excités par l'appât du gain, avaient déjà organisé l'abatage des séquoias. La dévastation commençait, mais les États de Californie, heureusement, prirent des mesures pour empêcher de pareils actes de vandalisme. Ils mirent un terme au pillage de ces admirables curiosités naturelles en faisant une loi de protection. Les immenses séquoias et les forêts qui les entourent sont devenus propriété nationale, ils n'ont plus à craindre les effets d'une spéculation barbare.

Les États de Californie ont depuis quelques années fait de grandes dépenses dans ces forêts uniques peut-être au monde. Quelques chemins bien dirigés au travers des arbres donnent un accès facile aux voyageurs. Ils peuvent parcourir les plus beaux endroits en voiture, et des sentiers sont tracés pour les piétons.

Des gardiens habitent aussi sous les arbres dans des cabanes de bois, pour surveiller et empêcher les dégradations faites par le public ou les Indiens (fig. 40). La végétation est partout remarquable, les pins de 3 et 4 mètres de grosseur abondent, mais c'est à une distance de 6 milles de l'hôtel Clarks que les séquoias commencent seulement à être vus ; ces géants de la forêt vous écrasent de leur grandeur. J'approchais avec mon cheval de ces produits merveilleux de la nature. Le moindre tronc de ces arbres inouis atteint les dimensions de 8 et 10 mètres de diamètre. Avec les grosses racines situées à la base du séquoia, il faut faire un parcours de 30 ou 40 mètres pour achever de le tourner, c'est à peine croyable.

Dans la notice publiée par M. J.-D. Whitney, sous les auspices du *Geological Survey of California*, une liste des principaux arbres de *Mariposa grove* et de *Calaveras* avec leur dimension exacte de grosseur et de hauteur donne bien l'idée de ce que peuvent être de semblables forêts. J'en détache quelques-uns des numéros les plus intéressants. A Mariposa, l'arbre n° 15 a 90 mètres de hauteur et une circonférence de 20 mètres à partir du sol, il est remarquable par ses formes régulières ; le n° 245 a 90 mètres de hauteur, 27 de circonférence à partir du sol et

Alb. Tissandier. 10

Fig. 41. — Bal donné sur le tronc d'un *Sequoia gigantea*, de Calaveras grove (d'après une gravure américaine).

22 mètres à 2 mètres au-dessus du sol; il est brûlé d'un côté. D'autres encore, les nos 304 et 330, sont notés comme ayant l'un 9 mètres de diamètre, mais il est malheureusement brûlé sur un de ses côtés, c'est le plus gros de Mariposa; l'autre est splendide, il a 33 mètres de circonférence à partir du sol, mais il est aussi brûlé en bien des endroits. A Calaveras, les séquoias ont reçu des noms : le *Keystone state* a une circonférence de 15 mètres à 2 mètres au-dessus du sol, et 108 de hauteur; le *General Jackson* a 19 mètres de circonférence à 2 mètres au-dessus du sol et 110 mètres de hauteur, etc.

On voit que les arbres de Calaveras sont plus hauts généralement que ceux de Mariposa, mais cette différence est peu sensible pour les yeux des voyageurs.

Les récits plus ou moins exacts et même exagérés dont cet arbre gigantesque fut l'objet, il y a une vingtaine d'années, passionnèrent la presse horticole des deux mondes. Chaque nationalité revendiquait la priorité baptismale du gros arbre américain.

La fièvre de l'or, importée du nouveau continent, faisait alors de terribles ravages dans les cerveaux européens, et les nombreuses émigrations qu'elle provoqua en Californie n'avaient qu'un unique but. Aussi, bien que plusieurs voyageurs eussent déjà parcouru ce merveilleux pays, cet arbre resta-t-il inaperçu pendant longtemps aux yeux des étrangers, malgré sa stature remarquable.

C'est à l'infortuné G. Douglas, qui devait quelques années plus tard périr d'une façon tragique en poursuivant ses explorations botaniques, qu'on doit la découverte du *Sequoia gigantea*. Les renseignements fournis par ce voyageur parurent si extraordinaires, qu'ils furent publiés alors dans le *Gardner's chronicle*, par les soins d'un botaniste anglais d'un grand mérite, le docteur Lindley. Mais Douglas ne put faire connaître autrement que par un récit son heureuse découverte. Ne put-il pas atteindre les rameaux élevés de cet arbre colossal? C'est ce qu'on peut croire; toujours est-il qu'il crut tout d'abord devoir le rapporter au genre *Taxodium*.

L'erreur ne tarda pas à être rectifiée, mais il y eut bientôt une dispute curieuse entre les savants botanistes des deux mondes. L'arbre étudié et reconnu comme espèce nouvelle devait recevoir un nom officiel. Le botaniste anglais le nomma *Wellingtonia*, l'Autrichien Endlicher le baptisa du nom de *Sequoia*, l'Américain prétendit que ce géant ayant été découvert sur le sol des États-Unis devait s'appeler *Washingtonia*. On voit que pour nommer cette conifère gigantesque il y a véritablement l'embarras du choix.

Après les récits des savants qui avaient pu visiter ces régions, vinrent ensuite des échantillons qu'on put mettre sous les yeux du public.

Au Palais de Cristal, en 1855, les Américains avaient fait un véritable tour de force; ils amenèrent de la Californie, sur des navires, des plaques d'écorce de *Sequoia*, qui, rapprochées et superposées suivant un certain ordre, reconstituaient le tronc de l'arbre jusqu'au sommet du palais de l'exposition. La vaste salle que formait le vide intérieur permettait à trente personnes de se tenir à table dans cet espace. Un incendie, malheureusement, a détruit cette curieuse construction qui donnait si parfaitement l'idée de ces véritables monuments de la nature. A l'exposition de San-Francisco on admirait aussi un cylindre d'écorce qu'on avait pu enlever tout d'une pièce. Il avait 8 mètres de hauteur et on l'avait placé debout; il formait ainsi une chambre circulaire. Des canapés et des fauteuils, un piano en étaient les principaux ornements : quarante personnes pouvaient prendre place dans ce salon d'un nouveau genre. Un jour même, paraît-il, cent quarante enfants purent y entrer sans qu'ils y fussent gênés.

Dans une gravure américaine, reproduite fidèlement (fig. 41), on voit un séquoia gigantea de *Calaveras grove* qui a été scié à l'aide d'un mécanisme spécial. Cet arbre avait à sa base 33 mètres de circonférence, près de 11 mètres de diamètre. Lorsque ce géant végétal fut tombé, quelques touristes présents à cette opération organisèrent un orchestre, et un bal eut lieu sur le

Fig. 42. — Fragment de branche de Séquoia, grandeur naturelle (d'après nature).

vaste plancher massif formé par la section du tronc renversé.

Pour abattre un séquoia de ce genre, il fallait exécuter un travail peu ordinaire. On m'a dit que six bûcherons avaient été occupés pendant près de trente jours à cette besogne. Ils perçaient le tronc de nombreux trous fort rapprochés les uns des autres. L'arbre arriva peu à peu ainsi à se trouver en équilibre, seulement par son poids. Aidés de nouveaux bûcherons, ils tirèrent les cordages qu'on avait amarrés autour du tronc. La chute du géant fut émouvante, presque effroyable à voir, puis on travailla à la décortication du tronc, ce qui demanda encore plus de vingt jours de travail.

Plusieurs échantillons de cette écorce furent envoyés dans les Musées de l'Europe. Le Jardin des plantes en possède quelques fragments; ils ont 30 à 40 centimètres d'épaisseur.

Les botanistes du pays donnent aux arbres de Mariposa un âge qui dépasse les limites de l'imagination. D'après les observations faites attentivement sur quelques troncs renversés par les vents ou les orages, on a pu compter les différents cercles marqués sur le bois même, ce sont autant de preuves du nombre de siècles qu'ils ont vus. On a pu constater qu'ils avaient 2,000, 3,000 années et quelquefois plus encore. Si le tronc est immense, la hauteur du séquoia n'est pas moins extraordinaire, la cime atteignant 100 mètres et plus, comme on le voit à Calaveras.

Le bois de séquoia est d'ailleurs d'excellente qualité. Il est homogène, quels que soient la taille et l'âge de l'arbre, léger, élastique, rougeâtre et susceptible d'un beau poli. Il se fend dans une direction rectiligne parfaite et est d'une longue conservation; il ne se fend pas au soleil.

L'écorce rouge, semblable à un feutre épais, est superbe de couleur, vigoureuse et pleine de sève; elle s'élève nue avec l'arbre jusqu'à une hauteur de 40 mètres environ. Les branches commencent alors; elles se multiplient et, toutes couvertes d'un feuillage menu et délicat, ornées de leurs nombreux fruits (fig. 42), elles complètent cette œuvre étonnante que les siècles accumulés n'ont pu détruire. On peut voir (fig. 43) celles du

Grizzly giant, l'un des arbres les plus célèbres de Mariposa. C'est un de ceux qui ont malheureusement le plus souffert des incendies. Ses premières branches n'ont pas moins de 2 mètres de diamètre (pour nous elles passeraient déjà pour des arbres admirables). Prise sur le sol même, sa circonférence est de 31^{m},18 ; à 3^{m},65 du sol, au-dessus de la naissance des racines, elle atteint encore 21^{m},08. Son diamètre, à cette hauteur, serait donc de 7 mètres environ. Une maison de cinq étages de Paris s'élève au-dessus du sol d'un boulevard à près de 27 mètres environ ; placée à côté du *Grizzly giant* sur le dessin et gravée à la même échelle que le séquoia, on peut comparer et se mieux rendre compte de la taille fantastique de ces arbres extraordinaires.

Les séquoias croissent souvent fort près les uns des autres, ils se touchent presque quelquefois et semblent s'élever côte à côte jusqu'aux nues.

On ne peut comprendre tout d'abord la grosseur de ces *Big trees*. Entourés d'arbres de diamètre déjà extraordinaire, ils ne paraissent énormes que lorsqu'on est tout auprès ; alors on éprouve un étonnement sans pareil (Pl. VI).

Il y en a un grand nombre dans cette partie de la forêt : deux ou trois cents peut-être. On peut distinguer de loin leur tronc rouge, quoiqu'ils soient entourés encore de pins de plusieurs espèces : le *Picea grandis*, le *Libocedrus decurrens*, le pin argenté, etc., qui atteignent des dimensions énormes. Les branches et les troncs de ces arbres sont couverts en partie du lichen (*Chlorea vulpina*, Nyl.). Sa couleur vert jaunâtre produit un effet extraordinaire dans la forêt. C'est un spectacle inimaginable, et, sous ces ombrages épais, on se sent un bien petit être. Ces paysages sont trop grands pour les hommes.

Le sol de la forêt est un tapis de mousse épaisse, pleine de fleurs et d'arbrisseaux dont les teintes font rêver. Dans le demi-jour de ces dessous de bois croissent des lis blancs et rouges, des azalées aux délicates couleurs, et le *Mimulus moschatus*, au doux parfum de musc, embaume le touriste affolé par l'admiration.

LES SEQUOIAS DE MARIPOSA (SIERRA NEVADA DE CALIFORNIE) (d'après une photographie).

Fig. 43. — Le *Grizzly Giant*.

Le botaniste, M. Bolander, cite dans sa nomenclature de la forêt, parmi les plantes les plus remarquables : le *Rudbeckia californica*, Gray ; l'*Aconitum nasutum*, Fischer ; l'*Anisocarpus Bolanderi*, Gray ; l'*Epilobium angustifolium ;* le *Veratrum californicum,* etc.

Les séquoias se trouvent jusque dans le haut de la montagne, à 1,800 mètres environ au-dessus du niveau de la mer. Quelques-uns de ces arbres immenses ont été renversés; on est étonné de voir le peu de développement de racines qu'il faut pour maintenir en équilibre une masse semblable. D'une grosseur d'abord énorme, à la base du tronc, les racines diminuent rapidement et rampent à la surface de la terre, s'enfonçant à peine dans le sol. L'arbre se trouve soutenu ainsi par une sorte de plateau de terre et de mousse, maintenu par le réseau formé par les branches souterraines. Renversé par les orages, il soulève avec lui cette large motte dont on peut voir alors aisément les moindres détails.

Presque tous les séquoias de Mariposa ont été incendiés, il est rare d'en voir un intact. Les Indiens y mettaient le feu autrefois, malgré cela l'arbre a vécu. On peut entrer dans l'intérieur du tronc de quelques-uns d'entre eux et les traces d'incendie se voient fort haut dans l'arbre. Il semblerait qu'on se trouve dans une immense cheminée d'usine. La sève si puissante du séquoia a continué, malgré tout, à donner la vie aux branches supérieures et une écorce nouvelle tend à recouvrir peu à peu les parties brûlées. L'un des arbres les plus curieux comme exemple de force vitale extraordinaire, est celui dont le tronc a été coupé dans son axe. Une ouverture de 3 mètres environ sur une longueur de 9 mètres, dimension du diamètre de l'arbre, a été pratiquée pour qu'une calèche attelée de deux chevaux pût aisément passer avec les touristes et le cocher. Ce tunnel ne paraît pas avoir fait souffrir le séquoia, la sève circule encore assez dans les bas côtés du tronc et les branches sont toujours couvertes de leur belle verdure.

Lorsqu'on a passé sous cet arbre, situé presque en haut de la montagne de *Mariposa grove*, il faut pendant quelques moments encore continuer l'ascension. Un spectacle inouï vous attend lorsqu'on arrive au but. La vue extraordinaire de ces immenses et épaisses forêts qui couvrent les montagnes et la vallée de Clarks avec ses fleurs et sa rivière vous apparaissent et forment un immense panorama absolument féerique.

Pour jouir plus aisément de ce point de vue merveilleux, on parlait à Clark's hotel d'un projet qu'on va bientôt mettre sans doute à exécution : c'est d'établir un chalet sur cette hauteur afin de pouvoir se reposer et prendre si l'on veut quelques rafraîchissements. Ce sera un *lunch house*, comme on dit là-bas.

Les heures de cette journée passée dans les *Big trees* de Mariposa s'envolent trop promptement, il faut songer déjà au départ pour la vallée de la Yosemite. On monte dans une voiture semblable à celle de la veille; mais, cette fois, la route est merveilleuse sur tout le parcours, et l'admiration ne cesse plus. Ce ne sont que vues grandioses de la Sierra Nevada, embellies par une végétation extraordinaire. Il semble que la beauté du spectacle ne puisse pas être dépassée, mais nous arrivons à la Yosemite! Encore sur le haut de la montagne, notre vue s'étend au loin dans ces lieux où nous allons descendre par mille lacets différents.

Depuis le mois de juin 1864 la vallée de la Yosemite est, comme Mariposa et Calaveras, mise sous la protection des États de Californie. Elle est de même surveillée par des gardes de forêt et reconnue à tout jamais comme propriété inaliénable destinée au plaisir et à l'admiration du public, du monde entier. La première maison, capable de recevoir quelques voyageurs, fut construite en 1856, mais depuis les nombreuses expéditions conduites par les géologues du pays, les hôtels et grandes installations ont été groupés dans la vallée. Actuellement les touristes y trouvent toutes les facilités désirables.

Dans les dépendances de l'un d'eux, l'hôtel Bernard, situé au pied de la chute de la Yosemite, on a eu l'idée originale d'enfermer la base du tronc d'un *Big tree* dans la maison même, qui est comme toujours construite en bois. Il fait le principal orne-

Fig. 44. — Le *Dead Giant* (page 160).

ment du grand salon de lecture. Quoique son diamètre soit bien moins grand que celui des séquoias, sa dimension, de 2^m,60 environ, est encore assez respectable pour faire un grand effet dans cette petite salle. Un parterre de fleurs cache sa base; il remplit bien entendu tout une partie de la pièce, ne laissant que juste la place pour tourner autour; dans la deuxième partie, sont placées la bibliothèque, la table couverte de photographies, et c'est le soir le rendez-vous favori de tous les touristes. A côté, un second salon est ouvert pour les dames; un piano et de la musique sont préparés pour les danses et le chant. C'est là que se font aussi les causeries aimables avec les gracieuses touristes américaines.

Le caractère principal de la Yosemite consiste surtout dans la forme presque absolument verticale des rochers qui la bordent et aussi dans leur hauteur exceptionnelle. Puis, contrairement à ce qu'on remarque généralement à la base de toutes les falaises ou murailles, on n'y rencontre presque point de débris ni de traces d'éboulements.

C'est ainsi que les blocs prodigieux de granit, comme le Tu-tock-a-nu-la ou le Captain, arrivent à la hauteur de 1,100 mètres au-dessus du niveau du sol même de la vallée. Cette muraille s'élève droite et nue, dépouillée de toute végétation; le Loya ou la Sentinelle à 1,030 mètres, et le Tis-sa-ack, ou le Cloud's Rest, à la hauteur de 2,050 mètres à partir du sol. Ces murailles font un effet d'autant plus prodigieux que la vallée est relativement étroite. Elle se trouve elle-même à la hauteur de 1,353 mètres au-dessus du niveau de la mer. Des arbres gigantesques la remplissent. Il n'est pas rare d'y voir des pins de 50 et 60 mètres de hauteur et les chênes verts séculaires y abondent.

La figure 45 représente un des rochers les plus caractéristiques de la Yosemite, c'est le *Half Dome*. Il est absolument vertical du côté de la vallée et, placé à l'une de ses extrémités, il semble en fermer l'accès. La hauteur principale de cette gigantesque muraille de granit est de 1,579 mètres au-dessus du sol de la vallée. A première vue, comme dans Mariposà, on a peine à se rendre compte de proportions aussi exceptionnelles, puisque les points de comparaison habituels, auxquels les yeux sont accoutumés, manquent absolument.

Pour traverser la Yosemite dans sa longueur, cinq heures de cheval suffisent; mais la rivière Merced, grossie par les chutes d'eau qui s'échappent du haut des rochers, la baigne en faisant des détours charmants. Les chutes nuageuses du *Po-ho-no* ou *le voile de la vierge* ont 310 mètres de hauteur, elles s'échappent du haut des rochers en formant des brumes légères colorées par des teintes d'arc-en-ciel; celles de la Yosemite, les plus belles de toutes, sont composées de trois étages. La hauteur totale du sol de la vallée atteint 828 mètres. La première chute est de 530 mètres, les deux dernières de 150 et 140 mètres environ.

On ne se lasserait pas de citer les autres cascades qui toutes sont plus intéressantes les unes que les autres.

Dans les eaux limpides de la Merced les immenses falaises de granit sont reflétées ainsi que les pins séculaires. Les papillons et les oiseaux-mouches viennent s'y mirer en voltigeant au-dessus des fleurs sauvages qui tapissent toute la vallée. Lorsqu'on fait l'ascension des murailles de granit, on voit encore, sur les cimes, des forêts de pins séculaires et des montagnes que l'hiver recouvre de neige. Dès la fin du printemps, il n'en reste plus de trace.

En quittant cette vallée, séjour vraiment idéal, pour retourner à San-Francisco, par Milton, la forêt splendide continue longtemps encore et nous voyons quelques *big trees*. C'est ainsi que, près de *Big oak flat*, nous passons au travers du *Dead Giant* avec notre grand char à bancs, attelé de six chevaux. Transformé en une sorte de porte triomphale, ce séquoia a toute sa partie supérieure brûlée, il est mort depuis longtemps; ses débris magnifiques sont restés cependant et font l'étonnement de tous (fig. 44).

Avant notre arrivée à Milton notre voiture nous fait traverser des régions aujourd'hui stériles et desséchées, ce sont les anciens terrains exploités où l'or abondait il y a quelques années. Quelques Chinois encore en cherchent de rares parcelles dans les ruisseaux; ce métier ne paraît pas leur donner la richesse, ils res-

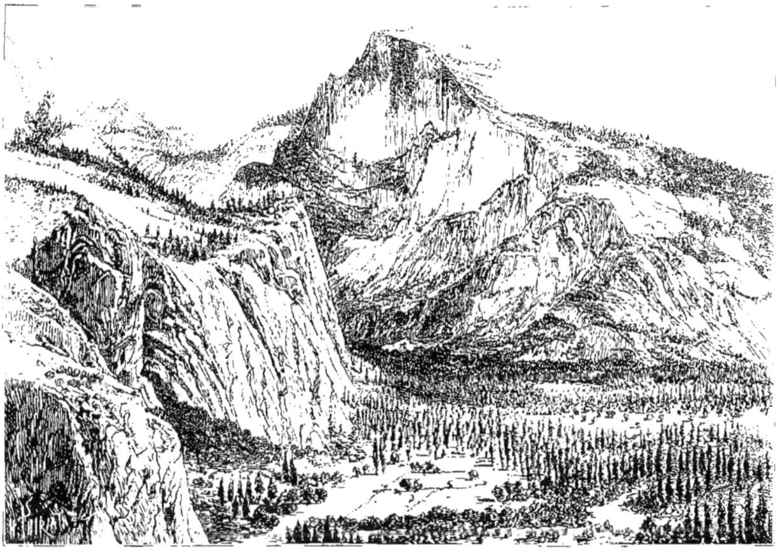

Fig. 45. — Le *Half Dome*, 1570 mètres au-dessus du sol de la vallée de la Yosemite (d'après nature).

semblent à des spectres errants ; courbés dans les sables, brûlés par les rayons du soleil : le travail est affreusement pénible pour des hommes. Le Chinois seul peut avoir la patience nécessaire pour accepter une situation semblable, avec tant de privations.

Aux environs de Sacramento à Nevada City, j'ai pu voir quelques mines d'or en plein état de prospérité.

La mine d'or de la Providence à Nevada City située sur les bords de *Dear river*, dans un pays délicieux, boisé et des plus pittoresques, occupe une surface de 60 hectares, c'est une des plus remarquables du pays.

Elle peut donner un produit d'environ 2 millions par année, mais les frais nécessités par les travaux d'exploitation sont considérables, ils arrivent à plus de 800,000 francs, d'après les renseignements que MM. Wabrock frères, propriétaires actuels de la mine, ont bien voulu me donner. Cette mine est creusée jusqu'à une profondeur de 280 mètres, elle est fort riche en or, mais on ne le trouve que fort rarement à l'état natif. Le minerai recueilli est du quartz mêlé de galène et de pyrite qu'il faut briser en morceaux ; on le réduit encore en poudre pour en extraire l'or et l'argent qu'on y rencontre aussi, par les procédés chimiques connus, la voie d'amalgame.

L'eau est la force motrice de l'usine, elle est amenée par des tuyaux, à travers les forêts, d'une distance de 120 kilomètres.

La force obtenue par ce courant continu est de cent cinquante à deux cents chevaux.

On peut broyer 60 tonnes de minerai par jour dans l'usine, 40 pilons marchent à cet effet.

L'activité la plus grande règne d'ailleurs de tous côtés; plus de cent cinquante ouvriers sont occupés à recueillir le minerai et extraire l'or. Les propriétaires emploient dans leurs travaux un assez grand nombre de Chinois ; ils ont formé sur les bords de *Dear river* une petite colonie, mais ils ne sont pas aimés des Américains, bien entendu.

Aux premiers on donne 15 francs par jour, les Chinois travaillent aussi bien et se contentent pour vivre de la moitié de cette somme.

Tout auprès de la mine de la Providence, aux portes mêmes de Nevada City, se trouve aussi la mine de Manganita (hydraulic mine). Elle n'était plus exploitée, à mon grand regret, lors de mon passage en juillet 1885. Elle m'aurait offert un curieux spectacle, quoique les procédés employés par elle, pour recueillir l'or, fussent des plus simples.

Il s'agissait d'arroser avec des jets d'eau d'une puissance énorme les sables d'une colline haute d'environ 40 à 50 mètres. Les terres détrempées coulaient graduellement, formant une boue sablonneuse presque liquide dans laquelle on pouvait recueillir des parcelles d'or. Il n'est pas difficile d'imaginer l'aspect de ruine et de désolation que peut donner à la longue un pareil procédé d'extraction. Ce système d'inondation d'une montagne pour en retirer l'or détruit tout, à vrai dire : la montagne d'abord, qui finit par fondre par suite des jets d'eau perpétuels, puis les alentours toujours baignés d'eau, lavés de toutes manières, prennent un aspect épouvantable.

Il n'y a plus que des buttes de sable, des lits de ruisseaux, des cailloux entraînés par les eaux. Pas un brin d'herbe, pas un arbuste ne peuvent pousser, ils seraient lavés, emportés avec le reste. Cette boue sablonneuse descend enfin dans la rivière et en change les conditions. Les poissons meurent dans les eaux troublées par cette montagne que l'on fait fondre peu à peu dans les cours d'eau jusqu'alors sains et limpides. Les réclamations ont été si nombreuses de la part des pays environnants et des habitants de Sacramento, qu'une loi a été faite pour défendre l'exploitation des mines d'or par les procédés hydrauliques.

Les chantiers des mines d'or, *hydraulic mine*, ont tous été fermés en mai 1885. Mais leurs propriétaires n'ont pas perdu encore l'espérance de pouvoir reprendre leurs lucratifs travaux; peut-être reviendra-t-on bientôt sur cette nouvelle loi qui cependant a donné droit à des réclamations qui paraissent plus que justifiées.

Là où j'espérais voir une mine avec ses ouvriers au travail, lançant des jets d'eau énormes sur de hautes murailles et ramassant l'or dans des fleuves de boue sablonneuse, je n'ai vu qu'une région horriblement desséchée, un Sahara en miniature.

Il est difficile de contenter les hommes comme je le constatai à Nevada. Les uns se plaignent avec raison que les eaux de leur rivière sont empoisonnées par le travail des mines hydrauliques, les autres disent qu'on va les faire mourir de faim faute de travail si ces mêmes mines ne sont plus exploitées. Cette question n'est pas aisée à juger. En attendant, les propriétaires des mines profitent de ce moment de repos imposé par la loi nouvelle, pour aller chasser dans les forêts voisines où les daims et les cerfs se trouvent en grand nombre. J'étais invité par les ingénieurs de la mine de la Providence à aller chasser avec eux toute une journée du dimanche, et ils me pressaient obligeamment à rester encore quelques jours. L'invitation était tentante car elle était bien gracieusement offerte, mais la crainte de ne plus avoir assez de temps pour voir aux États-Unis tout ce qui me restait à connaître, m'obligea à quitter ces Messieurs à mon grand regret, tout en les remerciant de leur amabilité.

CHAPITRE VII

Portland. — Un danseur de corde dans la rue. — Columbia river. — Dalles et roches basaltiques. — Le lac Pend' d'oreille. — Forêts de l'Idaho et Trout creek. — Le parc de Yellowstone (Wyoning). — Le Dakota et les grandes fermes. — Minneapolis et ses moulins.

De Sacramento à Yellowstone Park, la distance est considérable ; il ne faudrait pas moins de quatre à cinq jours en chemin de fer pour la parcourir sans s'arrêter. On traverse une partie du territoire de la Californie, dont les champs bien cultivés sont admirablement fertiles ; à toutes les stations, fort rapprochées les unes des autres, de vastes hangars sont élevés pour recevoir les grains. Les fermiers des environs arrivent avec de grands camions chargés de sacs de blé traînés par six chevaux ou mulets. Ces camions sont réunis souvent trois par trois à l'aide de chaînes de fer passées entre les roues et qui sont reliées à la voiture précédente par une sorte de petit brancard. Les stations se succèdent : Blacks, Germantown, Tehama, etc. ; ce sont toujours des campagnes luxuriantes.

On parcourt l'Orégon, mais le chemin de fer est inachevé, les abords de la grande montagne *Shasta Mount* (4,800 mètres) doivent être passés en voiture. On remonte en chemin de fer aussitôt les monts franchis pour se rendre à Portland.

Arrivé dans cette jolie cité, j'avais bien mérité quelques moments de répit. Trois jours de voyage dont vingt-quatre heures dans ces affreux chars à bancs américains et une nuit en *pullman-car* ne sont pas faits pour reposer les touristes. Portland est entourée de belles forêts et traversée par la rivière Willamette.

Deux cônes superbes, couverts de neige, les monts Hood et Sainte-Hélène qui s'élèvent dans le lointain sur l'un des côtés de la ville, en font le plus bel ornement.

Le mouvement d'affaires dans la ville est considérable. La rivière est pleine de navires de commerce pour les bois; de légers bateaux de pêche la sillonnent dans tous les sens. Ils offrent ainsi aux yeux un spectacle plein d'animation et des plus pittoresques. Dans la soirée, j'eus une distraction nouvelle assez originale.

Un jeune acrobate tout habillé de belles paillettes brillantes se disposait à faire des exercices sur la corde raide à 12 mètres de hauteur environ au-dessus de la *third street;* c'est une des rues les plus élégantes de la ville.

Les propriétaires des maisons avaient autorisé cet homme à attacher sa corde sur leur toit. Dès le coucher du soleil, dans la ville, la plupart des magasins sont fermés, de sorte que le mouvement du public dans les rues a complètement disparu et des spectacles de ce genre deviennent possibles.

Cet homme en maillot a fait un *speach* à la foule pour que l'ordre de la rue ne soit pas moins conservé malgré l'affluence de monde qui venait pour le voir. En effet, les spectateurs nombreux se rangeaient obligeamment pour laisser circuler les tramways, et tout se passait dans l'ordre le plus parfait. Le public fort mélangé était curieux à observer, il y avait une quantité de Chinois venus du voisinage; le spectacle donné étant fort près de leur *China town*, quartier analogue à celui de San-Francisco, quoique cependant beaucoup moins important.

Tout en faisant ses exercices, le saltimbanque prévenait quelquefois les spectateurs de prendre garde à une voiture ou à l'arrivée d'un nouveau tramway. Il descendit ensuite dans la rue pour faire une quête fort lucrative, sans doute, car son succès était grand. Remonté sur sa corde, il nous annonce que pour remercier la foule il va continuer à faire ses *exhibitions*. Son habileté et sa grâce étaient d'ailleurs extraordinaires; le public sifflait à outrance, c'est la manière d'applaudir en Amérique. Dans les petits théâtres des cités des États-Unis, c'est souvent un bruit à ne pas s'entendre pendant plusieurs minutes, d'autant plus que les sifflets sont encore accompagnés souvent de cris sauvages effroyables qui expriment l'enthousiasme général.

A sept heures du matin, il fallait quitter Portland, mais cette fois une partie du voyage se fait en bateau à vapeur.

La machine est chauffée au bois. On voit à l'avant du steamer une immense provision de bûches qui diminue à vue d'œil par suite des processions perpétuelles de deux ouvriers chinois qui apportent péniblement près du foyer des machines les gros morceaux de troncs de pins coupés.

La journée entière se passe d'une façon délicieuse en longeant les rives de la Willamette et de *Columbia river*. Les rivages ont un aspect particulier : ils sont bordés en maints endroits de roches volcaniques énormes, elles forment quelquefois des falaises hautes de 60 et 80 mètres qui viennent à pic sur les eaux du fleuve. On voit à leur base des traces de roches basaltiques, puis à leur sommet un deuxième gradin volcanique s'élève, tout rempli de plantes et d'arbres divers.

Le *Cap Horn rock*, le *Roster* et le *Castle-rock* sont les points les plus remarquables. De charmantes chutes d'eau s'échappent aussi de temps à autre du haut de ces roches volcaniques ; les *Multonomah falls*, entre autres, sont réellement magnifiques. Elles viennent tomber dans *Columbia river* en formant deux cascades superposées qui descendent du haut de la montagne.

La pêche du saumon est l'une des industries les plus considérables de ce fleuve. Ce sont les Chinois surtout qui s'occupent de ce travail. Ils vont ensuite porter les poissons aux quelques usines qui longent *Columbia river*, à Warandale par exemple, où notre steamer s'arrête. On y fabrique les boîtes en fer-blanc nécessaires pour conserver le saumon découpé en menus morceaux, et les boîtes en bois dans lesquelles elles seront placées pour être envoyées dans tous les États-Unis.

Nous arrivons à la fin du jour à la petite ville de Dalles, où il faut reprendre le chemin de fer. Cette cité a un aspect des plus curieux, surtout dans le quartier qui se trouve sur le haut de la colline. Il est tout entier construit sur les roches basaltiques et souvent ses petites maisons de bois sont abritées contre ces colonnes aux faces nettement découpées qui ont quelquefois 7 à 8 mètres de hauteur.

Les rues montent ou descendent suivant les hasards des formations basaltiques, dont les différences de niveau sont atténuées par des escaliers de bois.

Fig. 46. — Volcan de boue près du lac de Yellowstone (Wyoming) (d'après nature) (page 174).

Toute la vallée de Dalles est remplie de ces roches basaltiques ; elles encaissent *Columbia river* comme le ferait un quai construit par d'habiles ingénieurs, elles émergent partout du sol à des hauteurs différentes, dans les endroits où la culture ne les a pas détruites; puis le mont Hood, enfin, apparaît à l'horizon, semblable à une immense pyramide couverte de neige, il domine ce pays intéressant.

Après une nuit passée en chemin de fer, me voici transporté dans la matinée sur les bords féeriques du lac Pend' d'oreille. Un viaduc construit sur pilotis le traverse tout entier.

Quelques Indiens campés sur les bords du lac ajoutent encore au pittoresque tableau que nous ne voyons pas assez longtemps, malheureusement; puis voici Sand Point où de nombreux Indiens viennent nous voir passer. Encore un viaduc et un autre aperçu du lac, puis nous entrons dans les interminables forêts des provinces de l'Idaho en suivant les bords du Clarks river et celles des provinces de Montana. Ces régions sont encore à peine exploitées, le chemin de fer n'étant fini que depuis quatre années à peine, et nous nous arrêtons à des stations tout à fait curieuses. Aussitôt fondées, elles ont donné naissance à de minuscules cités qui deviendront peut-être dans l'avenir de grandes villes peuplées comme Chicago ou New-York. La plus étonnante dans son genre est Trout Creek. Une simple rangée de cinq cabanes de bois et de deux tentes abritées par les grands pins de la forêt sont alignées et reliées entre elles par un trottoir de planches; voilà toute la ville. La station est tout auprès. L'herbe et les fleurs poussent de tous côtés. L'une des cabanes porte une grande inscription peinte : le mot *Saloon* se détache en noir sur le bois de sapin. C'est là, dans cet abri sans doute, que les quarante pionniers environ qui habitent Trout Creek vont causer des affaires du jour et de leurs projets futurs. La station de *White pine* est encore moins importante que cette dernière ; je voyais ces petites villes de l'avenir avec le plus grand intérêt; le chemin de fer est loin d'aller à grande vitesse sur ce parcours.

N'ayant qu'une seule voie, il doit s'arrêter quelquefois assez longtemps sur un embranchement afin de laisser passer un autre train. Les voyageurs descendent pendant ce temps et se promènent sous les arbres. Le machiniste sonne enfin sa grosse cloche, tous remontent à l'instant dans les wagons pour continuer le voyage. Puis dans un endroit quelconque de la route, où une station n'a pas encore été reconnue nécessaire, le chemin de fer s'arrête encore; cette fois c'est un pionnier qui descend en pleine forêt pour rentrer dans sa cabane rustique.

Les forêts sont traversées enfin, et maintenant c'est un nouveau changement. Les prairies sans fin de la province de Montana apparaissent à la vue toutes peuplées de chevaux et de bestiaux, puis en dernier lieu nous longeons les rivages du Missouri.

On est transporté à la vue de tous ces paysages intéressants. C'est l'étonnement à perpétuité. Nous arrivons ainsi à la station de *Livingston*. Un changement de train pour *Cinnabar*, un énorme char à bancs attelé de six chevaux ensuite, et nous voilà enfin au cœur de Yellowstone Park, à *Mammoth hot springs*.

C'est, comme on sait, à la suite d'expéditions scientifiques conduites par l'éminent géologue, le professeur Hayden, avec MM. Doane et Langfort, en 1870 et 1871, qu'il a été donné au public de connaître ces régions merveilleuses de la province du Wyoming. Le gouvernement américain à voulu mettre à jamais à l'abri du vandalisme de si hautes curiosités naturelles que des spéculateurs auraient sans doute tenté de transformer au profit de l'industrie.

Le 1er mars 1872, le congrès des États-Unis signait un décret déclarant propriété nationale les régions découvertes et décrites par le professeur Hayden, en les désignant sous le nom de *Yellowstone national park*.

Le parc de Yellowstone occupe, dans la province du Wyoming, une surface de 3,575 mille carrés, y compris celle de son grand lac, qui est de 330 milles carrés (5,752,175 mètres carrés). Des montagnes couronnées de neiges éternelles, les *Teton's range* ou les Titans, ont des sommets qui atteignent 3,500 et 4,000 mètres au-dessus du niveau de la mer, le parc lui-même dans ses parties les plus basses est à 2,000 mètres. Les montagnes et le sol de Yellowstone sont d'origine volcanique, mais les siècles ont passé et nous voyons à présent les vestiges extraordinaires de tous les changements opérés par les caprices de la nature.

Un voyage à Yellowstone était, il y a cinq ans, assez pénible;

aujourd'hui, si le trajet est long, il n'offre plus de difficultés. L'hôtel construit est considérable, c'est comme un grand caravansérail situé à l'un des plus curieux endroits du parc. On y trouve les guides, les chevaux et les provisions nécessaires pour faire les excursions intéressantes. Il faut camper dans les forêts, et dormir à la belle étoile, un peu comme dans le plateau de Kaibab (Arizona) ; mais tout y est plus facile, on a de l'eau partout, et aux endroits les plus célèbres, des commencements d'hôtel où l'on peut se ravitailler et loger même si l'on veut. Encore deux ou trois ans, les Américains pourront aller là aussi confortablement qu'au mont Blanc ou dans les Pyrénées.

Le parc de Yellowstone, ou plutôt cet immense territoire, aussi grand qu'un département de France, est conservé par le gouvernement et classé, pour ainsi dire, par lui comme nos monuments historiques. On lui a donné un gardien chef et neuf gardiens en sous-ordre. Pour les travaux importants, tels que routes, ponts, etc., ce sont les soldats de l'armée qui sont réquisitionnés. Ils vont camper dans le point du parc désigné et achèvent toutes choses. La chasse y est expressément défendue, les oiseaux, le gibier peuvent y vivre en paix. La pêche seule y est tolérée, aussi c'est le rendez-vous des amateurs américains, pêcheurs à la ligne émérites, qui viennent y faire d'abondantes récoltes de truites.

On parle toujours des merveilles de *Yellowstone park*. Cela est vrai si on entend par là les sources d'eau chaude, le canon de *Yellowstone river*, les solfatares, les geysers, les volcans de boue, etc. Ce sont des choses uniques, je pense, dans le monde entier ; elles forment un ensemble absolument inouï, extraordinaire, qu'on ne saurait voir que là, tout au complet. Mais les paysages de la forêt qu'il faut parcourir pour aller d'un point à un autre, les torrents et les cascades sont loin d'égaler ceux des Alpes ou des Pyrénées.

Lors de mon passage à Philadelphie j'ai pu rendre visite à M. le professeur Hayden, qui a été assez aimable pour me donner de précieux conseils sur l'excursion à Yellowstone. Je ne saurais trop le remercier ici de son obligeance extrême ainsi que M. Hagues, du Geological survey de Washington, qui m'a donné tant de bonnes recommandations.

Pour bien voir les curiosités, connues maintenant, douze à treize journées d'exploration suffisent.

La première étape se compose de la visite aux *Tower falls*,

Fig. 47. — Source d'eau bouillante au bord du lac Yellowstone (Wyoning) (page 175).

jolies cascades qui s'échappent de hauts rochers volcaniques bizarrement découpés, pour aller se jeter dans *Yellowstone river* déjà fort curieux en cet endroit. Des falaises composées de roches basaltiques l'encaissent d'un côté, de l'autre c'est la forêt où nous campons.

Non loin de là se trouve le mont Wasburn, dont il faut faire la facile ascension (3,433 mètres au-dessus du niveau de la mer).

Ce ne sont que pentes de gazon presque jusqu'à la cime, et les chevaux peuvent monter aisément.

La vue y est fort belle, on y découvre le lac de Yellowstone ainsi que la belle chaîne des Titans qui ferme l'horizon.

Les gorges ou canons de *Yellowstone river* sont ensuite les principales beautés à visiter. On campe tout auprès des rapides de Yellowstone, au milieu des pins. Les eaux s'écoulent en deux chutes superbes au travers de l'étroit couloir creusé par elles, et sont encaissées dans des murailles de 300 mètres de hauteur.

Ces murailles sont remarquables, les rochers qui les composent, calcinés par l'action volcanique, ont pris des teintes extraordinaires. Le jaune de soufre, les couleurs ferrugineuses, verdâtres, violacées, noires, ou d'une blancheur de neige, sont semées dans toute la hauteur du précipice de la manière la plus heurtée et sont d'un éclat incomparable, surtout lorsque le soleil brille. Les eaux d'émeraude de Yellowstone roulent au fond de ces gouffres étranges et la forêt de pins sombre et épaisse couronne tous les rochers.

On remonte, en suivant les bords de *Yellowstone river*, à la source même, c'est-à-dire au lac de Yellowstone, situé à 2,475 mètres au-dessus du niveau de la mer, avec la chaîne de montagnes des Titans et les forêts dans le lointain.

Sur les bords du lac et dans le chemin qu'on suit pour y arriver, on remarque de nombreuses sources d'eau chaude, des solfatares et des volcans de boue. Le premier dont j'ai pris le croquis est tout auprès de la rivière (fig. 46). Une boue épaisse et bouillante est au fond du cratère qui peut avoir un diamètre de 10 à 12 mètres. De noires vapeurs s'échappent et rejettent sur les parois latérales de nombreuses gouttes de boue de couleur grise qui prennent en séchant les formes délicates de légères stalagmites dentelées. Les vapeurs, en s'élevant, laissent tomber aux alentours de fines poussières toutes blanches et siliceuses. Elles recouvrent le sol et les arbres voisins. La végétation meurt alors dans le voisinage des sources pour reprendre un peu plus loin tous ses droits. Il semblerait parfois que le sol est caché sous la neige, tant le dépôt siliceux est éclatant. Auprès du lac aux eaux glacées, on voit les sources bouillonnantes (fig. 47); leurs teintes d'émeraude ou d'azur sont admirables. Une truite pêchée dans le lac peut être bouillie à l'instant dans la source, à la grande satisfaction du touriste. Les eaux chaudes s'écoulent dans le lac en laissant sur le sol des traces d'oxyde de fer et de

Fig. 48. — Cratères des geysers près de *Fire hole river*, parc de Yellowstone, d'après une photographie (page 176).

soufre de teintes diverses, qui témoignent des différentes couches des terrains avec lesquelles elles ont été en contact dans les profondeurs de la terre.

On traverse assez longtemps les forêts pour aller du lac Yellowstone au bassin supérieur des geysers. Ce sont d'assez longues étapes paraissant quelquefois un peu monotones. Il y a des régions entières de forêts brûlées ou mortes, puis les bords du lac *Shoshone*. Enfin des bois fort épais de pins, presque tous de même grosseur. Ils paraissent avoir le même âge. Les beaux arbres, grands et séculaires, sont rares dans la forêt. Sous tous ces feuillages épais et sombres, au bout de quelques heures de marche très pittoresque cependant, on se laisse aller malgré soi à une certaine tristesse. Les montées et les descentes se multiplient à travers les arbres. Mon guide me montre enfin de hautes vapeurs s'élevant dans le ciel : nous voici dans la région des geysers (fig. 48).

Aussitôt notre arrivée dans *Upper Geyser Basin*, nous voyons le *Old Faithful* ou le Vieux Fidèle. Il veut fêter notre venue sans doute. Des grondements souterrains se font entendre. Presque aussitôt une énorme colonne d'eau bouillante s'élève jusqu'à 50 mètres de hauteur et retombe sur le sol en minces gouttelettes. Les vapeurs formées s'élèvent dans le ciel en colonne épaisse jusqu'à 200 mètres et plus encore, lorsque le temps est calme : c'est un spectacle solennel, presque émouvant. J'en ai conservé une impression que je ne pourrai oublier.

Nous restons deux jours entiers dans ce vaste territoire des grands geysers. Quelques touristes campent comme nous sous les pins ou au bord de *Fire hole river*. Ses eaux rapides sont chaudes dans leur passage sur les terres siliceuses des geysers. aucun poisson n'y saurait vivre ; pour eux, c'est la mort que ces eaux empoisonnées par les dépôts sulfureux et les dépôts volcaniques de toute nature que les sources d'eau bouillante lui envoient. Nous nous y baignons avec plaisir cependant, et sous les pins nous trouvons quelques sources d'eau fraîche et réconfortante.

Le bassin supérieur des geysers est le plus important ; dans une journée on est presque sûr de voir quelques-uns de ces jets d'eau naturels, mais l'heure de leur jaillissement est variable, et ne saurait être indiquée à l'avance. Le Vieux Fidèle est exact : toutes les soixante-trois minutes il est possible de l'admirer. Le grand geyser son voisin ne part environ que toutes les vingt-quatre heures. Nous l'avons attendu en compagnie, avec des

Fig. 49. — Vue d'ensemble du geyser le *Old Faithful* (le Vieux Fidèle). Parc de Yellowstone, d'après nature (p. 180).

dames et des touristes, tous assis sur le tapis blanc du sol siliceux. Presque en plein soleil, car on ne peut compter le maigre ombrage de quelques pins rabougris, nous avons guetté près de deux heures le moment d'éruption comme on attend un feu d'artifice. Les jeunes dames commençaient à s'impatienter, tapant le sol du bout de leur ombrelle; enfin les eaux se sont élevées, montant jusqu'à 60 mètres de hauteur, pendant dix minutes environ.

L'enthousiasme devient général, on pousse des cris de joie et d'admiration. Peu d'instants après, à quelques centaines de

Fig. 50. — Cratère du *Old Faithful* après l'éruption, d'après nature (p. 180).

mètres de distance, voilà le *Splendid* Geyser qui nous attire. On monte vite à cheval, il faut traverser le *Fire hole* et courir au bon endroit, il est encore temps! Le *Splendid* nous offre quelques minutes de contemplation grandiose. L'élévation de ses eaux bouillantes atteint presque celle des tours Notre-Dame de Paris; les vapeurs immenses colorées par des arcs-en-ciel à l'heure du coucher du soleil ont un aspect merveilleux, elles montent jusqu'aux nues. Dix à quinze minutes se passent, tout est redevenu calme. Les eaux lancées se sont écoulées en ruisseaux, le cratère du geyser est vide, quelques murmures souterrains encore, puis silence complet : en voilà pour quatre ou cinq heures, et ce sera un nouveau spectacle.

La journée se passe ainsi à courir d'un geyser à l'autre; le Vieux Fidèle a le plus de succès. Nous le revoyons au clair de lune et au lever du jour. Les touristes oublient de dormir dans ces parages. Le croquis que je représente montre le *Vieux Fidèle* pendant son beau moment. C'est malheureusement donner une faible idée de la grandeur des forêts de pins qui encadrent ce geyser et des plateaux à l'aspect neigeux qui lui servent de base. On voit aussi sur le dessin un coin de *Fire hole river* et, au milieu des arbres, un hôtel nouvellement construit qui sert à ceux qui ne veulent point camper en plein air dans la forêt (fig. 49).

La figure 50 représente le bassin du grand geyser le Vieux Fidèle après l'éruption. Il a formé peu à peu un cratère qui s'élève à 7 mètres environ de hauteur, dont la base est entourée de concrétions siliceuses d'une blancheur éclatante, ressemblant à des dépôts madréporiques ou à des coraux aux formes spongieuses. Les bords de ce cratère sont de couleur jaunâtre aux teintes de soufre donnant l'aspect de délicates broderies.

Le lendemain matin, il nous était réservé un bonheur assez rare : le plus beau geyser, le *Geant*, a jailli devant nous; il ne part guère que tous les quatre jours. Il est très irrégulier, mais si la hauteur de ses eaux bouillantes n'est pas plus considérable que celle du *Splendid*, le spectacle donné est beaucoup plus beau puisqu'il dure plus d'une heure et demie, quelquefois trois heures, paraît-il. Un des croquis ci-contre (fig. 51) donne un des aspects de cette merveille. Les vapeurs qui s'élèvent à plus de 300 mètres dans le ciel obscurcissent parfois le soleil; son cratère admirable, tout sculpté par les dépôts siliceux, disparaît dans la masse énorme des eaux lancées. On peut s'approcher cependant en allant du côté du vent. On évite ainsi une pluie de gouttes bouillantes formant sur le sol un torrent d'eau et de vapeur qui vont se perdre dans le Fire hole.

Nous remontons à cheval pour quitter le bassin supérieur des geysers ; mon guide me fait passer bientôt auprès de l'*Excelsior geyser* qui se trouve non loin de la route tracée, sur le bord même de la rivière de Fire hole. D'après les observations des géologues et les récits des voyageurs, l'Excelsior serait le plus grand de tous ceux que l'on a vus jusqu'à présent dans le

Fig. 51. — Le geyser *le Géant*. Parc de Yellowstone, d'après nature (p. 180).

monde. Son cratère est réellement énorme, il s'ouvre du côté de la rivière. Le Fire hole reçoit ses eaux bouillantes qui coulent en cascades jusque dans son lit, tout en formant de magnifiques dépôts siliceux. En 1871, lors de sa découverte, les géologues croyaient se trouver seulement devant une source chaude plus grande que toutes les autres connues déjà dans le parc, mais neuf années plus tard le Dr Pearle put observer mieux cette merveille. Il y vit l'eau chaude bouillonner; elle avait une température de 175° Fahrenheit à ce moment, et souvent d'immenses vapeurs s'élevaient du cratère. Il terminait son rapport en disant : « Il est possible que ce soit un geyser dont les éruptions rares doivent avoir lieu à des époques que je ne puis déterminer. »

Une année après ces observations, l'Excelsior donnait raison au Dr Pearle. Le colonel Norris assure avoir entendu les grondements produits par le geyser à une distance de plus de six milles ; il arriva trop tard sur les lieux pour voir l'éruption, mais il put en constater les effets formidables sur les bords de la rivière du Fire hole. En 1880 enfin, au mois de février et le 1er juillet pendant la nuit, les éruptions purent être observées dans toute leur beauté. Le colonel Norris et d'autres savants, alors en excursion à Yellowstone, ont affirmé que les eaux s'élevaient de 30 mètres jusqu'à 100 mètres de hauteur et qu'elles avaient produit dans les environs une véritable inondation. Le petit Fire hole était devenu un torrent immense d'une largeur effrayante, charriant des rochers entraînés par la force des eaux bouillantes. Depuis, l'Excelsior semblait se ralentir, il ne lançait plus ses eaux à de si grandes hauteurs et ses éruptions étaient irrégulières.

Je n'ai pas eu le bonheur de le voir dans sa splendeur, lors de mon passage, et n'ai visité que son immense cratère en traversant à gué le lit du Fire hole. Un léger pont de planches y est construit pour en faciliter l'accès aux piétons.

Les nouvelles effrayantes envoyées depuis peu des États-Unis sur les tremblements de terre de Charleston, Cincinnati, Pittsburg, Chicago, etc., en août et septembre 1886, vont donner une réputation plus grande encore à l'Excelsior de Yellowstone.

Ses eaux s'élèvent, paraît-il, avec une nouvelle furie depuis ces derniers événements.

Nous rentrons à *Mammoth hotel springs* après avoir passé par le bassin inférieur des Geysers et les *Gibbon* ou Norris Geysers. Ceux-là sont moins importants que les précédents, mais les solfatares y sont nombreux; ils sont mêlés à des sources bouillantes et forment ainsi une sorte de vallée avec des lacs azurés et des collines fumantes d'un aspect fantastique. Nous passons aussi dans la région des *painted pots* ou sources aux bords colorés. Quelques volcans de boue y sont remarquables. L'un d'eux, de couleur gris perle, lance à tous moments de grosses gouttes de

Fig. 52. — Volcan de boue jaillissante, d'après nature.

boue à 3 ou 4 mètres de hauteur environ (fig. 52); tout à côté un autre volcan forme de petits mamelons siliceux d'un blanc éclatant, en forme de cloches; elles éclatent et se fondent en crème épaisse dans toute la largeur du cratère.

Plus loin enfin, le long de la route qui mène à Mammoth hotel, on remarque de hautes murailles d'obsidienne. Ces *Obsidian Cliffs*, soutenues par des colonnes basaltiques de même nature, ont un aspect intéressant. Dans le parc de Yellowstone il y a beaucoup de ces formations volcaniques, mais ces murailles élevées sont les plus curieux spécimens qu'on puisse voir.

Le grand hôtel est au centre même des immenses sources bouillantes ou *Mammoth hot springs*. Ces sources très puissantes ont formé depuis des siècles des dépôts de silice et de calcaire qui, en s'accumulant couche par couche, ont produit des collines. L'eau bouillante s'échappant toujours des entrailles de la terre s'écoule le long des parois de ces monticules artificiels et retombe en cascades, puis en ruisseaux dans *Gardiner river*. C'est ainsi qu'on admire les formes variées et les couleurs merveilleuses des stalactites, vasques sculptées et broderies sans pareilles, construites par les cascades bouillantes. Les *Pulpit Terrace* (fig. 53) donnent un exemple frappant de l'aspect de ces sources. Malheureusement, elles sont changeantes, et cet endroit, le plus beau entre tous, tombera bientôt en ruines. Les dépôts siliceux, lorsqu'ils sont entretenus par les légères cascades d'eau bouillante, sont durs et se conservent aisément, mais si la source cesse d'être abondante, ils deviennent friables et se détruisent à l'action des pluies et de la neige. Pulpit Terrace est dans ces conditions; la source meurt et les formations admirables, sculptées par le dépôt continuel des eaux, tombent peu à peu en poussière.

Tout auprès de *Mammoth hotel springs* on peut descendre dans l'intérieur d'une de ces sources, tarie depuis longtemps. L'entrée est étroite d'abord, elle a 2 mètres environ de diamètre. A l'aide de deux échelles on arrive à une vingtaine de mètres de profondeur, au-dessus d'un orifice où l'on peut encore pénétrer en s'attachant à une corde. Arrivé à 50 mètres environ dans ces noirs abîmes, il faut s'arrêter. Les odeurs sulfureuses vous suffoquent. Mon guide m'a donné ces détails, car je n'y suis point descendu. L'intérieur de cette source est intéressant (fig. 54); on voit distinctement les couches de calcaires siliceux qui se sont superposées avec la suite des années; l'humidité et quelques mousses vertes qui les recouvrent détruisent peu à peu leur forme.

Malgré la réputation à présent universelle du parc de *Yellowstone*,

Fig. 58. — Les *Pulpit Terrace*. Parc de Yellowstone, d'après nature (page 184).

on est étonné du peu de touristes qui y vont encore tous les ans. Deux mille personnes voient toutes ces merveilles par saison Nos Pyrénées et nos Alpes françaises sont visitées par vingt-cinq à trente mille personnes chaque année ; il est vrai que les moyens de transport sont plus aisés et le voyage plus facile.

En quittant Yellowstone nous reprenons le chemin de

Fig. 54. — Intérieur d'une source tarie près *Mammoth hot springs hotel*, d'après nature (page 184).

fer pour arriver à Livingston. Il faut s'y arrêter deux heures avant de monter dans le train express. Livingston possède 1500 habitants, mais, contrairement aux autres petites cités des États-Unis, il n'y a guère de mouvement dans les rues. Les fleurs sauvages envahissent la voie publique toute poussiéreuse, ce sont des soleils superbes qui poussent partout au hasard. C'est la plus grande curiosité de cette ville. Chacun peut en mettre à sa boutonnière ou composer des bouquets. Quelques voyageurs en gardent pour orner nos wagons pendant les longues heures que nous avons à y séjourner.

Nous passons au milieu des *Bad Lands* ou mauvaises terres, fort curieuses contrées formées de nombreuses collines de sable rougeâtre de tons fort divers et de monticules aux formes bizarres

Fig. 55. — Travail agricole d'une ferme du Dakota : les machines à moissonner, d'après nature (page 195).

tout pleins de roches brûlées, de scories analogues à celles des volcans. Le long du chemin de fer, des couches de lignite apparaissent à la surface de la terre et, de temps en temps, nous voyons s'élever des fumées, traces des incendies qui continuent leur œuvre de ruine et de désolation. Les indiens, paraît-il, contribuent à ces destructions par les feux qu'ils allument souvent dans leur campement.

Fig. 56. — Travail agricole d'une ferme du Dakota : la manœuvre des herses, d'après nature (page 195).

Si le vent s'élève, ces feux deviennent autant d'incendies alimentés aisément par les couches de lignites qui abondent dans ces parages. Ils brûlent alors les sables et mettent en fusion les roches qui y sont mêlées.

Ce nom de mauvaises terres donné autrefois par les premiers Français qui ont exploré le pays ne leur a été donné que parce que le voyage y était difficile, fort pénible même, mais il ne veut pas dire que tout y est inculte. Nous passons au contraire dans de grandes régions de prairies nues et assez désolées d'aspect, il est vrai; néanmoins des troupeaux peuvent y vivre. L'absence absolue des arbres y rend la vie dure et difficile. Le vent n'est arrêté nulle part et dessèche souvent tout sur son passage.

La compagnie du chemin de fer cherche à encourager les habitants ou les fermiers de ces contrées à faire mettre des arbres. Elle a fait faire elle-même, pour donner l'exemple, des plantations importantes. On en voit déjà les effets à *Tappan* où plus de deux cent mille arbres et boutures ont été plantés, ainsi qu'à *Steele*. Dans quelques années, il faut espérer que tous ces efforts seront récompensés et que les jeunes arbres seront assez développés pour former une barrière capable de briser la force du vent.

Les habitations que l'on voit dans ces tristes campagnes ont un caractère particulier. Construites en bois, elles seraient certainement renversées ou ruinées par les ouragans, aussi sont-elles entourées complètement par des talus de terre. Des embrasures y sont pratiquées pour donner du jour aux fenêtres, et pour donner accès à la porte d'entrée. Les habitants sèment du gazon sur ces sortes de barricades qui protègent leurs maisons et des fleurs en été pour les rendre plus gracieuses d'aspect.

Les stations se multiplient dans ces prairies dénuées d'arbres et nous passons ainsi en revue bien des petites cités naissantes. Elles datent presque toutes de trois ou quatre années environ, c'est le chemin de fer qui les a fait naître.

La ville de Bismarck, la plus ancienne du Dakota, la capitale de cette province, date de dix à douze années environ; elle compte 3500 habitants, dont le nombre s'accroît de jour en jour. Cette cité est célèbre aujourd'hui par son pont de fer construit sur des piles de granit, et qui traverse le Missouri. Ce beau travail a déjà occasionné une dépense de cinq millions; il est encore inachevé. Un viaduc provisoire en bois relie la partie terminée à l'autre rive du fleuve; c'est ainsi que nous entrons dans le pays des grandes fermes.

Cette contrée est vraiment extraordinaire à parcourir. Du haut de la plate-forme de notre wagon, nous avons devant les yeux une surface aussi grandiose et aussi unie que celle de l'Océan lui-même par un temps calme. C'est une mer de verdure luxuriante, composée de riches cultures de blé et d'avoine. Le spectacle est monotone, sans doute, mais il est curieux à contempler. Que de richesses sont semées sur ces terres du Dakota!

Je m'arrête à la station de Fargo, devenu l'un des principaux centres des fermes de la province, pour aller visiter les terres de M. Dalrymple, le célèbre fermier. Je dois ici le remercier de son cordial accueil. Reçu avec bienveillance dans sa maison, il a bien voulu me montrer lui-même les parties les plus intéressantes de son immense propriété.

Le territoire occupé par M. Dalrymple est d'une contenance de 75,000 acres. C'est un des plus considérables de la contrée, mais il n'est pas cependant d'un seul tenant. Une partie, connue sous le nom de *Grandin farm*, composée de 20,000 acres, se trouve dans le *Trail County*, aux environs de Casselton, à vingt milles ouest de Fargo.

Pour cultiver d'aussi immenses territoires, les méthodes européennes seraient loin d'être suffisantes, aussi au Dakota le système est-il tout différent. Il consiste à diviser les terres par sections d'une surface de 640 acres ou 2,589,440 mètres carrés chacune; ces sections sont divisées elles-mêmes en fermes de 200 acres. Un intendant général doit commander trois fermes. Il est logé dans de grands bâtiments où se tient aussi son administration. Autour de ceux-ci sont construits des greniers, des écu-

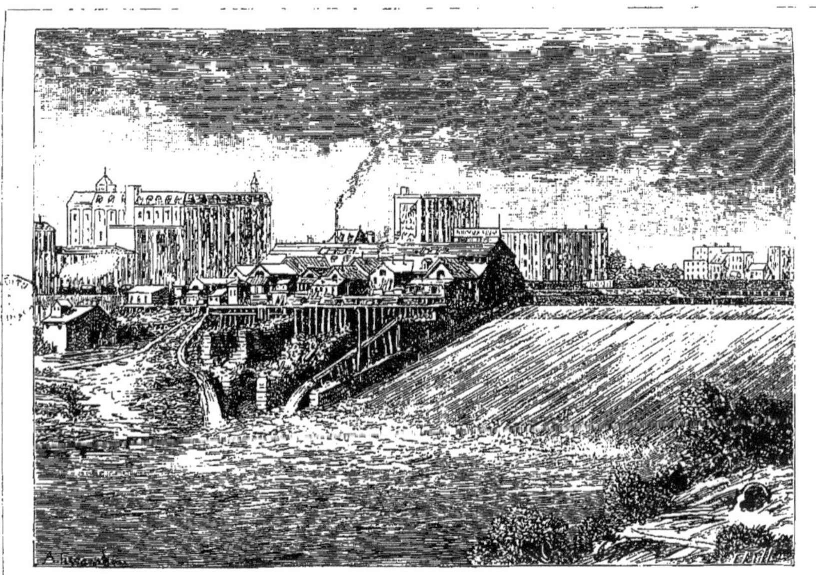

Fig. 51. — Les chutes de *Saint Anthony* et les moulins de Minneapolis, d'après nature (page 196).

ries, des remises pour les machines, des forges, des ateliers de réparation, des magasins de toutes sortes. Ces différents services peuvent correspondre entre eux à l'aide du téléphone et ils se relient en outre au bureau principal de l'intendant général.

M. Dalrymple possède environ 1000 chevaux ou mulets pour les travaux divers des champs, et il occupe plus de 400 ouvriers pour la moisson et plus de 500 pour le battage du blé dans les sections qui sont voisines de Fargo. Je n'ai pu cacher mon étonnement lorsque M. Dalrymple m'a mené vers une des sections où les travailleurs étaient occupés : 14 machines attelées chacune de 3 mules marchaient en ligne, commandées par l'intendant. Elles coupaient régulièrement le blé semé, en faisant le tour de la section et le rejetaient ensuite en bottes toutes liées à l'aide de fils de fer; chaque botte était recueillie alors par des ouvriers qui les plaçaient en faisceaux sur le sol même (fig. 55).

La discipline est parfaite et toutes les manœuvres sont exécutées avec une précision étonnante. La voix seule du commandant se fait entendre au milieu du silence absolu des champs; elle n'est troublée que par le bruissement léger produit par le blé coupé, ou par les machines.

Les opérations faites dans les terrains où la herse devient nécessaire (fig. 56), celles du labourage et de l'ensemencement, se font de même à l'aide de machines dont les modèles sont connus d'ailleurs. On les a vus aux différentes expositions agricoles. C'est un spectacle vraiment extraordinaire que ces travaux menés de cette façon; les hommes, les mules et les machines se meuvent comme une véritable armée. Les terres absolument planes de toute la contrée ont facilité l'usage des machines, il n'a fallu aucun travail préalable, aucune préparation. En France, nos champs sont loin d'être aussi unis et des travaux d'aplanissement seraient souvent trop coûteux. Ici la nature semble avoir tout prévu par avance. Le sol est aussi tellement riche que depuis des années d'exploitation il n'a pas été nécessaire de le fumer. D'année en année on a pu planter aussi sans aucun changement, toujours du blé ou des avoines aux mêmes endroits. L'an dernier, M. Dalrymple a pu récolter jusqu'à 600,000 bottes de blé, sans compter les avoines.

Dans l'année 1882, il a pu faire un bénéfice net de 216,000 dollars ou 1,080,000 francs.

Le chemin de fer passe dans les propriétés de ce cultivateur hors ligne ; des élévateurs à blé sont disposés près de la station, qui porte le nom de Dalrymple, de sorte que les récoltes peuvent être envoyées sans retard dans les villes. Une grande partie des grains est ainsi expédiée à Minneapolis, dans les moulins gigantesques où la farine se fabrique.

Minneapolis, ville voisine de Saint-Paul, compte près de 100,000 habitants. Située sur le Mississipi, elle a un aspect tout particulier et le mouvement commercial y est extrême. Les scieries colossales ainsi que les moulins font la fortune de la cité.

Sur notre premier croquis, on en voit quelques-uns des principaux, les Washburn mill, etc. (fig. 57), puis enfin les travaux de l'immense barrage construit : les *falls of Saint-Anthony.* De chaque côté des chutes, le Mississipi apporte la force de ses eaux pour l'alimentation des usines, scieries et moulins ; elles s'écoulent ensuite au bas des chutes en mille cascades diverses. Le chiffre des affaires commerciales qui résultent des industries de Minneapolis est de plus de 175 millions de dollars ou 875 millions de francs.

J'ai visité la plupart des moulins, grâce à l'amabilité de leur directeur; c'est évidemment le *Pillsbury mill* le plus considérable d'entre eux. L'aspect extérieur est dénué de toute recherche artistique. Ces moulins forment de grands cubes de maçonnerie de six ou sept étages bâtis en granit ou pierre du pays. Mais à l'intérieur leur disposition est des plus intéressantes. Les grains sont portés tout d'abord au rez-de-chaussée. Une série de cylindres en acier trempé commence à les broyer. L'effet de cette première opération est peu sensible d'abord, mais à mesure que nous voyons le résultat produit par sept réductions semblables on comprend aisément l'action des rouleaux d'acier. A chaque réduction, une portion dont on tire la meilleure farine, le *middling*, comme on dit là-bas, est retirée de l'enveloppe extérieure du grain. Cette matière est portée à l'étage supérieur du moulin par une courroie sans fin de plus de 60 mètres de développement et envoyée ainsi dans un cylindre horizontal recouvert de toile métallique.

Ce cylindre fait 28 tours à la minute ; il conduit par ce mouvement continu la matière déjà broyée au travers de sa toile ; elle tombe à l'extrémité du cylindre, d'une hauteur de 7 étages, dans un purificateur et subit une deuxième réduction. Broyée encore plus menue, elle est remontée par une autre courroie sans fin à godets, et ainsi de suite, jusqu'à la septième et dernière opération. Toutes les matières nutritives ont pu être recueillies alors et envoyées au purificateur, il ne reste plus absolument que du son.

L'action du purificateur ne suffit pas encore pour dégager entièrement la farine d'avec certains germes du blé de nature grasse qui ayant la même densité s'y trouvent encore mêlés. On lui fait subir de nouvelles opérations d'écrasement, en la faisant passer entre d'autres cylindres broyeurs ; puis enfin elle est soumise aux effets du criblage et du blutage.

La matière nutritive semble enfin bien dégagée de toute impureté, elle passe cependant encore au tamisage dans les mailles serrées d'une soie fine ; la farine est alors parfaite.

Le débit de chaque jour est de 6000 barils employant 27,000 boisseaux de blé. On en envoie dans tous les pays d'Europe.

Dans le sous-sol du *Pillsbury mill*, à 10 mètres de profondeur, on voit les roues à eau ; deux turbines de 56 pouces de diamètre sont constamment alimentées par une épaisse nappe d'eau fournie par le Mississipi. Elles peuvent donner une force égale à 2700 chevaux-vapeur.

Les gelées de l'hiver arrêtent les petites rivières tributaires du fleuve et les eaux diminuent. Une machine Corliss de 1400 chevaux-vapeur vient alors en aide au travail de l'usine qui est jour et nuit occupée.

La lumière électrique y est installée. 40 lampes Brush, 200 lampes à incandescence Weston et 200 lampes Edison illuminent le moulin. Les propriétaires de cet établissement admirable, les quatre membres de la même famille Pillsbury, ont fait une dépense de plus de cinq millions de francs pour le porter à l'état de perfection et de prospérité où il se trouve aujourd'hui. M. John Jones, l'un des ingénieurs, qui a bien voulu me diriger dans toutes les intéressantes parties du moulin, me disait avec joie que ses patrons donnaient aux employés, depuis deux ans, outre leurs appointements fixes, des intérêts sur les bénéfices qui ont produit la somme importante de 250,000 francs. Quelques-uns d'entre eux ont pu recevoir annuellement jusqu'à 900 dollars (4500 francs) pour leur part, outre leurs appointements.

« Notre reconnaissance est grande pour votre beau pays de France, m'a dit M. Jones en me quittant ; vous voyez ici le purificateur Lacroix, le purificateur français ! Sans lui, nous étions des meuniers fort ordinaires, notre farine était noirâtre, souvent mauvaise et personne ne s'en souciait sur les marchés. C'est grâce à l'introduction de cet appareil en Amérique que nous sommes redevables de la prospérité extraordinaire dont nous jouissons aujourd'hui. L'effet produit a été magique, la transformation des moulins a eu lieu : Minneapolis, insignifiant village des provinces de l'Ouest, il y a quelques années, sera bientôt la rivale de Chicago. »

Entre les deux villes de Saint-Paul et de Minneapolis qui se touchent presque, il y a une rivalité assez curieuse. Saint-Paul est la cité la plus ancienne, elle semble jalouse de sa jeune rivale. A chaque recensement il y a une lutte acharnée entre elles, la victoire est souvent changeante, le nombre de leurs habitants étant presque le même. Il atteint des deux côtés près de 100,000 âmes. Si l'une des cités accuse quelques centaines de têtes de plus que l'autre, sa rivale prétend qu'il y a eu des tricheries affreuses ; les discussions viennent ensuite sans cependant détruire le bon accord qui existe toujours entre elles. Les journaux des deux localités profitent de ces légères disputes pour faire des plaisanteries qui servent alors d'amusement aux personnes désintéressées des villes voisines.

S'il fallait choisir entre les deux cités, on serait fort embarrassé sans doute. L'une, Saint-Paul, est admirablement située sur le

Mississipi ; étant sur la hauteur, elle possède des vues splendides du fleuve. Minneapolis, la jeune cité, est peut-être plus élégante d'aspect, mais elle est moins pittoresque quoique également baignée par le Mississipi. Plusieurs beaux lacs se trouvent dans ses environs. Les arbres les encadrent de leurs frais ombrages et les plantes aquatiques de toutes sortes voilent leurs eaux limpides. Les parties de pêche et les déjeuners sur l'herbe y ont toujours grand succès dans la belle saison. Les dames de Minneapolis aiment à orner leur corsage des plus jolies fleurs de ces lacs azurés, les nénuphars blancs, et les petites filles s'en font des couronnes pour les poser sur leurs cheveux blonds. Je ne saurais pour ma part à quelle des deux villes donner la palme.

CHAPITRE VIII

Chicago. — Les tramways funiculaires. — Les *Stock-yard's* et les abattoirs. — Les chantiers de bois et les parcs. — Détroit et le lac Saint-Clair. — Albany, son palais de justice et ses ponts. — Boston et ses parcs. — Un bateau vélocipède. — L'Université de Cambridge. — Un muséum. — Les *White mountains*. — Le service divin dans un salon. — Les servantes de *Profile house*. — Le mont Washington.

Lorsqu'on a visité New-York on pense que le mouvement dans les rues, l'activité que chacun met aux affaires dans la journée, ne peuvent être dépassés ; Chicago cependant offre un coup d'œil plus extraordinaire encore. Dans les rues principales, State street entre autres, la quantité des voitures de toutes espèces est prodigieuse. Les tramways, réunis en trois cars toujours remplis de monde, se suivent en file serrée. Il semblerait, à les voir, qu'ils sont attachés à une chaîne sans fin, prenant et rejetant à tous moments la foule des voyageurs occupés. Les passants circulent au milieu de tout cela et complètent le spectacle intéressant de cette ville qui semble n'exister que pour le travail. Si l'on se dirige vers la petite rivière de Chicago aux bords de laquelle se trouvent les élévateurs à blé, le coup d'œil est encore plus curieux. Les bateaux à vapeur mêlant leur fumée à celle de ces gigantesques établissements, la quantité des petites barques traversant à tous moments la rivière au milieu des navires de commerce, la foule enfin qui circule sur les ponts vous font éprouver une sorte de vertige.

Comme à San-Francisco, la ville de Chicago a voulu aussi

Fig. 58. — Coupe de la voiture et de la chaussée, donnant la vue du mécanisme du tramway funiculaire de Chicago (page 203).

posséder des tramways funiculaires ou *cable railway's*. Elle avait d'autant plus de facilité pour l'installation de ces appareils que, tout au contraire de San-Francisco, son sol est presque absolument droit et uni.

Les tramways funiculaires de Chicago diffèrent peu de ceux de San-Francisco (fig. 58). La voiture est entraînée par un câble moteur qui reste continuellement en mouvement. Un tube central, logé au milieu de la chaussée et enterré dans le sol, contient ce câble. Un grappin, manœuvré de la voiture par l'employé de service, peut être mis en contact avec le câble à l'aide d'une fente pratiquée dans le tube central. Si le conducteur veut mettre sa voiture en marche, il doit la relier au câble par le moyen de son grappin. Un mécanicien placé sur la plate-forme du *car* peut resserrer ou relâcher à volonté le grappin, il règle ainsi tous les mouvements du tramway. C'est depuis janvier 1882, que Chicago possède un *cable railway*. Mais depuis cette époque, ils ont augmenté et s'accroissent encore de jour en jour. La ville a donné la concession des tramways funiculaires à trois compagnies qui auront chacune une section de la ville à exploiter.

Après avoir vu les rues, les visites les plus intéressantes à faire dans la ville sont celles des *stock yard's* ou marché des bestiaux et des abattoirs qui y sont joints.

Quelques chiffres donneront une idée réelle de cet immense marché de bestiaux. Dans les parcs différents dont il est composé, il y a place pour 25,000 bœufs, 100,000 porcs et 22,000 moutons. Des compartiments spéciaux peuvent contenir encore 500 chevaux. Pour faire les clôtures de bois de tous ces parcs il a fallu employer plus de 9,000 mètres de planches et madriers. L'ensemble total de ces parcs occupe une surface égale à un mille carré, c'est-à-dire 2,592,100 mètres carrés environ. Chaque parc est séparé par des avenues destinées à la circulation du public et des propriétaires des bestiaux. De nombreux plans inclinés sont élevés de tous côtés, pour que les animaux puissent descendre aisément des wagons de transport dans les parcs, ou pour qu'ils puissent entrer dans les abattoirs où ils seront tués. Les chemins de fer les ont amenés des provinces du Texas, de Pensylvanie, de l'Ohio, etc. Le spectacle qui est donné par cette foule de près de 150,000 animaux divers mugissant et hurlant dans tous les tons, et le mouvement du public qui semble perdu dans les nombreux détours formés par les clôtures des parcs, sont des tableaux que seule peut donner une ville des États-Unis. La dépense occasionnée par la construction des bâtiments des stock yard's a été de plus de 15 millions de francs, et tous les jours ils subissent encore des agrandissements nouveaux. Trois cents gardiens surveillent cet établissement véritablement prodigieux.

Parmi les nombreux abattoirs des *stock yard's*, c'est l'établissement *Armour and C°* le plus considérable.

L'usine a un tel développement qu'on a de la peine à comprendre tout d'abord son importance. Construite toute en bois et faite sans doute peu à peu, on n'a jamais songé à exécuter un plan d'ensemble; tout a été bâti à la hâte et suivant les besoins du moment. C'est un véritable dédale de hangars et de salles énormes, communiquant de manières diverses par des couloirs, des escaliers, des ascenseurs, des ponts suspendus sur des ruelles, où passent les ouvriers, où circule le chemin de fer. On ne pourrait jamais se retrouver sans guide dans ces immenses bâtiments. M. Cudahy, le directeur, a bien voulu me donner toutes les permissions nécessaires et me faire accompagner par un jeune employé dans tous les détours de son étonnant établissement. Il est impossible d'être plus aimable et plus obligeant pour un étranger.

Dès l'entrée dans les abattoirs, on va visiter premièrement la salle où l'on tue les cochons. Ils arrivent un par un dans les compartiments indiqués ci-après (fig. 59); des chemins bordés de planches les ont conduits jusqu'en cet endroit, hors des parcs situés dans les *stock yard's* où ils étaient enfermés. Un homme les saisit par les pattes de derrière et enfonce dans l'une d'elles un crochet, garni d'une longue chaîne. Un autre homme placé sur la galerie supérieure tire à lui la chaîne et le cochon. L'ani-

Fig. 50. — La tuerie des cochons, à Chicago (d'après nature).

mal est suspendu ainsi par un pied et pousse des cris épouvantables. Ses compagnons répondent par de véritables hurlements, mais la besogne n'en marche pas moins rapidement. La chaîne au bout de laquelle est pendue la victime roule par le moyen d'une sorte de galet le long d'un rail horizontal. Le porc glisse ainsi jusque dans les mains de son bourreau qui, presque nu, couvert de sang, lui enfonce un large couteau dans la gorge. Le sang coule à longs flots, l'animal ne crie plus, mais on voit les dernières convulsions de son agonie. Le bourreau, d'un léger mouvement, fait glisser le long du rail le cochon égorgé, il s'empare d'une autre bête et ainsi de suite. Il peut en tuer sept environ en une minute, cinq cents en une heure. On ne peut regarder cette scène de tuerie sans une certaine horreur. Les cris des animaux et les flots de sang vous font éprouver une sensation de dégoût, un malaise indéfinissable; cependant lorsque, le lendemain matin, je revenais dans cette salle pour dessiner à loisir, j'étais surpris de voir que cette impression était déjà fort diminuée. Le bourreau est venu causer avec moi, pendant un moment de repos, et mon étonnement a été à son comble de voir que cet homme encore couvert du sang de ses victimes, vêtu à peine de quelques vêtements, avait une figure distinguée et douce. Il me fit discrètement quelques questions, et lorsqu'il sut que mes croquis étaient destinés à un livre sur l'Amérique, il me parla alors absolument comme le ferait un gentleman instruit et intelligent. Ses aides paraissaient être comme lui, ils m'entouraient et me demandaient des détails sur les abattoirs de Paris, puis sur notre grande cité elle-même. Ces ouvriers américains ne sont décidément pas comme les nôtres; leur éducation est supérieure, ils m'ont fait oublier que j'étais dans le sang et au milieu de malheureuses victimes.

Les porcs égorgés et pendus comme je viens de le dire disparaissent ensuite sous un compartiment de bois pour entrer dans une piscine d'eau bouillante (fig. 60). Là des hommes armés de longues piques leur font subir un premier lavage. Une sorte de cuillère analogue à une grille courbée, de la largeur de la piscine, recueille ensuite chaque animal et le dépose en faisant un demi-tour sur une plaque de marbre. Le cochon est accroché de nouveau à une chaîne qui le fait passer dans la machine à racler la peau (fig. 61). Des roues placées dans tous les sens pèlent et grattent le cuir du porc de façon à lui enlever ses soies. Il sort de là absolument nu, et la chaîne le traîne sur de nouvelles plaques de marbre où les ouvriers le lavent pour la deuxième fois sous des arrosoirs qui coulent à grande eau.

Ayant subi ces différentes opérations et pendus de nouveau par un pied pour rouler encore sur un rail, les cochons sont conduits dans une salle où on leur coupe la tête et où les entrailles, tripes, boyaux, etc., sont enlevés. Ces dernières parties du corps de l'animal sont emportées dans les salles qui sont réservées à la charcuterie. Un troisième lavage a lieu encore; des hommes entraînent enfin les victimes vidées et décapitées dans une salle énorme où elles sont pendues au plafond. Il y a place pour 10,000 bêtes dans ce vaste dépôt.

Elles sont placées dans les réfrigérateurs où elles restent deux ou trois jours sans se corrompre, étant sous l'action d'une température constante de 38° Fahrenheit. Les porcs sont sortis des réfrigérateurs pour être détaillés par les bouchers. Le travail fait par ces hommes est intéressant, et dans la salle où ils se trouvent il règne une activité prodigieuse. Les bouchers savent découper par morceaux avec une habileté et une promptitude sans égales toutes les parties du corps de l'animal. D'autres ouvriers portent les viandes détaillées dans les différentes parties de l'usine où elles doivent être préparées pour la vente : les jambons dans les immenses fours où ils subissent l'opération de la fumée, d'autres viandes dans les caves où elles doivent être salées, d'autres enfin où elles sont cuites et mises dans des boîtes de fer-blanc. Mon guide me fait passer ensuite dans tous les différents ateliers de l'usine. Je vois ainsi la salle de la charcuterie où des machines mues par la vapeur découpent la viande en hachis pour la fabrique des saucisses. On en fait 52,000 livres par jour. Plus loin, c'est la salle où se font les paquets qui renferment le lard. Trente jeunes gens cousent des sacs; ils n'ont guère le temps de me voir passer, leur besogne est trop active : ils font 8,000 paquets par jour. Puis ce sont les ateliers de tonnellerie pour emballer les salaisons. Les cuisines enfin sont admirables de soins et de propreté. Les marmites sont pleines de morceaux de bœuf, de mouton et de porc que l'on met ensuite dans des boîtes de conserves en fer-blanc. De petites machines tournantes, ingénieuses et délicates, les ferment et font les soudures herméti-

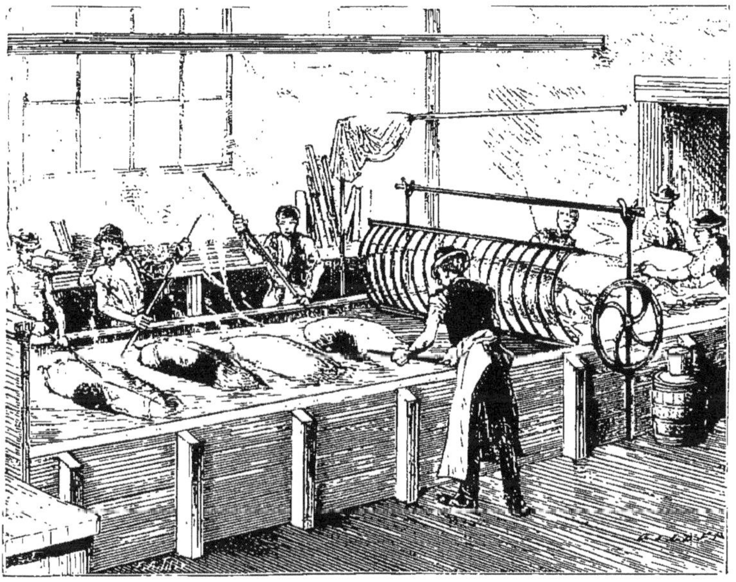

Fig. 60. — Traitement des cochons dans la piscine d'eau bouillante, à Chicago, d'après nature (page 207).

ques qui permettent de les conserver indéfiniment après l'expulsion de l'air. Dans les salles où les boîtes sont peintes et vernies, les femmes ont aussi à travailler activement. Dans l'espace d'une journée elles peuvent en faire de 35,000 à 40,000.

Les bœufs ne sont pas égorgés comme les porcs et les moutons. Du parc provisoire où ils sont placés, on les fait passer un par un, au travers d'un étroit couloir bâti en planches. Une trappe s'ouvre, l'animal, piqué par un homme placé sur des estrades situées au-dessus du passage, entre dans un compartiment où il n'y a place que pour lui. Un tireur habile armé d'un fusil, placé comme son compagnon sur l'estrade supérieure, le vise entre les deux yeux, sur le front et presque à bout portant. Le bœuf tombe foudroyé; une seconde trappe est ouverte et la victime est entraînée à la boucherie. 800 à 900 bœufs sont tués ainsi dans la journée. Quant aux moutons, 200 environ seulement sont égorgés. Ils subissent les mêmes opérations que les porcs. Ils sont déposés dans les réfrigérateurs, etc. On visite encore des ateliers considérables annexés à l'usine et qui sont destinés à la préparation des peaux de ces animaux. On emploie dans ces abattoirs exceptionnels 3,200 ouvriers en été et 4,500 en hiver. Plus de 100 chevaux sont constamment occupés pour les différents services. L'établissement Armour occupe une surface de 24 acres ou 97,104 mètres carrés. Outre les envois considérables de viandes conservées, de jambons, etc., qui sont faits journellement par l'usine dans toutes les provinces des États-Unis, un grand magasin de détail est organisé dans une salle du rez-de-chaussée pour la commodité des habitants de la ville qui viennent y faire leurs achats.

L'établissement Armour vend au dehors plus de 600,000 jambons par an, sans compter les boîtes de conserves, etc. D'après les renseignements que j'ai reçus, les abattoirs réunis de la ville de Chicago en exporteraient plus de 2,500,000 par an.

On voit que le commerce des viandes dépasse dans cette ville toutes les prévisions; celui des bois est aussi considérable. Des chantiers immenses sont situés sur les bords du lac Michigan et près de l'embouchure de la petite rivière de Chicago. Plus de 300 maisons de commerce s'occupent de ce genre d'affaires. Elles ont 150 chantiers où une quantité considérable de charpentiers sont employés. Le feu, qui a détruit en 1871 une partie de la ville, a causé la ruine de bien des capitalistes, mais aucun d'eux ne s'est découragé. Les scieries des villes voisines du Michigan et de l'Illinois reçurent des ordres pour fournir les matériaux nécessaires à la reconstruction de la cité détruite, et travaillèrent alors jour et nuit.

Les personnes ruinées se mirent de nouveau au travail, Chicago renaissait de ses cendres comme par enchantement, et le commerce des bois reçut par cette raison une impulsion extraordinaire. En 1877, on livrait dans les chantiers plus de 360 millions de mètres de madriers et autres bois de charpente et on en expédiait plus de 200 millions par le chemin de fer ou par les bateaux du Michigan. Ce commerce est dans une période croissante, le mouvement des capitaux employés dépasse celui de toutes les banques de Chicago et même celui qui est créé par le trafic des élévateurs à blé.

Une promenade dans les chantiers de charpentes est fort curieuse. On se trouve dans de longues rues bordées de madriers posés les uns sur les autres et formant des murailles de 10 et 15 mètres. Au lieu de les mettre de façon à faire des murs verticaux, les charpentiers placent au contraire les madriers en encorbellement. La pluie ne peut ainsi mouiller que les planches de dessus, bien promptement séchées par le vent, et les gouttes d'eau tombent vers le milieu des avenues au lieu de descendre le long des bois. L'humidité, grâce à cette précaution, a moins d'action sur les planches placées près du sol. Les avenues se multiplient dans tous les sens, on se perd entre toutes ces murailles. Il semble qu'on se trouve dans une ville fantastique dont les maisons n'auraient ni portes ni fenêtres, et l'agréable odeur des bois de pins vous réconforte.

Au point de vue de l'art, Chicago n'offre actuellement rien d'intéressant, il possède quelques monuments, mais ils n'ont comme seul mérite que leur grandeur. La vue ne saurait s'y arrêter longtemps. Les parcs situés autour de la ville sont agréables et fort gais le dimanche. Les habitants viennent y passer une partie de la journée. Dans les rivières et les lacs artificiels règne un grand mouvement de barques de toutes sortes. On voit souvent un frêle esquif rempli de jeunes filles de douze à quinze ans. Elles sont seules, entre amies, et rament en chantant. C'est charmant de les entendre gazouiller ainsi sur l'eau et ramer pour se donner des forces. On aime beaucoup les fleurs et les parterres en broderie. Ces plantations de mauvais goût sont à Chicago plus à la mode encore qu'en France, et les horticulteurs se livrent aux excentricités les plus bizarres. A *South park* entre autres, le public accourait pour contempler un grand éléphant, un chameau, un papillon et le drapeau américain dessinés avec des plantes grasses et des fleurs aux diverses couleurs qui se trouvaient placées sur le vert gazon. La *great attraction* était la vue d'un grand cadran solaire exécuté entièrement en plantes grasses. Les heures étaient écrites sur l'herbe avec des plantes au feuillage rouge. Ce cadran était fort bien orienté par le jardinier, et l'ombre donnée indiquait assez nettement l'heure du jour. Ces jardins publics de Chicago ressembleraient assez à notre bois de Boulogne, ils sont dessinés de même façon ; mais *South park* et *Lincoln park*, ornés de leurs lacs et rivières faits de main d'homme, se trouvent sur le bord du lac Michigan ! La comparaison devient alors impossible. Ce lac est immense, on ne saurait voir les rives opposées, tant sa largeur est grande, et il est sillonné de nombreux bateaux à vapeur et de barques de plaisance ; on se croirait au bord de la mer. A *Lincoln park*, par les soins de la Société du *Floating hospital*, on a construit sur le lac une jetée de bois longue de 200 à 300 mètres environ, ornée de portiques avec jeux de gymnastique divers, destinés seulement aux petits enfants malades. Là, accompagnés de leur mère, ils peuvent respirer l'air pur des eaux du Michigan et retrouver leurs forces perdues en faisant leurs exercices préférés. L'idée de cette construction aquatique m'a paru originale. Elle avait d'ailleurs un grand succès la saison dernière et les joues pâles des petits bébés semblaient reprendre leurs fraîches couleurs sur cette promenade réservée.

Quelques journées passées à Chicago donnent au touriste une sorte d'éblouissement et de fatigue; on éprouve le besoin

Fig. 61. — Machine à racler la peau des cochons, à Chicago, d'après nature (page 207).

de sortir de cette grande ville de *business*. La jolie cité de Détroit située sur le bord du lac Saint-Clair, avec ses maisons et ses jardins, vous repose un peu de tout ce mouvement formidable d'affaires. Il semble qu'on respire plus à l'aise en ces lieux. La belle excursion en bateau à vapeur sur le lac Saint-Clair jusqu'à l'entrée du lac Huron vous rend à la contemplation des paysages grandioses de l'Amérique.

En comparaison des cinq lacs immenses qui l'entourent, le lac Supérieur, le Michigan, Huron, Érié et Ontario, le lac Saint-Clair semble petit, les premiers sont des océans; celui-ci cependant a une surface encore considérable, et du steamer qui nous conduit on en perd de vue pendant quelques instants les rivages verdoyants.

Dix heures passées ainsi, pour ce petit voyage, semblent bien courtes, et lorsque le soir, au clair de lune, on rentre à Détroit, l'aspect de ses cent lustres à lumières électriques se reflétant dans les eaux est un tableau vraiment délicieux. J'ai donné d'ailleurs le croquis (fig. 5, page 15) de ces curieux appareils.

Le lendemain je partais pour le Niagara, mais je ne parlerai ici de ses chutes splendides qu'au dernier chapitre, puisque dans un espace de douze mois j'ai eu la bonne fortune de pouvoir les contempler en été, août 1885, et en hiver, mars 1886.

C'est vers la ville d'Albany que mon voyage s'est poursuivi. Elle est admirablement située sur les bords de l'*Hudson*. La ville est construite sur la hauteur; un superbe monument, le palais de justice, la domine. C'est un architecte américain, M. H. H. Richardson, qui l'a construit. La décoration des salles, les aménagements intérieurs sont combinés avec art. On a prodigué les dollars pour finir cette belle œuvre; mais l'architecte en a fait, il faut l'avouer, un usage merveilleux. Un monument véritablement artistique est chose rare aux États-Unis! nous devons dire que M. Richardson était un élève de l'école des beaux-arts de Paris. Il commençait, malgré ses importants travaux, à former à Boston un atelier d'élèves et leur donnait les notions artistiques semblables à celles que nous recevons aux ateliers des beaux-arts. Longtemps mon camarade, lorsque nous étions des étudiants à Paris, il était heureux de me montrer les travaux superbes qu'il terminait à Albany. La mort impitoyable vient de l'enlever malheureusement au moment où sa belle carrière d'artiste prenait un développement considérable et quand par son talent il allait donner à son pays des œuvres d'art durables et magnifiques.

Albany est aussi un centre considérable d'affaires; on en juge aisément les effets, lorsqu'on côtoie les rives de l'Hudson. Trois ponts tournants immenses en relient les deux côtés. Leur tablier repose dans sa plus grande partie sur une pile centrale placée au milieu du fleuve; une puissante machine à vapeur le fait tourner sur un pivot et le place dans le sens du courant. Il laisse alors un large espace de droite et de gauche de la pile centrale. La route est ouverte pour les bateaux qui passent rapidement; un coup de sifflet se fait entendre; en moins de deux minutes le tablier du pont a repris sa position première, se reliant avec les deux extrémités qui sont restées fixées sur les bords.

Le va-et-vient constant des navires et la circulation incroyable des chemins de fer, des voitures et des piétons obligent ces ponts à s'ouvrir et à se refermer à tous les instants de la journée. Rien de plus curieux que ces manœuvres perpétuelles faites sur ce fleuve grandiose encadré de beaux paysages. Ce sont des tableaux remarquables tout particuliers aux États-Unis.

D'Albany à Boston le trajet en chemin de fer est charmant. Sans la vue des monotones maisons de bois américaines on se croirait en pleine Normandie, tant la campagne est verdoyante et pittoresque. Les prés et les montagnes boisées se succèdent à l'envie et leur vue vous fournit une agréable distraction pendant le voyage. Notre première classe est remplie de voyageurs et c'est un va-et-vient continuel à chaque station, d'un public de toutes sortes. Le wagon ne possède pas ici, comme partout, le réservoir d'eau glacée indispensable à tout voyageur américain; cette fois, c'est un employé du chemin de fer qui passe de temps en temps, muni d'une énorme cafetière en fer-blanc sur les flancs de

Fig. 62. — Bateau vélocipède dans les *Common garden's*, à Boston (page 219).

laquelle un petit panier de même métal contient deux verres. Il verse l'eau glacée à qui veut, mais il ne lave jamais les verres, de sorte que cette manière de se rafraîchir n'est pas toujours agréable. Les Américains ne regardent pas à ces petits détails de propreté, paraît-il, car les dames et les messieurs boivent à qui mieux mieux sans jamais faire de réclamations à cet employé peu soigneux.

La ville de Boston paraît fort agréable comme séjour, sa situation d'ailleurs, entre l'Océan Atlantique et la rivière Charles, est admirable et ses environs sont délicieux.

Les rues sont pleines de magasins élégants et elle possède aussi, comme à Chicago, de fort beaux parcs. Dans le lac artificiel de *Common gardens* je remarquai un bateau vélocipède d'un modèle charmant (fig. 62) que nous devrions bien avoir aussi dans notre parc du bois de Boulogne.

Ces barques auraient certainement le même succès qu'ici, ce qui n'est pas peu dire, car elles ne désemplissent guère.

Si le vélocipède terrestre est devenu d'un usage fréquent, surtout en Amérique et en Angleterre où les exercices du corps sont en grande faveur, il n'en est pas de même des vélocipèdes aquatiques. Jusqu'ici ces derniers appareils ne sont pas encore sortis du domaine des curiosités expérimentales, et tandis que le bicycle terrestre offre de grands avantages, au point de vue de la vitesse notamment, il n'en est pas de même des essais d'appareils destinés à aller sur l'eau. Ils n'en sont pas moins dignes d'être signalés quand il s'en présente de nouveaux systèmes.

Ce vélocipède est formé d'un double bateau ; les deux bateaux sont reliés entre eux par un plancher qui les unit et les rend solidaires. A l'avant, des sièges sont fixés où prennent place quatre passagers ; une tente légère protège les voyageurs des rayons du soleil. A l'arrière se trouve le pilote qui, à l'aide de pédales, met en mouvement le mécanisme, formé par une roue à aubes. Cette roue est dissimulée au milieu d'une enveloppe qui prend extérieurement la forme d'un cygne gigantesque. La figure 63 donne l'explication du système, elle fait comprendre, par les coupes longitudinale et transversale, l'appareil de propulsion. L'ensemble du bateau vélocipède des *Common gardens* est d'une construction très légère ; il ne peut être animé que d'une faible vitesse, mais dans les lacs ou rivières artificiels d'un parc son aspect est gracieux et fort original.

A l'une des extrémités de la ville, dans un parc superbe, planté d'arbres séculaires, j'allai visiter la fameuse université de Cambridge où sont placées les écoles de haut enseignement.

Cet établissement était déjà célèbre dans le pays lorsque M. le révérend John Harvard, clergyman anglais, qui mourut en 1638 à Charleston, lui laissa le legs, considérable pour cette époque, de 20,000 francs. Le petit village, où l'université était construite, s'appelait alors Newtown, elle voulut changer de nom et prit celui de Cambridge, M. John Harvard ayant reçu son éducation dans la ville de Cambridge en Angleterre. Puis, pour mieux honorer encore la mémoire de son généreux bienfaiteur, l'université de Cambridge devint en même temps le collège Harvard.

La surface considérable de cette université est d'un peu plus de 32 acres, c'est-à-dire 129,472 mètres carrés. Depuis une trentaine d'années elle a subi de notables changements.

Le collège Harvard est actuellement composé de constructions élégantes entourées de jardins et d'arbres séculaires. Ce sont les écoles de droit, de médecine, de chirurgie, de théologie, d'agriculture, des mines, etc.

Les installations sont en général des plus luxueuses et admirablement aménagées. Quelques pavillons même, composés de la façon la plus artistique, forment de fort beaux effets sous les grands ombrages du parc.

Pour donner une idée du luxe de ces constructions et de leur importance, je citerai entre autres le *Thayer hall* qui a été élevé en 1870 et n'a pas coûté moins de 575,000 francs, il contient plus de soixante-huit salles et leur dépendance, le *Mattheys hall*, construit en 1872, a nécessité une dépense de 600,000 francs. Depuis l'origine de l'Université, des changements de toutes sortes ont dû être introduits dans l'administration de ce collège modèle, mais je ne saurais ici entrer dans ces longs détails spéciaux. Il y a actuellement près de 1,400 étudiants qui suivent les cours divers de l'université et 158 professeurs de tous grades sont chargés de l'enseignement et de la surveillance.

L'établissement de Cambridge contient non seulement huit pavillons où se trouvent des bibliothèques spéciales aux différentes études, remplies d'environ 60,000 volumes qui ont été donnés généreusement par des citoyens des États-Unis, mais encore le collège Harvard en possède une autre plus importante. 250,000 volumes peuvent y trouver place.

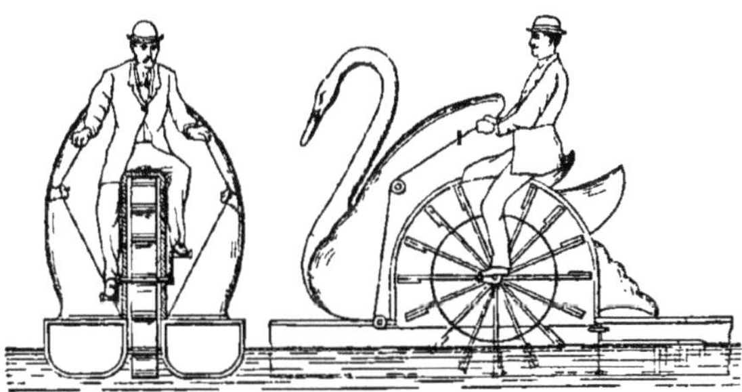

Fig. 63. — Coupe transversale et longitudinale du bateau vélocipède des *Common gardens*, à Boston (page 213).

Cette bibliothèque a été augmentée encore en 1877, c'est actuellement une des principales de l'Amérique. Elle ne sert point seulement aux étudiants de Cambridge, il est permis au public d'aller y faire les recherches et les travaux qu'il désire.

La construction la plus imposante de tout le collège, qui couronne pour ainsi dire ce superbe ensemble, est le *Memorial hall*.

C'est un palais considérable qu'on a érigé en l'honneur des decendants d'Harvard morts dans les guerres de la patrie. Bâti en 1870 et achevé en 1877, il a coûté 2,500,000 francs. Une immense salle centrale, surmontée d'une tour, haute de 60 mètres environ, donne accès à deux salles superbes, magnifiquement ornées. L'une d'elles sert de réfectoire aux étudiants. Les murs sont décorés de peintures représentant les grands faits des héros des anciens âges, ou rappellent ceux des temps modernes; ce sont alors des souvenirs de l'époque des guerres pour l'indépendance des États-Unis ou de celles plus récentes encore de sécession. Des bustes de marbre, des portraits, etc., complètent la décoration de cette salle grandiose. L'autre n'est pas moins bien ornée, elle sert de salle pour les cours ou les conférences et peut contenir plus de 1,500 auditeurs.

Les guerres de sécession ont laissé, dans la petite ville de Cambridge, de dramatiques souvenirs. Aussi pour perpétuer ces temps mémorables, où leurs braves habitants ont lutté pour de grandes et patriotiques idées, ils ont élevé un monument en l'honneur des 938 victimes mortes sur les champs de bataille.

Dans la plupart des villes des États-Unis, les soirées sont difficiles à passer pour les touristes; les magasins sont fermés dans les rues dès six heures et jamais on ne pourrait croire au mouvement extrême qu'il y a eu dans la journée, tant elles sont devenues tristes et désertes. Les seuls endroits où se trouvent les théâtres sont brillants, puis on peut encore entrer pendant quelques instants dans des établissements de troisième ordre, qu'on appelle là bas des *Museum*. Ils sont presque toujours composés de deux étages. Au premier, le public entre dans une galerie d'exposition où il peut voir des objets d'histoire naturelle, des animaux vivants, apportés de contrées lointaines, et des monstruosités comme nous en avons dans nos foires; les femmes colosses, les naines, les albinos, etc. Au rez-de-chaussée, moyennant un supplément de quelques sous, on entre dans une salle de concert ou un petit théâtre. On entend ainsi, pour achever la soirée, des chansonnettes ou un vaudeville quelconque.

Dans la ville de Boston, en août dernier, un *Museum* venait de faire son inauguration dans le quartier le plus central, et parmi les phénomènes les plus curieux à contempler l'un d'eux avait un grand succès et excitait l'étonnement de tous. Il s'agissait de James Wilson, dit l'*Expansionist ou le délice des savants*. Cet homme est doué d'une faculté extraordinaire, il a une puissance de respiration exceptionnelle.

On le voit d'abord au repos, comme l'indique notre gravure (fig. 64), à gauche. Aucune supercherie n'est possible, il n'a exactement pour tout vêtement que son maillot.

James Wilson ferme ensuite sa bouche pour retenir sa respiration et on voit sa poitrine s'enfler graduellement jusqu'à prendre un développement tout à fait anormal. Il peut rester dans cet

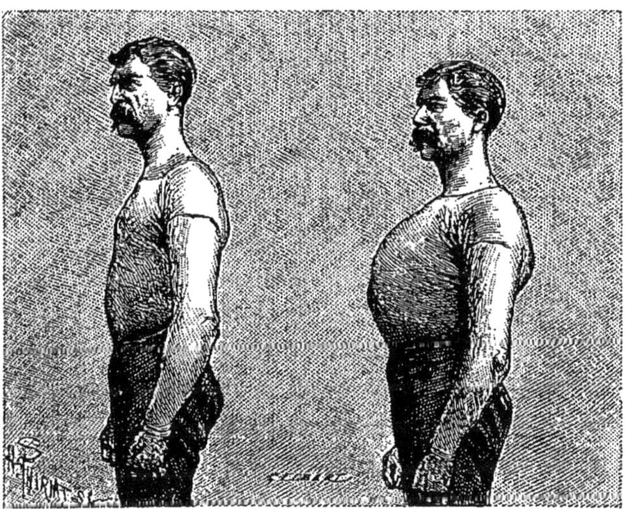

Fig. 64. — James Wilson, dit l'Expansionist (d'après une photographie).

état quelques secondes et prononcer plusieurs mots, mais d'une voix affaiblie et oppressée.

Il ouvre sa bouche enfin, en faisant avec sa main le geste qu'on ferait pour crever un sac de papier gonflé, et sa poitrine est instantanément remise dans sa situation première.

A côté de lui, sur la même estrade, son frère mangeait des brioches imbibées de pétrole, faisait l'homme volcan en lançant du feu par la bouche. Il coulait aussi de la cire à cacheter fondue sur sa langue, mais ces sortes de tours sont connus depuis longtemps, et ils n'excitaient pas le même étonnement parmi la foule que l'*Expansionist*.

Pendant mon court séjour à Boston quelques amis me donnèrent le conseil d'aller visiter, dans la province du Maine, les *White Mountains* situées à une journée seulement de distance de la ville. « Une excursion dans ces jolies montagnes peut compter parmi les plus charmantes que l'on puisse faire, me dirent-ils; vous aurez ainsi, avant votre retour en France, un dernier et gracieux souvenir de notre pays. »

Ces régions sont fort à la mode d'ailleurs, les grands hôtels y sont remplis d'une société agréable et des plus élégantes.

Par malheur, il pleuvait à torrents le premier jour de mon arrivée, un dimanche, et pour passer le temps, j'ai dû assister dans le grand salon de *Profile house* au service divin présidé par un clergyman qui se trouvait du nombre des autres touristes.

Cette cérémonie dominicale a quelque chose d'imposant malgré sa grande simplicité. Toutes les dames, ornées de leurs enfants, sont assises dans une grande et luxueuse salle, et les messieurs se tiennent debout comme dans les soirées.

Le clergyman nous a fait une conférence fort bien travaillée sur la charité qu'on doit à son prochain et sur la méfiance qu'il faut avoir sur les petits péchés qui conduisent fatalement aux vices et à la perte de la vie future.

Puis tout le monde s'est levé et on a chanté des cantiques. Une dame accompagnait au piano. Le service divin était terminé en une demi-heure et les touristes ont pu, grâce à une éclaircie, aller jouir de la vue des petits lacs et des rochers de la montagne. Ils sont célèbres dans le pays. Une des plus grandes curiosités est certainement le *Old man of the Mountains*, ou le Profil. Par une bizarrerie de la nature, les rochers de granit ont formé sur le revers d'une falaise haute de 400 mètres environ une silhouette admirablement découpée représentant le profil d'un homme. La base de ces beaux rochers est couverte de bois touffus qui descendent jusque sur les bords d'un lac, véritable miroir où tout ce charmant tableau vient se refléter.

Le soir, je rentrais dans une salle immense toute décorée de banderoles de fougères et de feuilles cueillies aux arbres de la forêt, c'était la salle à manger où on nous donne notre nourriture quotidienne. Ce qu'on mange en Amérique dans les hôtels ne peut guère s'appeler autrement. L'éternel grand verre d'eau glacée, qu'on vous apporte aussitôt qu'on a pris place à la table

Fig. 65. — Ascension de l'échelle de Jacob. Mont Washington. (D'après une photographie) (page 226).

et la quantité de petites soucoupes remplies de viandes et de légumes mis à la fois autour de vous, mets refroidis et détestables par conséquent, sont des choses dont on garde toujours le désagréable souvenir. Dans les hôtels des White Mountains, il y a compensation. On ne voit plus de nègres ni de mulâtres pour vous servir, comme presque partout aux États-Unis ; ce sont des jeunes filles en robes de mousseline à fleurs, avec de gracieux bonnets blancs sur la tête, qui vous offrent leur service.

Mon étonnement était grand de voir la tenue correcte et l'air comme il faut de ces jeunes personnes.

Plusieurs dames, avec leurs filles, parlaient familièrement à quelques-unes d'entre elles pendant qu'elles servaient à table. L'explication qu'on m'a donnée ensuite m'a fait tout comprendre, mais je n'aurais pas connu, sans cela, une coutume fréquente dans la province du Maine, qui est bien loin de pouvoir être pratiquée en France.

Ces jeunes bonnes des grands hôtels, *Profile House*, Fabyan House, etc., sont presque toujours des jeunes filles de familles honorables mais pauvres. Institutrices dans les écoles, elles profitent des mois de vacance pour respirer à leur manière l'air des montagnes. Elles s'engagent dans ces grands hôtels pour la saison, sont nourries et logées, et elles acceptent de servir à table les touristes pendant les heures des repas.

Des jeunes étudiants ou professeurs s'engagent également pour la belle saison et se rendent utiles dans quelques-uns des nombreux services de ces vastes établissements.

La montagne la plus haute de ce centre charmant de promenades et d'excursions diverses est le mont Washington. Un chemin de fer à crémaillère analogue à celui du Righi vous conduit au sommet (2,097 mètres au-dessus du niveau de la mer, en une heure et demie environ).

C'est à M. Sylvester Marsh, de Littleton, que l'on doit le chemin de fer à pente rapide du mont Washington. Il commençait les travaux en 1867 pour les terminer trois années après.

La pente moyenne est considérable, elle atteint $0^m,27$ par mètre tandis que celle du mont Righi n'est que de $0^m,21$. La chaudière de la locomotive est placée sur deux tourillons de façon qu'elle puisse toujours garder la position verticale malgré les pentes parcourues (fig. 65). Des précautions ont été prises pour éviter toute espèce de déraillement.

La machine est pourvue de rouleaux de friction suspendus au châssis, qui restent au contact d'un rail central formant crémaillère. Ils sont de plus retenus par ses rebords latéraux.

L'ascension se fait très lentement, mais elle est des plus intéressantes, et le panorama qu'on découvre des hauteurs est vraiment splendide. Un vaste hôtel est construit sur la cime de la montagne, tout auprès de l'observatoire météorologique bien connu qui est installé par les soins du gouvernement depuis 1874.

Bien moins élevé que celui de Pikes Peak, dans le Colorado, qui est à 4,713 mètres au-dessus du niveau de la mer, il ne fait pas moins de curieux et utiles travaux. La plus grande vitesse de vent qu'on ait pu observer a été, pendant l'année 1878, de 186 milles en une heure ou 299,274 mètres. Il n'est pas rare de constater une vitesse de vent de 160,900 mètres à l'heure.

Près de 12 à 15,000 touristes font annuellement l'ascension de la montagne ; outre les vues grandioses dont ils jouissent, ils ont encore un autre plaisir. Un journal paraît tous les jours dans ces hautes régions, et le nom de chacun des arrivants y est inscrit. Une imprimerie bien installée fournit en quelques instants la liste des touristes présents. Elle est gaiement achetée pour la somme de 50 centimes, et le journal *Among the clouds*, le plus haut du monde, imprimé à 2,097 mètres au-dessus du niveau de la mer, fait fortune de cette façon, qui ne manque pas au moins d'originalité.

Ces dernières excursions terminaient mon voyage. Revenu à New-York, j'étais depuis six mois et quelques jours aux États-Unis. Le Transatlantique *le Labrador* me ramenait au Havre.

CHAPITRE IX

Départ pour Panama. — M. de Lesseps à Southampton. — A bord du *Medway*. — Barbados. — La mer des Antilles et Jacmel. — Kingston et départ pour Colon.

Revenu depuis peu de temps à Paris de mes excursions de six mois aux États-Unis, je ne m'attendais guère à faire un nouveau voyage à si bref délai ; mais il y a des imprévus étranges dans la vie.

La soirée du 21 janvier passée à la *conférence Scientia* dans les salons de Lemardelay a été pour moi la cause de ce deuxième voyage, une curieuse excursion dans l'isthme de Panama. On fêtait ce soir-là M. de Brazza, revenu depuis peu du Congo ; il avait accepté la présidence d'honneur de la conférence, et M. Janssen, l'éminent astronome bien connu par ses explorations au Japon lors du passage de Vénus, présidait l'assemblée. On ne parlait que de voyages parmi les nombreux membres de *Scientia*. Beaucoup d'entre nous avaient visité bien des contrées de l'Europe, voire même les pays des nuages dans les régions de l'atmosphère et les conversations étaient gaiement interrompues par les toasts portés au futur gouverneur du Congo et par les souhaits nombreux qu'on lui adressait pour ses succès et pour la prospérité des pays explorés par lui.

Les travaux de Panama n'étaient pas oubliés dans les différentes causeries. M. Villard, ingénieur, allait partir dans quelques jours pour organiser de nouveaux chantiers dans l'isthme.

Il venait de signer comme directeur d'une grande entreprise un traité avec la Compagnie du canal pour en achever quelques-unes des plus importantes parties, celles de l'Obispo, de l'Emperador et le barrage du Gamboa.

Mon frère me présente à M. Villard, il me demande si je ne serais pas disposé à l'accompagner. « Mon voyage durera deux mois, me dit-il, je voudrais une personne avec moi pour prendre des notes sur nos différentes excursions et des croquis des curiosités des pays que nous traverserons. Nous partons le 28 pour rejoindre M. de Lesseps à Southampton ; voulez-vous être mon compagnon de route? Nous serons, j'en suis sûr, bientôt deux amis. »

Comment résister à une proposition si agréable? j'accepte avec enthousiasme. Les préparatifs sont terminés à la hâte, et me voici de nouveau en route avec mon nouvel et très gracieux ami.

Nous quittons Paris le 28 janvier 1886, en compagnie du docteur Nicolas, ancien médecin en chef de l'escadre du Mexique, que M. Villard emmène pour organiser le service sanitaire de ses chantiers. Bon nombre d'amis viennent nous souhaiter un heureux voyage à la gare du Nord, et deux d'entre eux, collaborateurs de M. Villard, M. Pouyer, ancien lieutenant de vaisseau et M. Max Lyon, ingénieur, nous accompagnent jusqu'à Southampton.

Notre arrivée dans cette ville a été heureuse, la traversée de Douvres à Calais ayant été exceptionnellement calme ; on aurait cru traverser un lac. Après quelques moments de repos à Londres, notre départ s'est effectué au milieu d'un brouillard tellement intense (il était 9 heures du matin) que de notre voiture qui nous transportait à la gare on ne pouvait voir les devantures des boutiques du Strand, qui n'est pas cependant une rue bien large. Les passants disparaissaient d'une manière fantastique dans la brume de la même façon que les pantins d'une lanterne magique.

Southampton était en fête à notre arrivée. L'hôtel de ville était pavoisé de drapeaux français et anglais avec guirlandes de feuillage. Tous les carillons en branle annonçaient joyeusement la présence de M. de Lesseps arrivé depuis la veille. Nous nous rendons au grand banquet auquel on nous avait invités ; mais, hélas! il est trop tard. Le déjeuner est fini. Dans la salle située auprès du festin nous marchons sur des cadavres, victimes sacrifiées en l'honneur du Grand Français. Des bouteilles de champagne sont là, étendues sur le plancher, elles roulent sous nos pieds. Après les explications données sur notre retard on nous envoie dans la grande rue, déjeuner aux frais de la Coopération de Southampton. Nous avons manqué ainsi les toasts et le discours de M. de Lesseps.

A 2 heures, nous étions tous réunis sur le quai de départ. Les voitures officielles arrivent. Le maire de la ville et les membres du conseil municipal sont en grand costume. Ils ont des tricornes à franges d'or ; des manteaux bordés de fourrures, et de grands attributs en argent et en vermeil sont portés par eux. Cela ressemble bien un peu à une mascarade, mais tout est fait avec un sérieux imperturbable et malgré toutes les libations au champagne, ces Messieurs savent garder le sang-froid officiel. On monte avec M. de Lesseps sur le petit bateau *la Princesse-Alice* qui doit nous conduire sur le royal mail *le Medway*. C'est sur son bord que les personnages officiels de Southampton adressent leurs compliments affectueux et leurs meilleurs souhaits — avec le bon voyage traditionnel. — La foule, fort grande, nous envoyait de gais *hourrah* en agitant des mouchoirs. On ne peut imaginer une plus cordiale et plus sympathique réception, et nous étions heureux de voir l'admiration que M. de Lesseps excite et les tendres sentiments qui lui ont été témoignés.

Le commencement du voyage réussissait à merveille et le soir, en perdant de vue les belles falaises blanches de l'île de Wight, tout allait bien *all right*, à bord du *Medway*. C'est un superbe navire, tenant admirablement la mer, et d'une solidité à toute épreuve, mais le mal de mer nous attendait cependant. Pendant deux jours et demi, sauf quatre ou cinq personnes, parmi lesquelles M. de Lesseps, M. Villard, M. de Molinari, presque tous ont été atteints, et les cabines ont été témoin de bien des souffrances cachées. Ces journées néfastes ont été oubliées rapidement par les passagers, le beau temps une fois revenu n'a plus cessé durant presque toute la traversée. L'immense panorama de la mer se déroule devant nous avec une vitesse de 310 milles en moyenne en 24 heures. Rien n'est plus charmant que de naviguer ainsi, paresseusement assis sur le pont, n'ayant d'autres occupations que de contempler les nuages aux couleurs merveilleuses et le grandiose Océan.

Sur le pont du *Medway* les causeries sont continues, intéressantes : cent cinquante passagers prennent place cinq fois par jour autour des tables du salon. M. de Lesseps, deux officiers généraux de l'armée anglaise : l'amiral Carpenter et son frère le colonel Talbot, nous donnent la note de la courtoisie anglaise : ils vont à la Jamaïque ; mais arrivés à leur destination, entraînés par les séductions du voyage avec M. de Lesseps, ils nous accompagnent à Colon et visitent l'Isthme avec nous. M. de Molinari, économiste distingué envoyé par le journal des *Débats;* M. Peschek, délégué de l'Allemagne, les délégués des chambres de commerce françaises, MM. J.-Ch. Roux (de Marseille), Jules Ferry (de Rouen), Méresse (de Saint-Nazaire), Bichon (de Bordeaux), M. Mottet, administrateur, M. Cottu, commissaire censeur de la Compagnie de Panama, M. Villard, M. Lillaz, leur nombreux personnel d'ingénieurs et d'employés, et notre compagnon et ami le docteur Nicolas, dont le rôle grandit à mesure que l'on approche du pays des coups de soleil ; puis enfin trente dames et jeunes filles qui, par leur présence sur le navire, en ont rendu le séjour tout à fait charmant.

Parmi elles, c'est madame de S..., Belge d'origine, mais Française de cœur, qui a le plus contribué au charme de notre voyage. Par son esprit bienveillant et son gracieux enjouement elle avait transformé le pont du *Medway* en un salon agréable devenu le centre de toutes les conversations. Quoiqu'à peine arrivée au commencement de l'automne de sa vie, elle est femme d'expérience, ayant fait déjà plus de trente fois la traversée de l'Océan, et elle connaît l'isthme de Panama mieux que personne. Son mari a été attaché aux travaux du canal pendant plusieurs années, mais la fièvre jaune l'a emporté, et elle venait une dernière fois à Panama pour terminer différentes affaires.

M. de Lesseps a bien voulu, pour nous distraire tous, faire quelques causeries dans les après-midi sur les commencements de sa carrière diplomatique, puis sur les travaux du canal de Suez et ceux de Panama. Quel charmant causeur que M. de Lesseps! sa physionomie si mobile semble s'éclairer lorsqu'il parle; il est plein de gaieté et de bonhomie, et il nous a tous bien intéressés avec les curieuses anecdotes qu'il nous a dites. Sa mémoire est merveilleuse, puis dans sa longue carrière il a tant vu de choses que les récits et les souvenirs précieux forment pour lui une mine inépuisable de causeries que l'on voudrait retenir et que plusieurs voyageurs cherchent à sténographier.

Pour lui le temps est toujours serein, la mer toujours favorable soit qu'il écarte le voile du passé, soit qu'il déchire celui de l'avenir, c'est avec la sérénité et la confiance des grands prophètes ses prédécesseurs.

Le docteur Nicolas a fait aussi une conférence sur les précautions sanitaires à prendre lorsque nous serions arrivés à Colon. Le docteur a passé cinq années de sa vie dans les parages du Mexique, c'est-à-dire au milieu des fièvres jaunes, putrides et autres qui se trouvent aussi dans l'isthme. Il paraît avoir une grande expérience sur ces questions terribles et ses conseils étaient fort écoutés, surtout par quelques jeunes femmes mariées à des employés de la Compagnie. Se fiant à leur bonne étoile, elles accompagnaient bravement leur mari pour rester bien des mois dans les travaux du canal.

Nous avions sur le *Medway* quelques curieux types d'Anglais. Une famille entre autres excitait l'étonnement de tous. Elle se composait du père, de la mère et de cinq enfants. Ils ont toujours vécu en voyage, allant dans les Indes, en Afrique, en Amérique, ailleurs encore s'il est possible. Deux des jeunes enfants sont nés sur un navire, les autres ont vu le jour dans des régions diverses du globe, dans un hôtel des rivages ou dans les forêts, on ne saura jamais au juste. L'éducation de cette jeunesse se fait dans les salons du bord. C'est le père qui se charge des leçons sérieuses. Les jeunes filles et les garçons viennent à l'heure dite avec leurs cahiers et leurs livres, et le papa fait sa

Fig. 66. — Habitation des indigènes de Barbados, abritée par des Cereus (page 236).

leçon. Elle est bientôt terminée d'ailleurs, et la maman vient ensuite pour commencer le cours de musique. La géographie s'apprend sur place ; hier c'étaient les sargasses et le tropique du Cancer, demain ce sera la mer des Antilles. Cela est fort pratique, mais on persuadera difficilement à une famille française de vivre ainsi à la manière des goélands et des alcyons.

Une dame anglaise excitait notre admiration. Au corps de libellule, elle lisait et mangeait toujours. Malgré les cinq repas réglementaires, elle trouvait encore moyen de prendre du thé et des gâteaux dans les intervalles. Après avoir bravé la tempête des premiers jours, elle semblait toujours vouloir s'envoler dans les longs couloirs du navire à l'aide des grands rubans déployés de son immense bonnet de dentelles.

Nous entrons bientôt dans la mer des tropiques; une chaleur de 22° à 25° invite les passagers au *far niente* le plus complet. Les matelots ont tendu sur le pont une vaste tente qui nous abrite tous des rayons du soleil.

Le *Medway* effraye dans sa marche de nombreux poissons volants. Ils sortent de l'écume argentée des vagues pour aller à 40 ou 50 mètres de distance disparaître sous les eaux. Des marsouins et des baleines viennent aussi quelquefois se montrer, mais ce qui est le plus rare, ce sont les navires. Pendant quatre jours notre isolement a été complet, on ne découvrait aucune voile à l'horizon.

Le soir, les jeunes filles faisaient de la musique et chantaient des romances; elles ont désiré danser. Le capitaine s'est laissé séduire et un bal a été aussitôt organisé. Quelques lanternes supplémentaires ont été accrochées sous la tente, et les chaises rangées pour faire place aux danseurs. Un petit orgue enfin formait tout l'orchestre. Nos jeunes filles avaient mis leur gentille toilette blanche et toutes joyeuses de cette fête improvisée, ont dansé avec entrain jusqu'à 11 heures du soir, heure du couvre-feu. Sur le pont ce n'étaient qu'éclats de rire et joyeuses causeries. Le léger roulis du *Medway* rendait quelquefois difficile la sauterie générale, mais on était indulgent pour les danseurs.

Un bal au milieu des mers n'est pas chose très commune; lorsqu'il est éclairé par les étoiles innombrables et le croissant de la lune, certainement il n'y a rien de plus pittoresque.

Dans les mers situées sous le tropique du cancer l'astre de la nuit a un aspect tout particulier, étrange pour les Européens. Au lieu d'être dans le ciel comme nous sommes habitué à le voir, le croissant lunaire était tout autrement placé. Ces deux pointes étaient dirigées vers le zénith, il ressemblait alors plutôt à une resplendissante barque flottant sur les vapeurs éthérées de la nuit qu'à « la faucille d'or dans le champ des étoiles » chantée par Victor Hugo.

Dans une autre soirée, nous avons eu un concert donné par les passagers, devenus de vrais artistes pour la circonstance. M. de

Fig. 67. — Grande rue de Bridgétown, Milk Market à Barbados (d'après nature).

Lesseps et l'amiral Carpenter ont conduit ensuite deux de nos plus charmantes voyageuses pour faire une quête au profit des pauvres orphelins.

Le temps s'écoulait rapidement à bord du *Medway*, avec toutes ces distractions diverses. Mais nous n'attendions pas moins le 10 février avec impatience, c'était le jour où nous devions passer une demi-journée à terre, dans l'île Barbados.

Au lever du jour, tout le monde était déjà sur pied, le soleil s'est montré au travers des feuilles des dattiers et des arbres que l'on voyait dans le lointain; tout couronné de nuages roses, il s'est élevé peu à peu au-dessus de l'horizon, et nous pouvions découvrir les côtes verdoyantes de cette île d'origine volcanique.

Le *Medway* ne tarda pas à être entouré d'une foule de petites barques conduites par des noirs; il subit ainsi un véritable siège. Pour aller à terre on n'avait donc que l'embarras du choix. Puis une quantité de petits nègres s'offraient aux regards des voyageurs. Moyennant quelques sous que nous jetions dans la mer azurée, on les voyait plonger et rouler dans les vagues. Ils rattrapaient l'argent avec une agilité merveilleuse, toujours prêts à recommencer. Plongeant sous le navire, faisant mille tours, ils nous donnaient ainsi un charmant spectacle qui valait certes plus que les sous distribués.

M. de Lesseps nous offre des places dans une des barques qu'il a choisie, fait signe aux rameurs tout en tenant la barre, et nous mène en quelques instants dans le port de Bridgetown, la capitale de l'île anglaise.

Barbados contient 160 000 habitants, 16 000 seulement sont de race blanche. L'île peut avoir 21 milles de longueur sur 14 de largeur. Des pentes légères conduisent au plus haut point du pays, le mont Hillaby, qui n'est que de 382 mètres. Des mines de pétrole et de gaz naturel sont exploitées dans cette petite colonie, où se trouvent aussi quelques sources d'eau bouillante.

Les ouragans sont fréquents dans le pays et quelquefois des tremblements de terre se font sentir; les récifs de corail qui entourent l'île rendent souvent son approche dangereuse.

Bridgetown possède 19 000 habitants. Cette ville s'étend beaucoup dans la campagne, presque toutes les maisons ayant des jardins remplis d'arbustes et de brillantes fleurs des tropiques. Quelques maisons des indigènes ou des cultivateurs pauvres de l'île sont abritées parfois par d'immenses Cereus à l'aspect étrange. Nous les remarquons avec étonnement, étant habitués à voir ces plantes dans nos serres, dans un état chétif et peu développé (fig. 66).

Les bords de la mer sont souvent ombragés par les cocotiers, les grands figuiers et d'autres beaux arbres. Ils fournissent ainsi aux habitants de charmantes promenades. Des routes bien entretenues sillonnent d'ailleurs toute l'île et facilitent l'exploitation des mines et les travaux des champs. Les nombreuses plantations de cannes à sucre, les bananiers, les arbres à pain, les cocotiers, etc., contribuent à faire de Barbados un endroit agréable.

Fig. 68. — Statue de Christophe Colomb, à Colon (d'après nature) (page 242).

Le coup d'œil de la capitale est intéressant. Dans les rues, la foule de nègres et de négresses légèrement vêtus allant à leurs affaires ou portant sur la tête des paniers de fruits ou de légumes, est des plus amusantes. Ce spectacle, illuminé par l'ardent soleil des tropiques, est plein de gaieté et d'animation, il excitait vivement notre curiosité.

Nous allons déjeuner dans le principal hôtel de la ville, mais à peine commencions-nous à goûter aux plats du pays, tortues, ignames, mangues et bananes, qu'on annonce à M. de Lesseps que les autorités de la ville viennent le saluer et lui faire leurs gracieux compliments de bienvenue. Une collection de toutes les vues photographiques du pays lui est offerte et on lui annonce qu'on a préparé à son intention une excursion pour aller visiter les principales plantations situées au centre de l'île. Un chemin de fer achevé depuis peu y mène facilement. M. Villard, le docteur et moi nous préférons rester dans la ville pour voir en détail les rues et les carrefours. Pour des Parisiens fraîchement débarqués, l'aspect de cette ville est tout à fait étrange et notre court séjour à Bridgetown nous faisait l'effet d'un rêve. Abrités sous nos parasols, nous pouvions braver le soleil presque impunément. J'ai pris le croquis d'une des rues principales, *Milk Market* (voy. fig. 67), mais bientôt les nègres et négrillons m'ont tellement entouré que sans un policemen de l'endroit, mulâtre coiffé d'un casque blanc orné des armes d'Angleterre, j'allais être étouffé. Je commençais à être noyé dans tout ce monde de noirs des deux sexes et je serais devenu la victime de leur curiosité.

Les heures s'envolent malheureusement, il faut regagner le *Medway* pour voguer encore vers de nouveaux rivages.

Les côtes de Barbados s'effacent dans les brumes de la nuit, mais cette fois notre isolement au milieu des mers n'est pas de longue durée. Nous nous arrêtons quelques moments en vue de Jacmel et de son port. On ne peut voir de plus riant tableau que cette petite ville si bien placée dans la verdure au milieu des montagnes de Saint-Domingue. Nous regrettons de ne pouvoir y aborder, mais il faut obéir aux lois de la consigne.

Le 14 février nous arrivions à Kingston, capitale de la Jamaïque, où nous sommes restés une journée et demie.

Cette ville est loin d'être attrayante, les rues mal tenues et poussiéreuses, et la population noire n'offrent pas au voyageur un tableau agréable. Kingston a résisté à bien des désastres depuis 1693, date de sa fondation. Le terrible tremblement de terre de 1692, détruisait Spanishtown et Port-Royal; elle est née à la suite de ce cataclysme, puis, incendiée en 1782, elle a encore survécu. Actuellement elle occupe une surface de 2 milles carrés. Les Anglais font quelques efforts pour l'embellir. Depuis 1877, Kingston est éclairé au gaz, il possède un jardin central et quelques églises, mais il y aurait bien des travaux à faire encore pour la mettre au rang d'une véritable cité.

Malgré ces imperfections nombreuses, il est curieux cependant de citer le fait, sans doute peu connu, que le chemin de fer de Kingston à Spanishtown est un des premiers qui aient été construits dans le monde. Il date de plus de cinquante ans.

Quelques promenades intéressantes dans les montagnes environnantes ont pu nous donner une idée générale sur la belle végétation tropicale du pays et les principales productions, qui consistent dans la culture du coton, du tabac et du café. La Jamaïque exporte environ de 800 000 à 900 000 livres de café par année ; ce trafic assez considérable, joint à celui des autres produits, et le commerce des bestiaux, fort nombreux dans les montagnes, expliquent l'accroissement notable des habitants du pays. En 1662, l'île était peuplée seulement par 3 650 blancs et 550 noirs ; le recensement de 1871 donnait 506 154 habitants dont 100 346 mulâtres, 13 101 blancs et 392 707 noirs. Actuellement la population est plus grande encore.

Madame de S., qui était restée toute la journée à bord du *Medway*, paraissait vouloir visiter quelques moments la ville, avant le départ du navire, fixé au lendemain. Elle a bien voulu m'accepter comme guide. Nous sommes entrés dans deux des principales églises de Kingston et cette visite a été fort curieuse.

Il y avait foule dans ces temples éclairés d'une quantité de lumières, mais tous les fidèles, pour ainsi dire, étaient noirs. Les femmes, en grande toilette de couleur des plus éclatante, ornées de chapeaux à plumes et de colliers de corail paraissaient d'ailleurs fort recueillies. Sur une estrade placée dans les galeries du premier étage de l'église, d'autres dames noires, encore plus parées, s'il est possible, plus étincelantes sous leurs mille rubans colorés ont chanté des cantiques pour terminer la cérémonie. Elles nous ont offert, sans s'en douter un spectacle de couleur locale, véritablement bien étrange.

Notre court séjour à Kingston marquait presque en même temps la fin de notre voyage sur mer; nous arrivions à Colon le 17 février, après vingt jours de traversée.

L'amiral Carpenter et le colonel Talbot nous ont suivis avec une valise, en laissant leurs bagages à la Jamaïque, absolument comme les touristes quittent Lucerne pour monter au Righi.

L'expédition se complète à Colon de l'amiral américain envoyé au-devant de M. de Lesseps, avec les officiers de son vaisseau, de M. Biguelow, ancien ambassadeur à Paris, délégué des États-Unis, et de sa charmante fille, de M. Constant Andrée, de la Nouvelle-Orléans, du marquis de Teano, grand explorateur italien.

Deux jours après notre arrivée à Colon, nous sommes rejoints par le duc de Sutherland qui, ayant rencontré à la Jamaïque son ami M. de Lesseps, le suit à Colon avec son yacht, et fait avec nous, accompagné d'une gracieuse dame anglaise, la tournée sur les travaux.

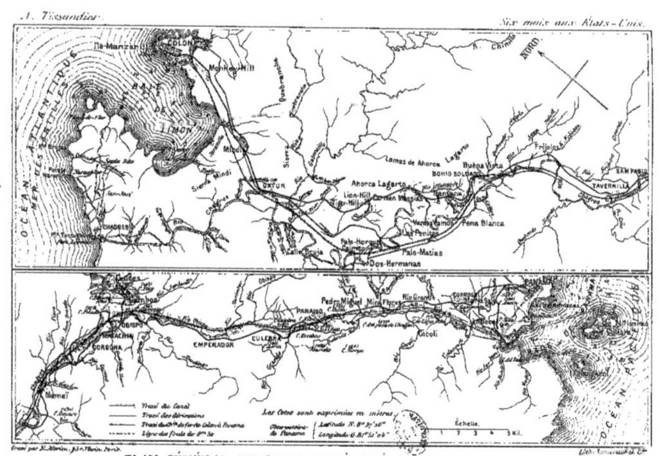

PLAN GÉNÉRAL DU CANAL INTEROCÉANIQUE DE PANAMA.

CHAPITRE X

Colon et ses rues. — La statue de Christophe Colomb. — Les hôpitaux. — Les travaux de dérivation du rio Chagres. — Le canal. — Les fêtes de Panama. — La Culebra, l'Emperador et l'Obispo. — Chantiers de la Boca et le matériel actuel du canal.

Notre arrivée à Colon, signalée de Barbados et de Kingston par télégraphe, était attendue, et la présence de M. de Lesseps sur le *Medway* avait attiré sur le port une foule considérable. A peine descendus du navire nous sommes entourés et fêtés par les ingénieurs de la Compagnie. Les nègres de la ville poussent des cris d'allégresse avec un enthousiasme des plus pittoresques.

Deux jeunes filles, ornées d'écharpes aux couleurs françaises et colombiennes, viennent saluer M. de Lesseps et lui offrir des bouquets pour fêter sa bienvenue. Le consul de France, M. Boyer, le nouveau directeur de la Compagnie dont nous devions apprendre la mort si affreuse trois mois plus tard, M. Charles de Lesseps, MM. Bonnafous, Bunau Varilla et quelques autres ingénieurs de la Compagnie arrivent aussi. C'est une réception complète et tout à fait cordiale.

On nous installe bientôt dans les nouveaux chalets construits sur le terre-plein Christophe-Colomb. Ce terre-plein occupe une surface de 1,200 hectares environ; il est formé par les terres rapportées qui ont été enlevées pour le creusement du canal. C'est une sorte de presqu'île avançant dans la mer; elle est toute sillonnée par les différentes voies du chemin de fer de l'administration et remplie de nombreux ateliers et des chantiers des travaux. La Compagnie du canal a fait construire d'élégantes maisons de bois le long de la mer pour loger ses fonctionnaires ; des avenues de cocotiers sont plantées, ainsi que des jardins, et pourront, dans peu d'années, donner de l'ombre sur les promenades. Une belle statue de Christophe Colomb en fait l'ornement. Elle était placée il y a quelques années sur un piédestal plus important et beaucoup plus près du centre de la ville, mais par suite des travaux nouvellement terminés, on l'a transportée à l'extrémité du terre-plein, comme on le voit sur mon dessin (fig. 68). Christophe Colomb, debout sur son piédestal, et les yeux tournés vers l'entrée du canal futur semble déjà en protéger l'entrée. M. de Lesseps a présidé, quelques jours après son arrivée dans la ville de Colon, à l'inauguration du monument, au milieu d'une grande affluence de monde et des autorités du pays. Bien aéré par la brise de la mer, le terre-plein est agréable et sain, mais malheureusement il fait exception à Colon. C'est, je pense, la cité la plus malpropre du monde.

Il est impossible d'imaginer le degré de saleté des rues et les odeurs fétides qui se dégagent des terrains marécageux sur lesquels les maisons de bois, habitées par les nègres, sont construites. Il n'y a ni égout ni écoulement pour les eaux, qui restent stagnantes sous les pilotis des maisons et qui reçoivent encore par surcroît tous les détritus et les ordures ménagères des habitants. Les grenouilles et les rats immondes vivent dans ces eaux et parmi les boues de la rue. Tout cela forme de hideux cloaques aux plus épouvantables odeurs. Dans certaines saisons, à l'époque des pluies surtout, il n'est pas étonnant que les maladies et la fièvre jaune élisent leur séjour dans de pareils endroits. Le dessin (fig. 69) que j'ai pu prendre d'une des rues principales de Colon indiquera suffisamment le degré d'insalubrité de semblables habitations.

Le gouvernement colombien a plusieurs fois, paraît-il, fait des efforts pour remédier à cet état de choses, mais la mauvaise administration du pays et le désordre ont tout empêché. L'argent a disparu, aucun travail n'a été fait.

Si Colon est malpropre au delà de toute expression, Panama, sans l'être autant, est également malsain. L'eau manque dans la ville, et les rues ne sont nullement entretenues. Les ordonnances de police n'existent pas pour ainsi dire au sujet des fosses dans les maisons et des règlements de la voirie, de sorte que tout est

Fig. 69. — Une rue de la ville de Colon (d'après nature).

à faire encore dans cette ville de 20,000 âmes, déjà cependant ancienne dans l'isthme.

Aux heures de marée basse surtout, la mer découvre, aux pieds des vieux remparts de Panama, une terre vaseuse et pleine d'immondices jetées par les habitants. Une odeur fétide se dégage alors de cette bourbe épaisse et va se répandre dans les différentes rues du voisinage. Les urubus, oiseaux au sinistre plumage, poussés par leur voracité, sont les seuls nettoyeurs de la ville. On les voit voltiger au-dessus de toutes les immondices, mais ils ne sont pas encore assez nombreux pour tout faire disparaître (fig. 70).

En voyant Panama fortifiée avec de vrais remparts du côté de la mer comme du côté de la terre, en admirant l'élégante façade de la cathédrale et d'autres vestiges grandioses, comment ne pas rendre hommage à la puissance créatrice et civilisatrice de cette grande race espagnole qui laissait, il y a deux cents ans, de tels souvenirs. Elle accomplissait des miracles de persévérance et de volonté sous le même ciel brûlant, aussi peu clément qu'aujourd'hui, sans avoir la ressource des noirs, cette providence actuelle du travail tropical. On doit donc croire au succès de l'œuvre française entreprise par M. de Lesseps, si colossale qu'elle soit, quand on songe aux progrès de toute nature accomplis par l'industrie humaine depuis l'époque où les Espagnols ont fait la conquête de l'Amérique centrale.

M. de Lesseps nous a assuré, lors d'une grande réunion avec les notabilités de Panama, qu'il y aurait très prochainement des arrangements nouveaux avec la Compagnie du chemin de fer et le gouvernement colombien. On fera des travaux pour assainir Colon et Panama. La besogne sera, certes, difficile ; il faudra exproprier bien des anciennes maisons et des rues entières pour changer les conditions actuelles, mais tous les sacrifices seront faits cependant, la santé générale des habitants de l'isthme en dépend.

Les premières visites que M. de Lesseps a faites ont été, à Colon comme à Panama, pour les hôpitaux. Celui de Colon peut contenir cent cinquante lits. Il se compose de quelques pavillons construits sur des piles de maçonnerie fondées sur le rivage de la mer. Aérés constamment sur toutes les faces, ces bâtiments de bois, peints et blanchis fréquemment, sont d'une propreté irréprochable.

Nous avons pu voir quelques malades atteints de fièvres paludéennes et intermittentes, puis on nous a fait entrer dans des salles où les ouvriers blessés ou contusionnés dans les travaux du canal sont attentivement soignés. Dans de vastes pavillons séparés il y avait, lors de notre visite à la fin de février, huit cas seulement de fièvre jaune. L'hospice de Colon, quoique bien aménagé, est simple et modeste; celui de Panama est un véritable modèle, luxueusement construit. Il a coûté une somme considérable à la Compagnie, mais c'est une dépense qu'on ne saurait critiquer quand on est témoin des soins qui y sont donnés aux malades.

Fig. 70. — Les remparts et l'hôtel de la Marina, à Panama (d'après nature).

Ce vaste établissement contient cinq cents lits; comme celui de Colon, il est composé d'une série de pavillons parfaitement aérés. Reliés entre eux par des jardins, ils sont placés sur la hauteur. Les malades peuvent jouir ainsi de la vue superbe de la ville de Panama, des montagnes couvertes de verdure, et de l'océan Pacifique. Quarante sœurs dirigent le service de l'hôpital, et dans la saison mauvaise, où les maladies sont plus nombreuses, on leur donne, pour les aider, quelques servantes supplémentaires. Quatre docteurs et deux chirurgiens, neuf pharmaciens sont chargés des soins à donner.

L'hospice possède encore au milieu de ses vastes jardins : un abattoir, des basses-cours, des glacières, des boucheries, etc. Il peut enfin satisfaire aux besoins de tous ses services différents et nombreux, car tout semble avoir été prévu.

Lorsque les malades des hôpitaux de Panama et de Colon sont arrivés à l'état de convalescence, ils sont menés au sanitorium qui a été fondé également par la Compagnie dans l'île de Taboga. Cette île n'est pas très éloignée de l'entrée du canal futur; l'air qu'on y respire, sans cesse renouvelé par les brises légères de l'océan Pacifique, doit en faire un séjour qui offre toutes les garanties possibles de salubrité.

Citons, avant de quitter la question si importante de la salubrité dans l'isthme, le village américain que la Compagnie du *Panama Rail Road* a créé à Colon non loin de l'hôpital. Avec ses maisons propres, isolées, bien situées, ses fossés d'écoulement d'eau, etc... c'est là évidemment le modèle à suivre pour les installations du canal : au village américain l'état sanitaire est tout à fait rassurant, la maladie ne dépasse pas la moyenne des cités coloniales civilisées. Nous y puisons la confiance dans l'avenir de la salubrité des travaux de l'isthme.

M. Charles de Lesseps, dès notre arrivée à Colon, nous avait fait remettre à tous un programme, composé par lui, pour nous faire visiter en six journées les travaux du canal dans toute sa longueur, nous laissant quelques jours d'intervalle pour nous reposer ou pour visiter Colon et Panama et nous rendre compte de toutes choses dans leur ensemble complet.

Ce colossal travail offre en ce moment un aspect du plus haut intérêt. Nous voyons le premier jour les travaux de dérivation du Chagres; la canalisation n'est pas encore achevée, mais dès l'année prochaine elle sera terminée entièrement, depuis la baie de Limon jusqu'à Gatun.

Le rio Chagres, le rio Grande avec les autres petites rivières qui viennent s'y mêler passent encore, en bien des endroits, dans le lit du canal actuel et dans ses tracés. Son parcours entier doit être complètement dégagé. Les parties qui le traversent aujourd'hui seront comblées, le canal passera alors entre deux rivières dont les détours naturels auront été réunis de chaque côté de ses rives par les canaux de dérivation. Le canal lui-même ne sera plus alimenté que par les eaux des deux mers, l'océan Pacifique

Fig. 71. — Bohio Soldado et le bac provisoire sur le rio Chagres, d'après nature (page 248).

et la mer des Antilles. (Voir la carte des travaux du canal interocéanique de Panama.)

Le rio Chagres, que nous avons vu si calme et si riant, avec ses rives verdoyantes remplies des fleurs brillantes des tropiques, est perfide en certains moments. Des crues subites, de 8 à 9 mètres de hauteur, arrivent après des pluies ou des orages violents, produisant des inondations effroyables qui enlèvent tout sur leur passage. C'est ainsi qu'à Bohio Soldado, en décembre dernier, un pont de charpente, solidement établi pour relier les deux rives du fleuve afin de faciliter les travaux, a été complètement détruit. Lors de notre visite à ce chantier nous dûmes passer le Chagres dans un bac installé provisoirement. (Voir fig. 71.)

Après cette première excursion aux travaux de dérivation, nous continuons les jours suivants nos pérégrinations dans des travaux qui excitent encore plus notre intérêt.

On traverse la baie de Limon pour entrer dans le canal ; une grande drague, *le count de Lesseps*, travaille en ce moment (fig. 72), à son élargissement. Les 40 mètres actuels devront atteindre la largeur de 500 mètres pour former un bassin d'entrée long de 2,500 mètres.

Nous suivons ce parcours en bateau à vapeur, tout en nous arrêtant pour visiter des dragues placées de distance en distance dans le canal. L'une d'elles est actionnée par une machine à vapeur de la force de 200 chevaux. Elle peut enlever en 10 heures 12 à 15,000 mètres cubes de terre. Composés de débris madréporiques ou de sable légèrement glaiseux, les terrains sont faciles à enlever dans ces parages.

Notre bateau nous mène ainsi dans le lit du futur canal pendant près de 6 kilomètres. Nous voici près du rio Mindi. Un monticule non creusé nous oblige à débarquer. On nous fait monter sur de petits wagonnets sur rails, disposés pour nous recevoir, et des nègres nous poussent vers le chantier au travers des forêts vierges. Trois cents ouvriers sont là, creusant et enlevant les terres. Ils sont campés sous des huttes de feuillage, c'est une sorte de colonie dans les arbres et les fleurs. On voit les wagonnets remplis de terre remonter les talus à l'aide d'un câble mû par une machine à vapeur. Les décombres sont rejetés dans la forêt même, sur l'autre côté des rives déjà faites.

Nous remontons dans d'autres bateaux à vapeur pour suivre encore le canal et parcourir les 2 kilomètres de la dérivation achevée sur la rive droite du Chagres pour arriver à Gatun, situé à 10 kilomètres de Colon.

L'année prochaine les bateaux à vapeur de la Compagnie

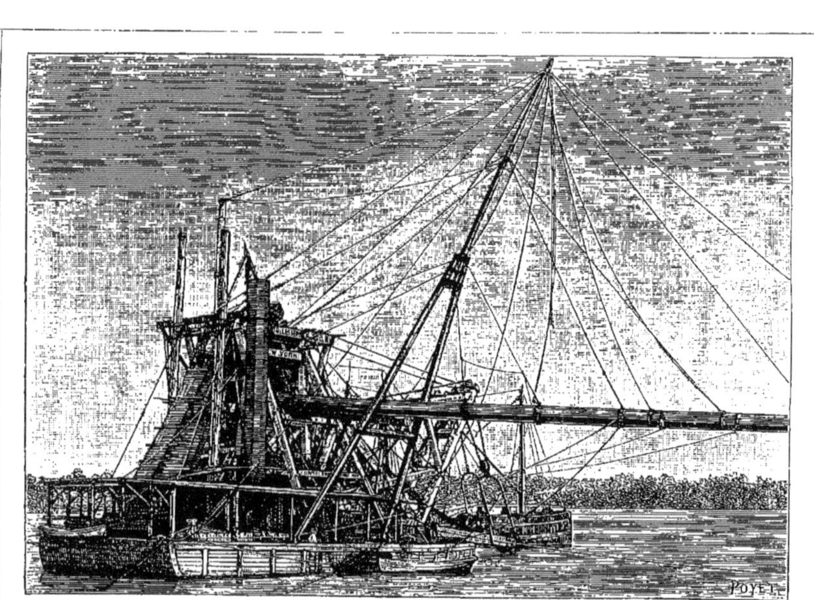

Fig. 72. — La grande drague, *Count de Lesseps*, à l'entrée du canal, dans la baie de Limon (d'après une photographie).

pourront pousser plus loin leurs explorations. Ils iront jusqu'à Caimito, à 17 kilomètres de la baie de Limon. Les travaux sont poussés activement dans cet endroit. Une énorme drague à longs couloirs, de 375 chevaux-vapeur, *la City of New-York*, y fonctionne nuit et jour. Cette machine a été achetée par la Compagnie au prix de 800,000 francs, elle peut enlever une moyenne de 4000 mètres cubes des terres relativement molles de la forêt en 24 heures. De fréquents retards, motivés par des réparations nécessaires, entravent son activité, elle en enlèverait le double sans cela.

Le dragage se fait en trois opérations successives, jusqu'à une profondeur de 9 mètres; c'est la profondeur adoptée pour le canal, qui aura 22 mètres de largeur au plafond et 50 mètres au plan d'eau. De distance en distance il y aura des bassins de croisement pour les navires. De même profondeur, ils auront 44 mètres au plafond et 72 mètres au plan d'eau.

A Bohio Soldado une grande partie du canal est en voie de creusement et nous voyons une butte, de 7 à 800 mètres de largeur, déjà fortement entamée par les explosions des mines. Les ouvriers emploient la dynamite pour ces opérations; ils creusent des galeries horizontales de 8 à 12 mètres de longueur; on en établit cinq sur la largeur du canal, les charges de dynamite employées sont de 170 kilogrammes chacune et on les fait partir toutes à la fois. Les terres et roches désagrégées sont enlevées par les wagonnets. Près de 1,200 ouvriers sont employés sur ce chantier. Ils sont organisés par escouades de 400. Un homme laborieux peut gagner 300 francs par mois. Il travaille à la tâche et peut remplir jusqu'à trente wagonnets dans sa journée.

Les chantiers de Tavernilla (33 kilomètres de Colon), peu éloignés de Bohio Soldado, possèdent des excavateurs et transporteurs sur rails d'un modèle récemment employé au canal. A ces sortes de dragues, enlevant les terres comme de coutume, on a joint de longues galeries formées de croisillons à jour. Munies de toiles métalliques, glissant sur des rouleaux, elles transportent les terres, rejetées par les cuillères des dragues, jusqu'aux bords extérieurs des berges.

Tout ce mouvement des machines et des ouvriers est curieux à voir dans ses détails; mais nous ne pouvions rester longtemps à Tavernilla, le chemin de fer nous attendait pour nous mener à Panama. Sa construction commencée en 1850 par le colonel Trotten était achevée en 1855. Son parcours, au milieu des forêts est toujours intéressant. Les vues y sont souvent admirables, et parfois on croirait se trouver au milieu de charmants jardins (fig. 73). Le voyageur a aussi pendant ce court voyage de Colon à Panama des pensées qui l'envahissent tout entier. Les travaux qu'il traverse rapidement lui présagent un avenir extraordinaire. Les forêts, défrichées aujourd'hui seulement pour les besoins du canal seront éloignées encore, les marécages desséchés seront livrés à la culture ou deviendront des docks considérables pour recevoir des développements de plus en plus grandioses.

A la place des forêts bouleversées par les ouvriers, des terres creusées par les dragues et les excavateurs nous verrons dans peu d'années les navires porter le commerce et l'industrie dans le monde entier en passant par ce petit coin de terre de 70 kilomètres de largeur. On ne peut guère parcourir ces belles forêts pleines de travailleurs patients et courageux, sans rêver au résultat final, à cette révolution prochaine et pacifique qui sera produite à l'inauguration du canal de Panama.

A presque toutes les stations où nous nous arrêtons, les noirs font partir des feux d'artifice, et leurs femmes viennent saluer M. de Lesseps devant son wagon réservé; elles dansent devant lui en criant des *vivat* et lancent dans les airs le contenu de petites bouteilles de parfumerie.

Notre visite dans les travaux a eu un intermède fort intéressant. Les fêtes et réceptions offertes à M. de Lesseps, lors de sa venue dans la ville, ont dépassé ce qu'on peut imaginer de plus attrayant et de plus pittoresque. La population nègre surtout en faisait tous les frais, dans les rues toutes enguirlandées et pavoi-

Fig. 73. — *Le Panama rail-road* (d'après une photographie).

sées à profusion de drapeaux de tous les pays et de banderoles de fleurs. C'était une foule incroyable composée des races les plus diverses. Les ouvriers nègres venus des chantiers du canal, mêlés à leurs camarades indiens, hindous, chinois, espagnols, américains, et à la population de la ville, produisaient un effet extraordinaire. Un savant anthropologiste aurait eu fort à faire pour étudier les types de tout ce monde mélangé encore de mille façons imprévues. Une étude à ce sujet serait d'ailleurs bien intéressante à faire sur cette question pour celui qui aurait la volonté de visiter attentivement les chantiers des nombreuses sections du canal.

Descendu du chemin de fer, M. de Lesseps est reçu par les autorités de Panama et doit répondre aussitôt quelques phrases improvisées sur le discours plein d'enthousiasme qui lui est adressé. Le cortège passe ensuite sous des arcs de triomphe de feuillage ornés des devises : *Au Grand Français*, *Viva de Lesseps*, etc. Puis nous sommes forcés de nous arrêter, la foule, plus étonnante, plus bariolée que jamais empêche nos voitures de circuler.

Au balcon du premier étage d'une maison, de gracieuses petites filles, en toilette claire et couronnées de fleurs, chantent en chœur un hymne en l'honneur de la venue de Ferdinand de Lesseps. Le mélange de leurs voix délicates et fraîches, semblables aux gazouillements des oiseaux au printemps, formait le plus joli concert qu'il soit possible d'entendre, dans cette rue éblouissante, toute ensoleillée.

Les applaudissements s'élèvent ensuite de tous côtés, le cortège reprend sa marche pour passer sous de nouveaux arcs de triomphe et tourner autour d'un obélisque décoré d'emblèmes divers. On arrive enfin sur la grande place de la Cathédrale, et bientôt nous pouvons tous nous installer dans les logements qui nous étaient réservés. Le soir encore, les illuminations et les marches aux flambeaux semblaient incendier la ville. La fête était magnifique, comme on voit. Il serait difficile de ne pas être touché d'une réception, plus que royale, donnée par une ville colombienne à l'un de nos plus grands compatriotes.

Le lendemain, malgré les 30 degrés de chaleur lourde et énervante qu'il fallait supporter d'ailleurs jour et nuit, nous reprenions nos excursions. On commençait la deuxième partie de la visite générale. Sur tout le parcours du canal on voit de nombreuses installations et campements pour les ouvriers ; il y aurait là bien des efforts à faire pour l'assainissement et la salubrité. Les huttes des nègres sont malpropres et entourées, comme à Colon et à Panama, de toutes les ordures imaginables. Sous un ciel toujours couvert et avec l'air lourd qu'on respire, les émanations marécageuses de la forêt et les odeurs produites par le manque de soins séjournent toujours dans ces lieux, qui deviendront de plus en plus malsains, si l'on n'y prend garde.

Les sections les plus curieuses sont celles de la Culebra, l'Emperador, le haut et bas Obispo et le barrage de Gamboa. C'est là que règne l'activité la plus extraordinaire.

Les travaux faits dans ces chantiers sont déjà avancés, mais il reste cependant encore à faire un effort considérable pour arriver au niveau du canal futur.

A la Culebra une douzaine d'excavateurs sont en activité, nous donnons l'aspect de l'un d'eux, l'excavateur Osgood, qui fonctionne lors de notre passage (fig. 74). La Compagnie franco-hollandaise chargée de cette section emploie près de deux mille ouvriers, mais d'ici peu ce nombre augmentera dans de grandes proportions.

A tous moments, sur notre chemin, nous entendons les explosions de la dynamite désagrégeant la montagne.

Les machines en mouvement, les wagonnets remplis par les ouvriers et transportant les terres, offrent un spectacle extraordinaire. Les talus de 10 mètres de hauteur environ que l'on fait graduellement pour les travaux forment autant de terrasses immenses, de gradins qui descendront peu à peu jusqu'au niveau même du canal futur. Placés sur la montagne, nous les voyons ainsi se dessiner d'une façon grandiose ayant pour cadre les talus déjà faits et la forêt vierge.

A l'Emperador, plusieurs millions de mètres cubes sont déjà

Fig. 74. — L'excavateur Osgood dans une tranchée de la Culebra (d'après une photographie).

CHANTIER DE L'EMPERADOR, ASPECT DES TRAVAUX (d'après une photographie).

enlevés, mais les chantiers sont tellement grands que ce travail déjà fait est peu sensible (Pl. VII).

Il reste plus de 20 millions de mètres cubes à enlever dans la partie comprise entre l'Emperador et l'Obispo, sur une longueur de 8 kilomètres environ.

Notre visite au chantier d'Emperador est marquée d'un de ces incidents dont M. de Lesseps est coutumier : le train s'arrête à la station, des chevaux nous attendent pour accomplir une tournée un peu longue. M. de Lesseps oublie ses quatre vingts ans pour sauter au bas du wagon, et, avec la désinvolture d'un adolescent, il enfourche le premier cheval qui lui tombe sous la main, pique des deux et franchit seul au galop une colline que nous gravissons après lui au pas et péniblement.

Le cheval qui porte M. de Lesseps arrive au sommet en quelques instants : au silence attentif presque craintif qui, dans la foule, avait accueilli cet exploit, succède un hurrah formidable. M. de Lesseps, du haut de la montée, se retourne souriant, satisfait de la difficulté vaincue : trois mille personnes de toutes couleurs, de toutes les régions du monde l'acclament. Deux mille ans plus tôt les reporters de l'époque l'eussent fait monter au ciel dans un nuage : c'est le grand prophète du dix-neuvième siècle que la foule salue ! Souvenir inoubliable !

Nous visitons le barrage de Gamboa. Ce travail semble si bien indiqué par la configuration du terrain que son énormité disparaît presque : c'est une montagne de 10 millions de mètres cubes qu'il s'agit de créer pour forcer le Chagres et ses crues diluviennes à suivre le nouveau lit qu'on lui prépare.

La tranchée à creuser dans le voisinage suffira amplement et au delà à créer ce barrage, ainsi que le bassin de retenue que la nature a préparé.

La montagne de l'Emperador est composée de roches schisteuses et de formations volcaniques ; on espère que les talus creusés pourront se maintenir d'eux-mêmes, sans qu'il soit nécessaire d'exécuter des travaux de soutènement. La tranchée à faire sur la longueur de cette section doit avoir une hauteur de 57 mètres en moyenne. Elle formera un entonnoir immense au fond duquel le canal devra passer.

Au bas Obispo, près des chantiers de la Corrosita, on fait sauter devant nous une partie de la montagne: 30,000 mètres cubes de rochers! Trois galeries de mine pouvant contenir 2,500 kilogrammes de dynamite avaient été préparées et M. de Lesseps, au moment de notre arrivée, a fait un signal. Placés tous à 300 mètres environ de distance, nous voyons l'énorme bloc de rochers se soulever sous l'effort de l'explosion. De larges crevasses se forment ensuite en laissant échapper une épaisse nuée de poussière et de fumée qui obscurcit une partie du ciel pendant quelques instants. Séparés par un pli de terrain assez profond du lieu même de l'explosion, nous n'avons ressenti, à notre grand étonnement, aucune secousse, mais nous avions grande hâte de voir le résultat effroyable causé par la dynamite. Nous remontons tous à cheval pour aller sur les lieux. Il est difficile de s'imaginer le terrible chaos de pierres fendillées, ruinées de toutes les manières par la force de l'explosion.

Ces expériences sont quelquefois renouvelées dans les travaux; elles sont chères, paraît-il, les explosifs seuls coûtant 25,000 francs. On fait sauter par mois cinquante mille mines dans le canal en cours d'exécution. La dynamite française est considérée comme la meilleure.

Du pied de la Culebra jusqu'à Panama nous avons visité encore bien des chantiers, mais ils n'offrent en ce moment aucune particularité intéressante à signaler. On y travaille activement comme d'ailleurs dans toutes les sections. Quelques kilomètres sont seulement défrichés en certains points. L'entrée du canal du côté de Panama est à peine commencée, mais le sol mou et presque uni de cette région ne donnera point de difficultés matérielles aux ouvriers. Des installations grandioses sont faites au bord du Pacifique. Ce sont les chantiers de la Boca. Les campements pour les ouvriers et des ateliers de montage, des forges sont établis, et un grand nombre de dragues sont préparées pour donner un élan nouveau au travail.

Le canal occupe actuellement, sur son parcours de 70 kilomètres, 18 à 20,000 ouvriers environ. Lorsque tous les chantiers de l'Emperador et de Gamboa, ceux de la Culebra et de la Boca auront completé leurs installations nouvelles, qu'on aura donné enfin au travail général le vigoureux effort nécessaire pour tout terminer, 50,000 ouvriers seront alors employés.

A cette armée de travailleurs correspond un outillage formidable : plus de 40 dragues sont en travail ou prêtes à être mises en œuvre ; 125 excavateurs représentant près de 10,000 chevaux de force travaillent aux déblais, plusieurs milliers de chevaux-vapeur sont répartis en diverses autres machines, sans parler du matériel de transport qui se chiffre, ou doit se chiffrer, par plus de 250 locomotives dont 170 actuellement en service et 8,000 wagons. Le matériel de voie en usage sur les chantiers représente plus de 500 kilomètres, non compris les voies Decauville, qui sont innombrables ; il devra être presque doublé : *c'est la ligne de Paris à Lyon à double voie*. Le matériel flottant compte en bateaux de toutes sortes : remorqueurs, chalands, etc., plus de 200 engins de transports maritimes, dont le cinquième muni de machines à vapeur ; 500 pompes d'épuisement terminent cette énumération formidable d'un outillage inouï (1) accumulé pour le percement de cette étroite langue de terre que le train du Panama Rail-Road franchit en une heure et demie sur un terrain d'apparence presque plane et sans ouvrages d'art.

C'est cette traversée facile et rapide de l'isthme, c'est cette communication si prompte entre les deux Océans avec la voie ferrée, qui laissent, plus vivement que tous autres souvenirs de la visite des travaux, l'impression de la praticabilité du travail et de la grandeur de l'œuvre, quand, les yeux fixés sur la carte, on

(1) L'état du matériel a été établi dans le plus grand détail par le rapport remarquable des délégués des chambres de Commerce de France, présenté par M. Jules-Ch. Roux, délégué de la chambre de Commerce de Marseille.

se rend compte des bienfaits de cette nouvelle route maritime de jonction entre les mondes.

Sur tout le parcours, le canal a déjà son sillon creusé plus ou moins profond et notre imagination d'aréonaute nous permet de dire que si l'on traversait l'isthme en ballon, le canal pourrait sembler presque creusé ; à distance du vol des grands oiseaux.

Mais nous n'allons pas jusqu'à proposer cette concurrence au Panama Rail-Road, le railway américain qui côtoie le canal aujourd'hui comme un tuteur bienfaisant et indispensable pour reprendre un rôle plus modeste le jour à perspective prochaine où nos grands paquebots transatlantiques porteront dans leurs flancs en un seul voyage et en quelques heures le trafic de trente ou quarante trains de ce Panama Rail-Road, qui offre déjà le spectacle de nos lignes européennes les plus chargées.

Évidemment, là seulement où passait le chemin de fer, le tracé du canal était possible : c'est l'artère nourricière de cette grande armée de travailleurs ; elle a coûté la vie, dit-on, à bien des officiers et des soldats, mais cela a été très exagéré comme tout ce qui se dit des choses lointaines en général et des choses de l'isthme en particulier.

Au canal de Panama comme partout, la période d'installation a été la plus meurtrière et aussi la plus coûteuse ; si l'effort et la dépense d'origine ont produit un résultat relativement moindre, l'heure est venue des grands résultats. Aussi est-ce avec confiance que nous saluons, avant de quitter les chantiers, cette armée de travailleurs. Elle comptera, comme dans les batailles, des victimes mortes au champ d'honneur pour une œuvre plus glorieuse pour notre pays et moins coûteuse assurément que les conquêtes les plus retentissantes.

CHAPITRE XI

Départ de l'isthme de Panama. — Le *Texan*. — Un jeune homme de Guatemala. — Le Mississipi et la culture des oranges. — La Nouvelle-Orléans. — Les navires et leur chargement de coton. — Réglements despotiques des hôteliers. — Les « Cotton Presses ». — La station de Tuscaloosa. — Melie! Melie! — Le Niagara en été. — Le Niagara en hiver. — L'*Aurania*. — Retour en Europe.

Le programme composé par M. Charles de Lesseps était épuisé au bout de quelques jours comme cela avait été prévu. Nous avions une idée aussi complète que possible des installations des chantiers de l'isthme, grâce à l'obligeance extrême de notre ami Charles de Lesseps, qui, toujours présent dans nos tournées, nous montrait lui-même tous les détails intéressants et nous donnait à tous moments les explications nécessaires. Les travaux étaient ainsi passés en revue par nous tous et nous avions visité dès lors ce qu'on peut voir actuellement du canal en voie d'exécution. Il fallait songer au retour. M. F. de Lesseps avait décidé son départ avec les délégués des provinces françaises par la voie de Caracas et Saint-Nazaire.

M. Villard désirait au contraire revenir en France en passant par la Nouvelle-Orléans et les États-Unis; pendant nos promenades dans l'isthme il avait visité ses travaux, installé les services, il en rapportait l'impression d'un parti plus utile, qu'on ne l'avait cru jusqu'alors, à tirer des ressources américaines si voisines, en hommes, en matériel, etc. J'étais très heureux de revenir aussi par cette voie des États-Unis si intéressante à tous égards.

M. Word, le jeune et éminent *superintendant* du *Panama Rail Road*, ingénieur américain (ancien élève du collège Chaptal dont M. Villard préside le conseil d'administration), avait mis à notre disposition un train spécial, qui, en moins d'une heure et demie, nous amène de Panama à Colon, du Pacific à l'Atlantique ; nous longeâmes une dernière fois ces grands travaux du canal avec la pensée d'y revenir bientôt pour traverser alors tout l'isthme en bateau à vapeur. Le docteur Nicolas et M. Bonnafous nous reconduisaient avec Mme de S... notre gracieuse compagne du *Medway* qui, rentrant chez elle à New-York, faisait route avec nous, continuant cette aimable camaraderie de voyage que nous avions déjà très appréciée.

Arrivés à Colon, attendus par le bateau qui devait nous emmener, nous aidons M. Villard à faire ses malles en en chassant à la hâte les cancrelats, les araignées géantes ou autres parasites qui y avaient déjà élu domicile pendant notre séjour à Panama.

Au coucher du soleil, nous nous embarquons sur le *Texan* en destination de la Nouvelle-Orléans, tout en prenant congé de nos amis MM. Bunau Varilla et autres, qui étaient venus nous faire leurs adieux.

Le *Texan*, grand bateau de commerce anglais, de 4,760 tonneaux, fait le service régulier de Liverpool, Bordeaux, Colon et la Nouvelle-Orléans; ce beau navire aux formes élégantes est aménagé pour recevoir une soixantaine de voyageurs de première classe. Nous sommes sept passagers seulement ; parmi eux M. Constant André, aimable habitant de la Nouvelle-Orléans d'origine française que M. Villard avait appelé à Colon, un couple américain et un jeune garçon de treize ans. Le capitaine du *Texan*, M. Wallace, Irlandais, traite ses passagers et ses passagères fort aimablement, mais il leur mesure la ration de *glace*, ce bienfait inappréciable, l'apéritif et le digestif obligé des régions tropicales.

Notre existence de bord avait le mérite d'être beaucoup plus intime encore que celle du *Medway ;* puis, au moins, nous pou-

Fig. 75. — Le steamer *Henry Frank* chargé de balles de coton sur le port de la Nouvelle-Orléans (d'après une photographie). (Page 275.)

vions respirer à l'aise. La chaleur gênante de l'isthme était déjà oubliée par nous.

C'est un véritable plaisir de se trouver avec de bons amis au milieu de ces mers splendides des Antilles et du golfe du Mexique. Nous avions mille sujets de causeries diverses, avec la contemplation des belles montagnes de l'île de la Providence, dont nous côtoyons les bords. Elle est habitée presque tout entière par des colons écossais qui y possèdent de nombreux bestiaux et sont grands cultivateurs d'orangers. Puis ensuite le vaste panorama des côtes de l'île de Cuba nous donnait de nouvelles distractions. Notre jeune homme de treize ans excitait aussi notre intérêt. Il voyage seul et vient de passer deux ans en France pour apprendre notre langue. Ses parents habitent Guatemala, mais ils ont eu la malheureuse idée de mettre leur fils à Bordeaux chez les frères, puis dans un collège d'une des principales villes d'Auvergne, de sorte que notre petit ami va acclimater au Mexique le plus bel accent auvergnat qu'on puisse rêver. Il parle assez bien le français d'ailleurs, et il nous semblait étonnant de voir cet enfant savoir si bien se tirer d'affaire. Il connaît déjà une partie des États-Unis et la Belgique. Avant de rentrer chez lui il va passer quelques jours à la Nouvelle-Orléans et débarquera enfin à Liwinsgtone au Guatemala. De là, il ira rejoindre sa famille en faisant 100 lieues à travers forêts et montagnes avec un guide et trois chevaux dont un portera ses bagages. Il faudra coucher presque toujours à la belle étoile et voyager enfin six ou sept jours. Tout cela à treize ans! Comme notre éducation française est loin de former ainsi la jeunesse.

Notre petit compagnon de bord avait aussi sa lettre de crédit.

— A quelle carrière vous destinez-vous, lui demandait Mme de S...

— Je serai teneur de livres et je pourrai gagner dans l'administration de mon pays quinze cents francs par mois. Puis je n'ai pas besoin de faire beaucoup d'économies, mon père est riche et âgé, il ne se remariera pas et me destine toute sa fortune ; mes frères ont fait leur position et n'ont besoin de rien, c'est moi qui hériterai.

On voit que ce jeune fils de famille savait déjà combiner admirablement son avenir!

M. Villard lui donnait à lire quelques romans d'Alexandre Dumas qu'il avait emportés, et il les dévorait absolument, avec une ardeur juvénile tout à fait exceptionnelle.

Après cinq jours de voyage, notre entrée dans les eaux du Mississipi est retardée par un brouillard épais qui nous oblige à rester une journée de plus dans le golfe du Mexique. Notre capitaine faisait marcher son navire avec lenteur et commandait à tous moments des sondages. Enfin un petit steamer, *the Underwriter*, vient vers nous; une barque en est détachée, elle porte le pilote qui va nous mener dans le fleuve. Le voici bientôt sur le pont du *Texan* et le *Underwriter* disparaît de nouveau dans le brouillard. Les brumes augmentent, et nous devons encore attendre avant de continuer notre route. Il faut descendre l'ancre et prendre patience.

Nous n'étions pas loin de terre cependant! un petit oiseau-mouche perdu dans les vapeurs épaisses vient voler sur le pont et nous égayer par son vol rapide et le bruissement de ses ailes. Le lendemain enfin nous pouvons entrer dans le fleuve et le soleil reprend tous ses droits.

L'entrée du Mississipi est étroite, encaissée par des jetées grossièrement construites sur pilotis avec des fascines au milieu desquelles ont été posées des pierres (1); elle n'a qu'une largeur

(1) Relevons en passant cette caractéristique des œuvres souvent les plus grandioses des Américains des États-Unis : pour eux l'avenir est bien plus proche du présent que dans notre vieille Europe; ils font grand, mais veulent faire vite, et si leur œuvre ne doit durer que quelques années, ils en prennent leur parti en laissant à leurs successeurs le soin de la compléter ou de la reprendre. Dans notre vieille Europe, on endigue les fleuves avec des quais en pierre de taille, de construction si lente et si coûteuse que l'on ajourne souvent leur établissement. L'endiguement du Mississipi, ouvrage formidable, établi à si peu de frais, paraissant si précaire, entretenu chaque année, nous est apparu comme une de ces œuvres toutes spéciales du nouveau monde : c'est là certainement un des secrets de leurs grandes œuvres presque toutes provisoires, mais appropriées à leurs besoins immédiats.

Fig. 76. — Le steamer *E.-D. Richardson* débarrassé de sa cargaison (d'après une photographie). (Page 275.)

de 200 pieds. Le Delta du Mississipi occupe un territoire immense, ce sont des déserts marécageux jusqu'à perte de vue.

Le fleuve commence bientôt à s'élargir, les roseaux couvrent le rivage, ainsi que les terrains sablonneux peuplés d'oiseaux sauvages, qui s'envolent effrayés par le bruit du navire.

Puis quelques habitations commencent à apparaître, elles sont ombragées par de vieux arbres couverts de lichen qui les envahit peu à peu et finit par les faire mourir. Les gens du pays

Fig. 77. — Coupe d'un bateau à vapeur de la Nouvelle-Orléans, montrant le mode de chargement des balles de coton. (Page 276.)

font d'amples récoltes de ces plantes parasites et les font sécher. Elles sont employées aux mêmes usages que nos varechs.

Un grand nombre de navires sont rencontrés dans ce long parcours; nous voyons entre autres un petit steamer qui s'approche à grande vitesse : c'est le bateau des lettres et des messageries qui fait le service des postes des campagnes et villages riverains. Il s'approche du rivage, et lance du haut de son pont une sorte de pont-levis. Trois hommes descendent en courant tout en poussant à terre des barils, des paquets ou d'autres objets. Une seconde presque suffit pour cette manœuvre; les hommes sont déjà rentrés dans le bateau. Le pont-levis est levé et le steamer est reparti ; il semble qu'il a disparu comme par enchantement pour aller déposer lettres et paquets ailleurs.

Les paysages se succèdent, éclairés par les rayons du soleil ; ce sont des tableaux resplendissants de lumière offrant des aspects véritablement féeriques. A mesure que nous nous éloignons de l'embouchure du fleuve, ses bords se garnissent d'une culture luxuriante. Le Mississipi devient superbe.

Pour arriver à la Nouvelle-Orléans, le voyage dure douze heures environ, mais depuis le golfe du Mexique le panorama qui se déroule sous nos yeux est tellement intéressant, avec tous ses aspects variés, que la monotonie ne saurait exister.

Dans ses parties les plus basses, le fleuve a près de 50 mètres de profondeur; le navire approche souvent près du rivage; le chemin qu'il doit prendre varie d'après les saisons, le chenal étant tantôt sur le milieu du Mississipi, tantôt sur les bords, mais la route parcourue est toujours imposante.

Les détours sont nombreux; les champs de cannes à sucre, les plantations de riz remplissent les campagnes ainsi que les grandes cultures d'orangers. Les arbres couverts de fleurs et de fruits embellissent les rives et encadrent d'une façon délicieuse les maisons et les villas des fermiers et des cultivateurs.

Le commerce des oranges est d'ailleurs considérable sur les bords du Mississipi, aux environs de la Nouvelle-Orléans. Un oranger ne commence à produire des fruits, dans ces régions, qu'au bout de six années. Lorsqu'il a atteint l'âge de dix ans, il peut donner jusqu'à 3,000 oranges par an ; un peu plus tard la récolte annuelle peut aller jusqu'à 6,000. On cite même quelques arbres qui ont donné jusqu'à 8,000 fruits, mais ce sont des faits rares dont on parle dans le pays comme exceptionnels.

L'entretien d'un oranger n'exige que fort peu de travail : 2 fr. 50 donnés par an à un ouvrier suffisent en moyenne. On comprend le rapport énorme qu'un arbre seul peut fournir à son propriétaire, qui n'a pas d'ailleurs à s'occuper de la récolte. Elle est vendue sur pied ; les oranges cueillies sont enlevées et

Fig. 78. — Presse hydraulique employée à la Nouvelle-Orléans pour comprimer et cercler les balles de coton. (Page 278.)

mises en paniers pour être envoyées dans tous les États-Unis.

Au coucher du soleil nous étions en vue de la Nouvelle-Orléans.

La France cédait, le 20 décembre 1803, la Louisiane aux États-Unis, et la Nouvelle-Orléans devenait américaine. L'influence du caractère français, malgré quatre-vingt-trois années écoulées, est encore cependant très sensible dans cette grande cité, qui compte aujourd'hui plus de 216,000 habitants, dont 20,000 de nos compatriotes environ. La gaieté et le mouvement qui règnent dans les rues n'ont pas le caractère des autres villes des États-Unis; on pourrait presque croire, en certains quartiers, qu'on se trouve en pays français.

Notre langue y est encore fort répandue d'ailleurs, les ordonnances et lois affichées sont aujourd'hui traduites en français et les habitants des bas quartiers de la ville ne pourraient y séjourner commodément sans être familiarisés avec notre langage.

Un grand nombre de rues ont encore des noms français; il en est de même pour les enseignes de marchands. On voit ainsi que les anciens colons, les représentants de notre pays en cette cité, y ont laissé des souvenirs profonds, mais de jour en jour ces souvenirs disparaissent graduellement et bientôt, sans doute, ils seront détruits pour jamais.

S'il y a au monde un port d'un aspect étrange et pittoresque, c'est bien celui de la Nouvelle-Orléans.

Du mois de septembre au mois de décembre, un monde d'ouvriers, nègres et mulâtres, est employé à faire la récolte du coton dans l'intérieur de la province. Les chemins de fer, et les navires surtout, reçoivent des cargaisons énormes, le mouvement d'affaires devient considérable.

Les navires de commerce, semblables à des forteresses flottantes aux murailles formées de balles de coton, viennent de toute part inonder les quais et les magasins de la quantité des produits récoltés. Dans un seul chargement, un de ces immenses bateaux peut quelquefois débarquer plus de 5,000 à 8,000 balles de coton.

Celui dont nous donnons l'aspect (fig. 75), le steamer *Henry Frank*, a 95 mètres de longueur, et peut contenir 2,600 tonnes.

Sa cargaison se composait de 9,226 balles de coton, 1,213 sacs de graines de coton, 1,224 sacs d'*oile cake* ou tourteaux de graines de lin, 500 sacs de grains divers et 27 colis de toutes espèces. Cet ensemble peut être évalué au chiffre colossal de 10,226 balles de coton réunies.

A son arrivée à la Nouvelle-Orléans, le 2 avril 1881, ce steamer fit sensation sur les quais de débarquement et son capitaine J.-F. Hicks reçut des ovations. On n'avait jamais vu jusqu'alors un navire de ce genre portant une si forte cargaison.

Une de nos autres gravures (fig. 76) représente un steamer analogue au premier, c'est le steamer *E. D. Richardson;* il est, comme on voit, débarrassé de toute sa cargaison.

La méthode de chargement est curieuse; un simple croquis au trait (fig. 77) en facilitera l'explication. Le steamer possède, sur presque toute la longueur de son pont, une salle centrale immense pour les voyageurs S; elle est bordée en L et L par les cabines qui peuvent servir à plus de 200 passagers et par les chambres diverses pour le service, etc. Cette salle prend jour sur une galerie couverte B qui sert en même temps à la circulation extérieure. Le premier étage est construit de même façon; un deuxième étage enfin couronne ces galeries de charpente assez élégamment ornées. Au niveau du pont, un large plancher X, maintenu seulement de distance en distance par les fermes de fer qui font partie de la construction de la grande salle et des cabines, vient augmenter la surface générale du steamer. Ce plancher forme un bau considérable; celui du *Henry Frank* est de 17 mètres de largeur. C'est sur sa surface qu'on commence à disposer les balles de coton qui sont placées peu à peu de manière à cacher entièrement les salles et galeries où se tiennent les voyageurs. Entre les ballots on a soin de conserver des embrasures pour laisser pénétrer l'air et le jour à l'intérieur. Le chargement terminé, les balles de coton remplissent enfin tous les bas côtés du steamer et montent jusqu'à la galerie supérieure, où les voyageurs peuvent circuler.

Le poids de toutes ces balles de coton fait enfoncer le bateau (une d'elles pèse environ 450 livres), le niveau de l'eau atteint presque la première rangée posée sur le plancher N. Elle est souvent même mouillée par suite des mouvements du navire.

Lorsque les cargaisons sont débarquées sur le quai, les marchands viennent faire leurs acquisitions et les balles sont en-

Fig. 79. — La Grotte des vents, en avant des chutes américaines, Niagara (d'après nature).

voyées aussitôt aux *Cotton Presses* pour subir l'opération de la compression.

Un des aperçus caractéristiques de la ville est celui du quartier où se trouvent ces vastes établissements. Il y en a près de 25 à la Nouvelle-Orléans, chacun d'eux a pu coûter 4 à 500,000 francs environ pour son installation générale. Ils contiennent un grand nombre de presses de différents modèles, mais les plus employées sont les *Taylor's hydraulic* et les *New-Morse*. Ces dernières sont en faveur depuis l'année 1877 ; il y en a près de 55 dans la ville tandis que les Taylor's ne sont qu'au nombre de 32. C'est M. Morse l'inventeur de ces superbes machines. Il en a été exécuté un grand nombre de modèles depuis 1872, mais sa dernière création, la *New-Morse*, semble réunir toutes les qualités d'économie, de solidité et de puissance ; beaucoup d'entre elles ont déjà comprimé de 500,000 à 1 million de balles sans avoir éprouvé encore la moindre détérioration. Les machines en action sont curieuses à examiner. La balle de coton est saisie par des nègres qui la posent sous la presse mise aussitôt en action (fig. 78). Elle l'aplatit de son poids formidable, 5 millions de livres, la réduisant de près des trois quarts de sa dimension primitive. Enroulé dans une une toile grossière, le ballot est maintenu et lié par des lanières de fer qu'on peut faire passer dans des crans ménagés à cet effet dans les plaques de compression. Les liens de fer sont alors assujettis par les ouvriers et la machine rejette d'elle-même la balle de coton pour en recevoir de nouvelles.

Les bandes de fer qui maintiennent les ballots sont un grand progrès sur les anciennes attaches, qui se composaient de cordes grossières. Elles ont été inventées et simplifiées encore par les ingénieurs MM. *Lewis Miller* et *S. H. Gilman*.

Les navires ont le grand avantage de pouvoir charger un nombre beaucoup plus considérable de balles de coton grâce aux *Cotton-Presses*, aussi payent-ils un droit de 65 cents ou 3 fr. 25 par balle. On en exporte annuellement 2 millions environ.

Les deux tiers de la population de la ville sont occupés à ce trafic. On peut estimer au chiffre de 500 millions de francs la valeur de l'exportation annuelle de cette matière première.

Une des plus importantes questions à décider au sujet des machines à comprimer était de savoir si les qualités du coton étaient toujours dans les mêmes conditions lorsque la balle avait subi l'opération de la presse.

On assurait généralement que le coton ne se filait pas aussi bien lorsqu'il avait été comprimé, et que sa qualité était alors inférieure à celui qui ne l'avait pas été.

Les manufacturiers du nord des États-Unis étaient de cet avis, mais, d'après la notice que M. J.-C. Hemphill a publié dans le *Special report n° 47. Department of agriculture of Washington*, on voit qu'en Angleterre cette opinion n'est point partagée. C'est à la suite de quelques expériences faites avec des balles de coton provenant des provinces de l'Inde situées dans l'est, que les idées ont changé absolument à ce sujet dans ce pays. D'autre part, M. Dumont, grand manufacturier à *Gaston County* dans la Caroline du Sud, paraît avoir démontré, après bien des essais exécutés dans les deux cas, que loin d'amoindrir les bonnes conditions du coton, les machines à comprimer les amélioraient au contraire. Il vit avec étonnement que le coton comprimé donnait moins de déchet; il y avait, par conséquent, un produit plus abondant. Le fil fabriqué avec du coton non pressé était peut-être plus fort, mais la légèreté et la régularité de celui qu'on obtenait par le coton comprimé étaient supérieures, et ce sont des qualités qui passent aujourd'hui pour être parmi les plus importantes.

Nous ne pouvions tous trois séjourner longtemps à la Nouvelle-Orléans; notre voyage était limité comme durée et avant de le terminer nous voulions visiter les chutes du Niagara et voir les neiges du Canada.

Un *sleeping-car* est retenu par mon ami afin que nous ayons toutes nos aises pendant les deux nuits et les deux journées de voyage qu'il y faut passer pour arriver sur les rives du lac Erié et au Niagara.

Nous avions cette fois chacun une cabine séparée et un salon en commun pour causer ensemble dans la journée.

Faire ainsi le voyage ne saurait être fatiguant et je constatais en même temps que les provinces de l'Est avaient un grand avantage sous ce rapport sur celles de l'Ouest, comme j'ai pu le constater quelques mois auparavant.

Les *Pullman-cars* y offrent de plus grandes facilités et moyennant quelque supplément le voyageur y est installé tout à fait confortablement.

Nous ne sommes pas heureux sous d'autres rapports, il faut en convenir. On nous fait déjeuner dans une petite station des plus primitives et pour comble de malheur c'était un dimanche. D'affreux plats froids nous sont donnés avec l'eau glacée à discrétion comme toujours. Nous demandons un peu de vin, mais nous ne savions pas que le buffet où nous étions appartenait à une société de tempérance. Le nègre qui nous servait nous a regardés d'un air effaré et nous a lancé un *not to day* des plus significatifs voulant en même temps nous faire sentir l'inconvenance d'une telle demande un pareil jour. Notre amie riait de bon cœur de notre désappointement. Il a fallu nous passer de vin.

Dans cette libre Amérique il y a de singuliers usages et souvent on n'est pas aussi libre qu'on veut bien le dire. Combien de fois ai-je été ennuyé et gêné par les règlements despotiques des hôtels du pays, surtout dans les petites villes Les repas y sont donnés à heures fixes à certains moments déterminés de la journée.

Les portes de la salle à manger sont ouvertes alors, mais refermées aussitôt l'heure réglementaire passée. Malheur à celui qui n'est pas exact ; il mourrait de faim plutôt ; on ne lui donnerait même pas une croûte de pain. Il faut attendre que le moment soit venu où les cuisiniers recommenceront le prochain repas. Puis si je demandais des fruits, le soir par exemple, on me disait que ce n'était pas l'heure ; c'est le matin qu'ils sont donnés, et ainsi de suite. Les voyageurs doivent se conformer à l'usage des hôteliers et dans les pays d'excursions à Mammoth-Cave, au Colorado, à Manitou-Springs ou au Niagara, etc., rien n'est plus désagréable que cette obligation où l'on se trouve de penser toujours à une rentrée exacte à l'hôtel.

Les touristes n'ont jamais d'heure fixe, cela va sans dire, ils viennent des montagnes, où ils se sont attardés auprès d'une cascade. Les hôteliers de France comprennent cela au moins, et ils sont toujours à vos ordres, à n'importe quel moment du jour ou de la nuit.

Notre voyage en chemin de fer n'a pas été exempt d'émotions cependant. A Tuscaloosa, une mulâtresse, jeune femme accompagnée de deux amies, veut sauter du wagon avant l'arrêt du train. Elle s'embarrasse dans ses jupes et tombe sous notre *pulmann-car*. Nous entendons des cris épouvantables poussés par les femmes : Mélie ! Mélie ! s'écrient-elles en sanglotant.

Fig. 80. — La Grotte des vents, derrière les chutes américaines, Niagara (d'après nature). (Page 287.)

La malheureuse mulâtresse est retirée de dessous le wagon ; ses deux jambes, affreusement mutilées, sont presque coupées net. Elle n'a plus la force de crier et regarde avec horreur ses pieds dans ses bottines qui n'appartiennent plus à son corps.

Nous avons tous eu un moment d'angoisse inexprimable ; cette station de Tuscaloosa n'avait, il faut le dire, aucun quai de départ ; les voyageurs descendent au hasard, sur un terrain inégal qui favorise beaucoup les accidents.

A dix heures du soir, nous étions enfin au Niagara, installés dans le seul hôtel ouvert en hiver sur les rives canadiennes, à *Prospect house*, en face des chutes. La neige tombait en gros flocons ! Pour des personnes venues de l'isthme de Panama en un espace de temps si rapproché, c'était un contraste bizarre. De 30 à 33 degrés de chaleur que nous avions nuit et jour, nous étions descendus à 5 ou 6 degrés au-dessous de zéro.

Il me sera permis ici de me reporter, comme je l'ai dit page 215, à quelques mois en arrière, époque où je faisais ma visite d'été aux chutes du Niagara avant de me rendre à Albany et à Boston. Le lecteur aura ainsi deux impressions : le Niagara en été et en hiver.

Le 21 août 1885, j'arrivais à Clifton house, hôtel canadien admirablement situé sur le bord des hautes murailles qui enferment le Niagara. La nuit commençait déjà et des nuages noirs immenses couvrant tout l'horizon faisaient ressortir les chutes qui semblaient blanches comme la neige. Des éclairs splendides d'un éclat formidable ont éclairé ce superbe tableau. Voir ainsi le Niagara avec un ciel d'orage ne saurait suffire évidemment pour en juger, mais il serait difficile de contempler une scène de la grande nature plus étrange, plus fantastique. Descendu jusqu'au bord de l'eau à la lueur des éclairs et des faibles rayons de la lune, voilée à tous moments par les nuages courant dans le ciel, j'étais émerveillé à l'aspect des vapeurs produites par les cataractes. Elles s'élevaient dans le ciel avec des lueurs magiques produites par les éclairs. Le bruit des chutes se mêlait au roulement des coups du tonnerre lointain ; ils ajoutaient encore à ce spectacle qui me semblait être une vision féerique. Le lendemain, l'orage de la nuit passé, j'ai pu voir alors avec un ciel brillant et clair le Niagara sous tous ses aspects divers.

Je dois dire ici, comme tous ceux qui ont eu le bonheur de le visiter, que cela est grandiose, que cela est merveilleux. Je suis resté trois jours en contemplation, allant des chutes aux rapides, et ainsi de suite ; traversant bien fréquemment le pont suspendu qui réunit les rives canadiennes à celles des États-Unis. On aurait plaisir à rester davantage encore, car ce sont des scènes dont on ne saurait jamais se lasser.

C'est un Français, Robert Cavalier de la Salle, fils d'un riche marchand rouennais qui, venu au Canada au printemps de l'année 1666, a fait le premier la découverte des chutes du Niagara. Fermement convaincu à la suite d'aventureuses explora-

Fig. 81. — Rapides de Whirlpool et vue des rives américaines, Niagara. (d'après nature). (Page 288.)

tions dans les terres lointaines du pays que les eaux du Mississippi se jetaient dans le golfe du Mexique et non dans l'océan Pacifique, comme on le croyait généralement alors, il voulut consacrer sa vie à ces intéressantes recherches, espérant donner à la France l'immense territoire tributaire des eaux du grand fleuve, et étendre par ses découvertes les relations commerciales déjà établies.

Il revint en France, et put obtenir une entrevue à ce sujet auprès de Louis XIV. Un vaste territoire lui fut concédé ; et dès son retour au Canada, il construisit, pour défendre la nouvelle colonie contre les Indiens, un fort avec des tours de pierre qui reçut le nom de Frontenac. Une construction analogue était aussi conçue par lui pour défendre l'embouchure de la rivière du Niagara. C'est lui qui fit exécuter, pour faciliter l'exploration de ces pays ignorés, le premier navire *le Griffin*, qui fut lancé le 7 août 1679 sur le lac Erié.

Cavalier de La Salle avait comme compagnon de voyage dans ses explorations un missionnaire catholique, le père Louis Hennepin ; c'était un savant ayant des connaissances multiples sur la géologie, l'histoire naturelle, la botanique, etc. Il a laissé de nombreuses relations scientifiques de toutes ses pérégrinations. Ce sont ces deux hommes hardis et courageux qui virent les premiers les chutes du Niagara en décembre 1678. Le père Hennepin en donne une description qui diffère peu de celle qu'on pourrait faire aujourd'hui.

Les chutes du Niagara étaient menacées depuis de longues années de devenir victimes de l'industrie américaine. Du côté des États-Unis, les îles si belles qui séparent les chutes, *goat islands* et les *three sisters* allaient se détruisant peu à peu à cause du voisinage des usines qui les possédaient ; sur les rives canadiennes il en était de même. Les deux gouvernements ont pris enfin une heureuse décision.

D'accord entre eux pour rendre au Niagara toute sa splendeur, les usines sont expropriées et déjà, du côté américain, on commençait à les démolir entièrement lors de ma visite pour remettre à leur place quelques plantations et rendre aux rochers leur aspect primitif. Les touristes peuvent dès maintenant circuler dans tous les nombreux points intéressants, sans payer comme autrefois des redevances exagérées.

Le côté canadien sera aussi amélioré et débarrassé des constructions qui font encore mauvais effet sur le haut des falaises.

Les chutes ont, comme on sait, une hauteur de 60 mètres en-

Fig. 82. — Grotte de stalactites de glace formées sous les chutes du Niagara rive canadienne (d'après une photographie). (Page 289.)

viron sur presque toute leur étendue. Elles tombent des hauteurs du lac Érié, divisées en deux branches par les îles dont nous avons parlé.

Au niveau du lac Érié, les eaux ont formé déjà une pente rapide avant de s'élancer du haut des falaises du Niagara, et c'est un spectacle superbe de les voir se précipiter en vagues tumultueuses le long des bords de *Goat island*.

Sur les rives canadiennes surtout, le coup d'œil est superbe, la plus grande largeur des chutes est de ce côté, elles forment en tombant un immense fer à cheval, du fond duquel s'élèvent des colonnes de vapeurs qui montent dans le ciel jusqu'à une hauteur de 2 à 300 mètres lorsque le temps est calme.

Du parc réservé de *Goat island*, on descend au pied des chutes même pour passer le long des murailles derrière une partie de l'immense cataracte américaine. C'est l'endroit qu'on nomme la Grotte des vents, *Cave of the Winds* (fig. 79). On vous revêt d'un costume en toile huilée, car il faut se déshabiller complètement. Les ladys américaines qui ne doutent de rien font de même, elles ne sont pas comme les Parisiennes; peu d'entre mes charmantes compatriotes consentiraient à s'affubler ainsi.

On vous donne des bonnets de toile jaune et huilée, des caoutchoucs ou espadrilles énormes sont attachés aux pieds, et le corps est recouvert d'une sorte de robe de chambre jaune huilée également. Cet ensemble est peu coquet il est vrai, mais si on est laid à faire rire les gens les plus graves, on a cependant, pour la somme de un dollar, un spectacle fort extraordinaire derrière ce rideau de cascades absolument inouïes.

On reçoit sur le dos une véritable pluie de diamants et des arcs-en-ciel merveilleux se multiplient à nos côtés (fig. 80). C'est un enchantement que cette vapeur lumineuse qui vous suffoque légèrement quelquefois, à vrai dire, sans cependant trop vous incommoder. On reste, malgré soi, près des rochers, à regarder cette chute d'eau gigantesque qui se précipite devant vos yeux. L'admiration vous saisit.

Le bruit assourdissant produit par la masse des eaux vous

étonne d'abord ; puis on est comme fasciné par l'éclat de cette cataracte aux reflets flamboyants sous les rayons du soleil. Le long des rochers, des planches solidement fixées ont été posées ; elles sont munies d'une légère balustrade, de sorte que, malgré tout, on peut passer sans danger devant et derrière les chutes de la *Cave of the Winds*. Il faut choisir pour cette petite expédition une journée de soleil, sans cela, la peine qu'on se donne serait inutile, l'illumination des cascades n'existant plus.

En suivant, du haut des falaises, le courant énorme produit par les chutes, j'arrivai bientôt à l'endroit célèbre les *Whirlpool rapids*. La promenade est charmante d'ailleurs ; par la route canadienne, c'est une avenue de parc bien entretenue et embellie à tous les instants par les vues du Niagara.

Un plan incliné vous fait descendre les murailles en deux minutes à peine et me voilà devant un torrent effroyable, presque vertigineux. On comprendra aisément que les chutes, qui lancent par heure un volume d'eau égal à 100,000 tonnes, lorsqu'elles doivent passer entre deux murailles relativement fort resserrées (300 mètres à peine) doivent fournir un torrent d'eau absolument exceptionnel.

Au bas des falaises, les éboulements successifs des rochers ont produit une sorte de quai naturel plein d'arbres et de fleurs. Les eaux du Niagara, resserrées encore par ces deux rives verdoyantes ainsi formées, se précipitent avec une vitesse extraordinaire. La masse d'eau qui passe ainsi sous vos yeux vous offre un spectacle inouï presque effrayant (fig. 81). Elle développe une force dont rien ne peut donner idée. C'est dans cet endroit que le capitaine Webb a voulu tenter la traversée des rapides. J'ai peine à comprendre qu'il y ait eu des gens capables d'assister à un pareil spectacle. Ils ont vu, froidement, un homme se suicider, de la façon la plus certaine, et personne n'a cherché à empêcher ce pauvre malheureux d'accomplir sa triste résolution, dont le but était de gagner quelques milliers de francs. A peine Webb s'était-il jeté dans le torrent, que déjà il était perdu, il a plongé, puis a reparu une seconde, les vagues

LE NIAGARA EN HIVER, CHUTES CANADIENNES (d'après une photographie).

l'ont aussitôt entraîné. Le 14 juillet 1883, cette folle tentative a eu lieu; le 28 juillet, on retrouvait le corps du célèbre nageur non loin du lac Ontario, près de Lewiston.

Si, l'été, les chutes du Niagara et ses abords offrent au touriste un aspect qu'on ne peut oublier, l'hiver, leur spectacle est peut-être plus étrange, plus grandiose encore.

La *Cave of the Winds*, côté américain, est devenue inaccessible à cause de l'amoncellement des neiges; nous ne pouvions donc y aller, mes amis et moi. Les rochers sur lesquels je pouvais passer au mois d'août étaient couverts, en mars 1886, d'une couche épaisse de glace produite par la congélation des vapeurs des cataractes. Elles s'amoncellent peu à peu, semblables à d'immenses stalagmites s'élevant à près de 40 mètres de hauteur. La neige recouvre les rochers; les arbres accablés sous son poids sont pliés de mille manières et leurs menues branches sont garnies de minces stalactites de glace.

La masse des eaux s'écoule cependant, brisant tout dans sa chute, entraînant de véritables icebergs provenant du lac Érié.

Sur les rives canadiennes, près du *fer à cheval*, on peut descendre en toute saison au pied des cataractes. Les grottes que l'on parcourt et qui pendant l'été sont remplies des brillantes vapeurs de l'eau, se transforment pendant l'hiver en incomparables merveilles (fig. 82). Il faut se vêtir comme dans la belle saison des mêmes vêtements de toile huilée.

Mon ami Villard et moi, nous excitons Mme de S... à braver le froid et à mettre aussi son grotesque costume. Elle se décide, excitée comme nous à l'idée du spectacle qu'elle allait voir : un photographe s'approche de nous et nous demande de faire nos portraits avec notre accoutrement du Niagara. C'est accepté aussitôt et nous voilà formant un groupe. C'était une heureuse idée qui nous était donnée, car si maintenant nous avons quelque pensée triste cet hiver, nous n'aurons qu'à regarder notre photographie canadienne. Elle nous rappellera d'abord notre charmant voyage, et nous fera rire en même temps à la vue de nos trois personnes si bien déguisées.

Notre guide nous fait descendre par un petit escalier de bois une quarantaine de mètres environ. Nous voici bientôt sous les rochers (pl. VIII), les pieds dans la neige épaisse et la tête arrosée par les nombreuses gouttes glacées des eaux du Niagara. Ces petits inconvénients ne sauraient compter, car la grandeur merveilleuse du tableau qu'il vous est donné de contempler est telle qu'on éprouve une émotion sans pareille. De gigantesques stalactites glacées, de 50 mètres de hauteur environ, toutes brillantes au soleil, semblent prêtes à vous écraser par leur masse formidable. Les chutes d'eau étincelantes aux couleurs d'émeraude qui se précipitent du fer à cheval accompagnées des vapeurs d'eau s'élevant dans le ciel, la neige éblouissante des premiers plans, forment des scènes si extraordinaires qu'elles dépassent véritablement ce que l'homme peut rêver et pendant les quelques instants de contemplation notre imagination en restait presque comme troublée.

Chaque année, on voit s'accroître, dans des proportions considérables, le nombre des voyageurs qui parcourent les chutes du Niagara pendant l'hiver. Leur aspect change constamment suivant l'état de température. Les blocs de glace se désagrègent ou se soudent les uns aux autres, ainsi que les stalactites, formant toujours de nouveaux tableaux.

Cette dernière excursion terminée formait pour ainsi dire l'apothéose final de notre intéressant voyage à Panama et de notre rapide traversée dans les États-Unis.

M. Villard devait séjourner trois journées à New-York, pour voir les ingénieurs américains au sujet de ses travaux du canal, puis nous devions dire adieu à notre aimable compagne de voyage revenue dans ses foyers et nous promettant bientôt sa visite à Paris.

L'*Aurania*, le beau steamer anglais, ramenait en quelques jours en Europe mon ami et son compagnon de route.

Comment, en terminant ce journal de notre voyage, ne pas dire quelques mots au sujet de ce grand navire à vapeur, sur lequel sont modelés avec améliorations notables nos nouveaux paquebots rapides transatlantiques, *la Bretagne, la Bourgogne, la Champagne, la Gascogne*, etc.

L'Aurania porte 8,000 tonneaux, sa machine est de 10,000 chevaux, sa vitesse de 16 milles anglais à l'heure ; chaque jour le journal du bord constate une route faite de plus de 400 milles, quel que soit pour ainsi dire le temps.

Le pont a plus de 160 mètres de long, six cents personnes y vivent à l'aise, elles se réunissent à l'heure des repas où une grande table d'hôte éclairée à l'électricité réunit tous les passagers de 1re classe.

Le menu des cinq repas que l'on y fait par jour est imprimé, car il y a une imprimerie à bord et un journal, dans lequel nous relevons parmi les lazzis des passagers, rédacteurs du journal, la proposition de construire un tramway allant de la cabine du capitaine à la salle à manger.

A l'exception de deux ou trois jours de grosse mer le temps nous est favorable, le seul incident marquant de notre traversée est le brouillard qui nous attend aux abords de l'Irlande. Le grand bateau perd là toute sa fierté, il marche à petits pas et la grande machine qui n'a cessé de tourner depuis New-York à toute vitesse, stoppe à chaque instant pendant que le sifflet lugubre de la sirène s'efforce de percer le brouillard pour se garer des abordages ; ce sont là, pour ainsi dire, les seuls dangers de ces traversées. On s'en rend bien compte quand on aperçoit dans la brume, presque à portée de la voix, les bateaux qui nous croisent en nous frôlant.

En abordant à Queenstown, notre capitaine nous dit qu'il a modifié sa route pour se mettre à la recherche de *l'Orégon*, que l'on s'étonnait à New-Nork de n'avoir pas vu arriver avant notre départ. Nous apprenons alors que ce steamer, frère jumeau de notre paquebot, a coulé presque en vue de New-York, défoncé, dit-on, par un petit voilier dont la rencontre avec cette vitesse de train de chemin de fer a causé ce sinistre. 800 personnes passaient l'océan sur l'*Orégon*, toutes ont pu être sauvées par un bateau allemand. La Compagnie Cunard a perdu sa virginité, mais n'a perdu aucun passager. Le silence s'est vite fait sur ce sinistre, les Anglais excellent à ces discrétions alors que nos journaux distillent toutes les péripéties du moindre accroc de nos transatlantiques.

Nous arrivons le 24 mars à Liverpool et le 25 à Paris, ayant accompli *ce grand* et magnifique voyage en 56 jours.

FIN

TABLE DES MATIÈRES

Pages.

CHAPITRE VI

CHAPITRE VII

CHAPITRE VIII

CHAPITRE IX

CHAPITRE X

CHAPITRE XI

TABLE DES GRAVURES

TABLE DES PLANCHES HORS TEXTE

CARTES HORS TEXTE

5370-86. — Corbeil. Typ. Crété.

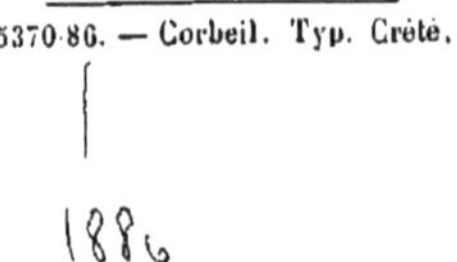

www.ingramcontent.com/pod-product-compliance
Ingram Content Group UK Ltd.
Pitfield, Milton Keynes, MK11 3LW, UK
UKHW020600230726
13926UKWH00005B/2124

9 782013 636612